RAVE

4

HIRO MASHIMA

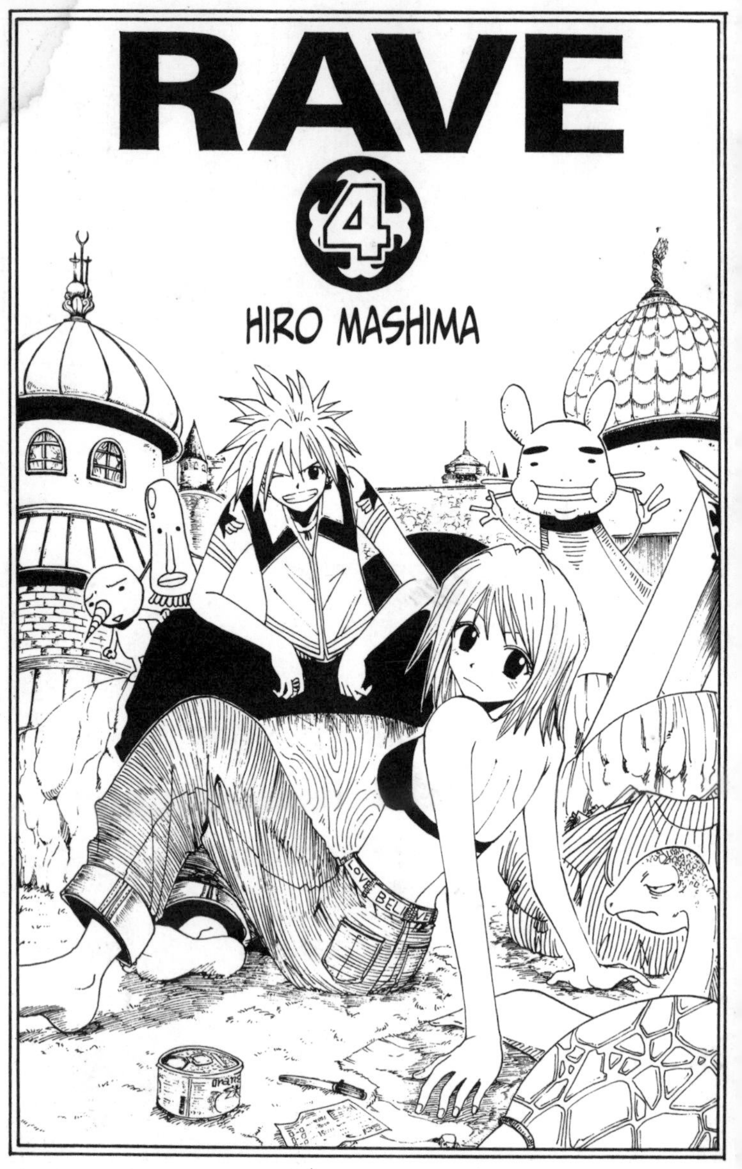

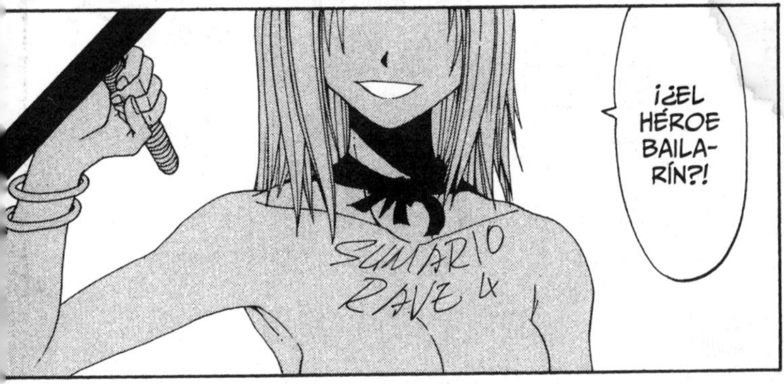
¡¿EL HÉROE BAILA-RÍN?!
SUMARIO
RAVE

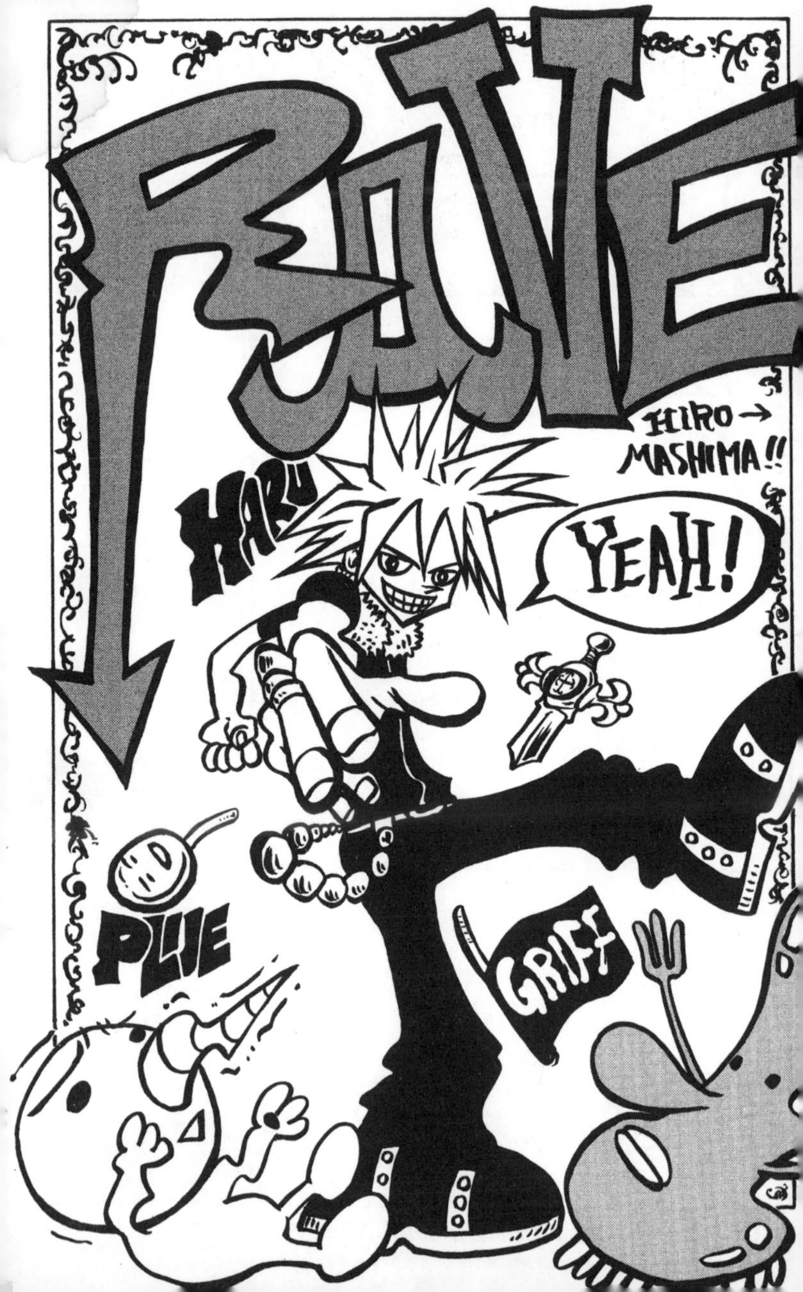
RAVE
HIRO→
MASHIMA!!
YEAH!
HARU
GRIFF
PLUE

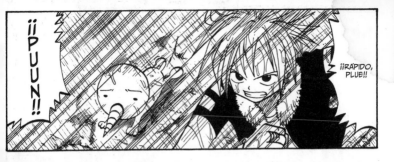

¡¡PUUN!!

¡¡RÁPIDO, PLUE!!

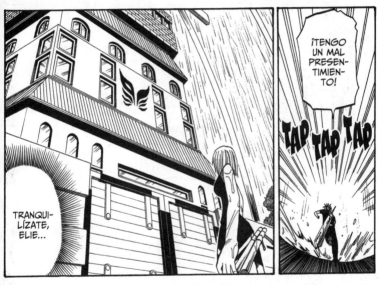

¡TENGO UN MAL PRESENTIMIEN-TO!

TAP TAP TAP

TRANQUI-LÍZATE, ELIE...

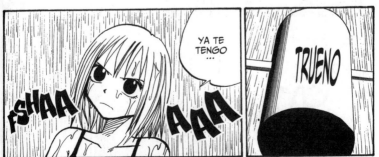

YA TE TENGO ...

FSHAA

AAA

TRUENO

RAVE 22 ✛ ¡¿EL HÉROE BAILARÍN?!

ÉSTA ES UNA OBRA DE FICCIÓN. CUALQUIER PARECIDO CON HECHOS O PERSONAS REALES ES PURA COINCIDENCIA.

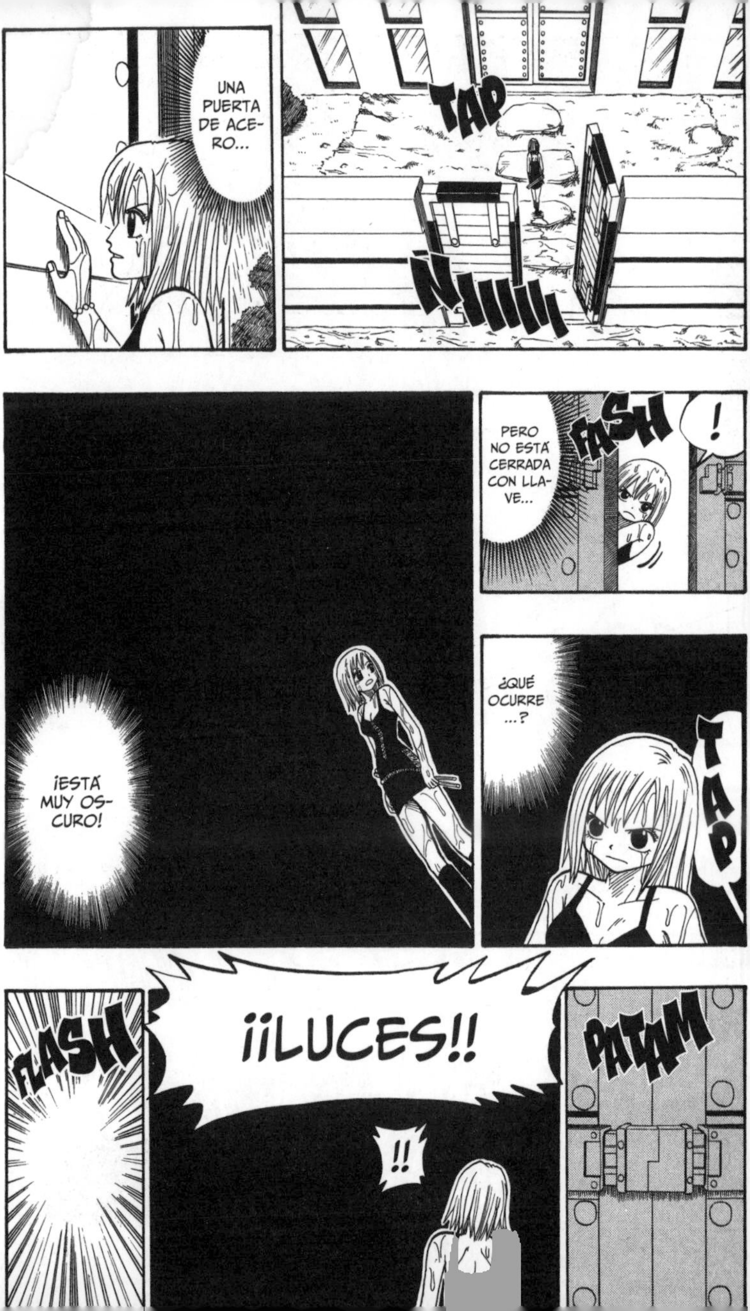
TAP
ÑIIIIII
UNA PUERTA DE ACE-RO...
!
FASH
PERO NO ESTÁ CERRADA CON LLA-VE...
TAP
¿QUÉ OCURRE ...?
¡ESTÁ MUY OS-CURO!
PATAM
¡¡LUCES!!
!!
FLASH

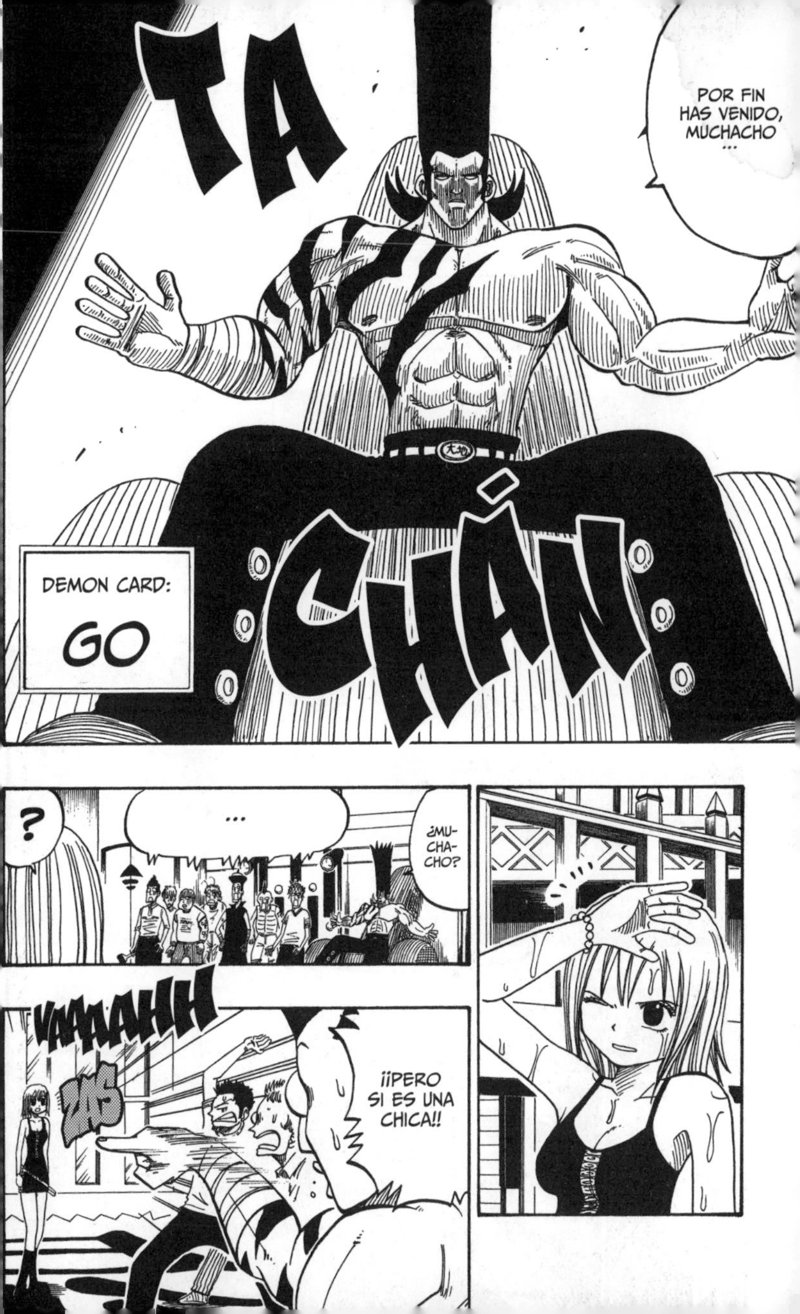
POR FIN HAS VENIDO, MUCHACHO ...
TA
CHÁN
DEMON CARD: GO
¿MU-CHA-CHO?
...
?
¡¡PERO SI ES UNA CHICA!!
ZAS
VAAAAHH

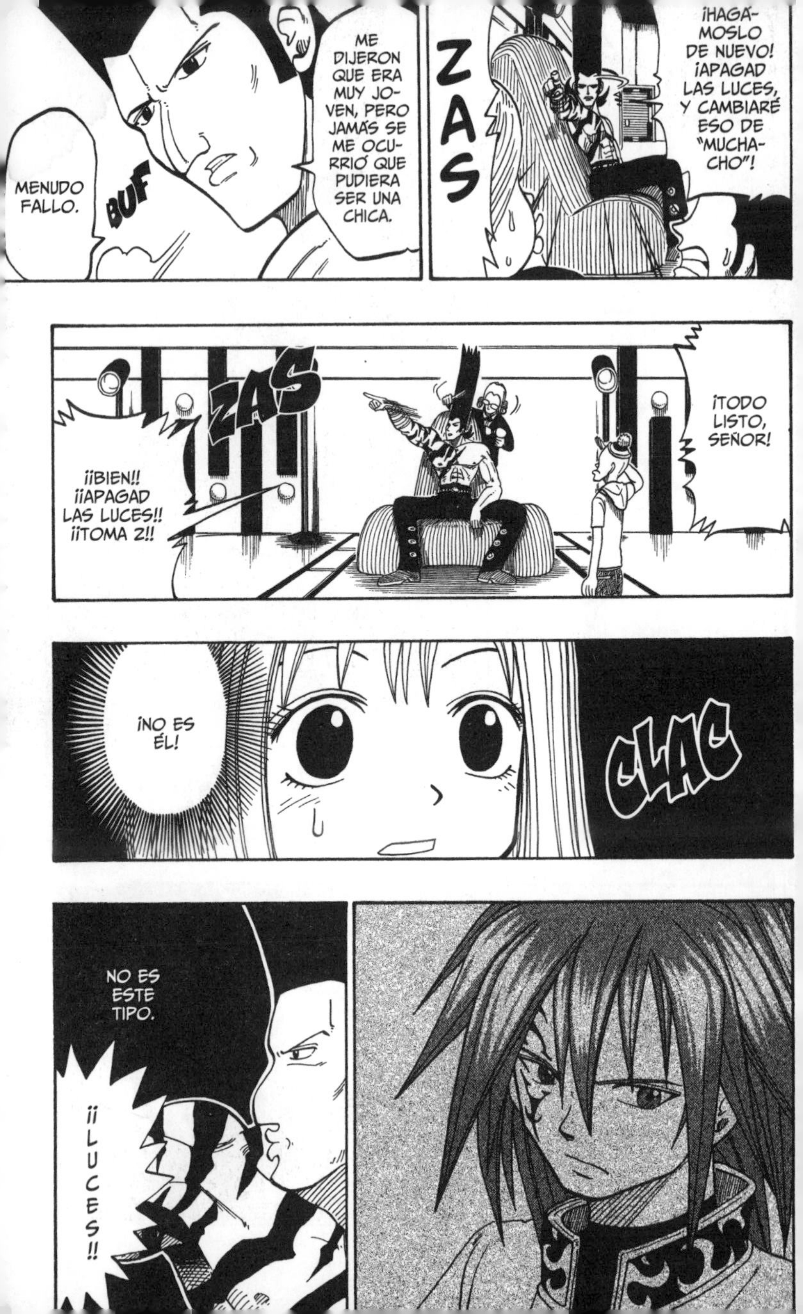
¡HAGÁMOSLO DE NUEVO! ¡APAGAD LAS LUCES, Y CAMBIARÉ ESO DE "MUCHACHO"!
ZAS
ME DIJERON QUE ERA MUY JOVEN, PERO JAMÁS SE ME OCURRIÓ QUE PUDIERA SER UNA CHICA.
BUF
MENUDO FALLO.
¡TODO LISTO, SEÑOR!
ZAS
¡¡BIEN!! ¡¡APAGAD LAS LUCES!! ¡¡TOMA 2!!
CLAC
¡NO ES ÉL!
NO ES ESTE TIPO.
¡¡LUCES!!

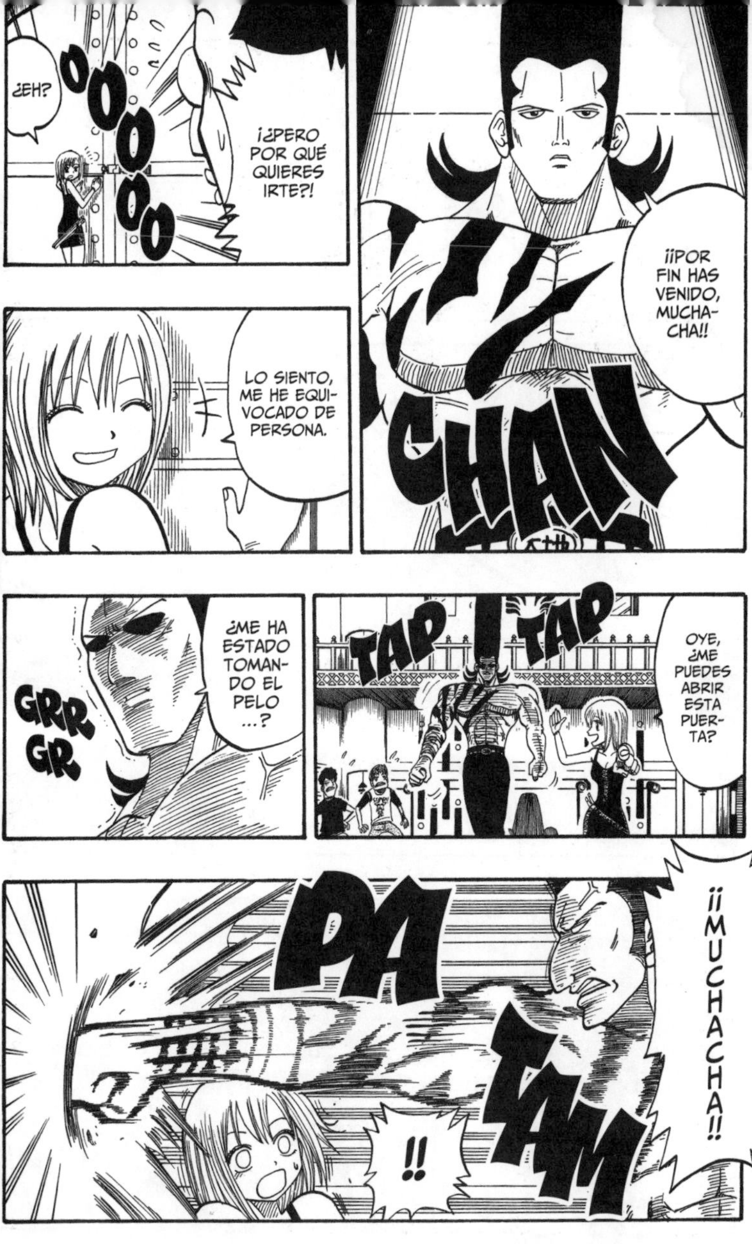
¡¡POR FIN HAS VENIDO, MUCHACHA!!
CHAN
¡¿PERO POR QUÉ QUIERES IRTE?!
OOOOOO
¿EH?
LO SIENTO, ME HE EQUIVOCADO DE PERSONA.
OYE, ¿ME PUEDES ABRIR ESTA PUERTA?
TAP TAP
¿ME HA ESTADO TOMANDO EL PELO ...?
GRR GR
¡¡MUCHACHA!!
PA
TAM
!!

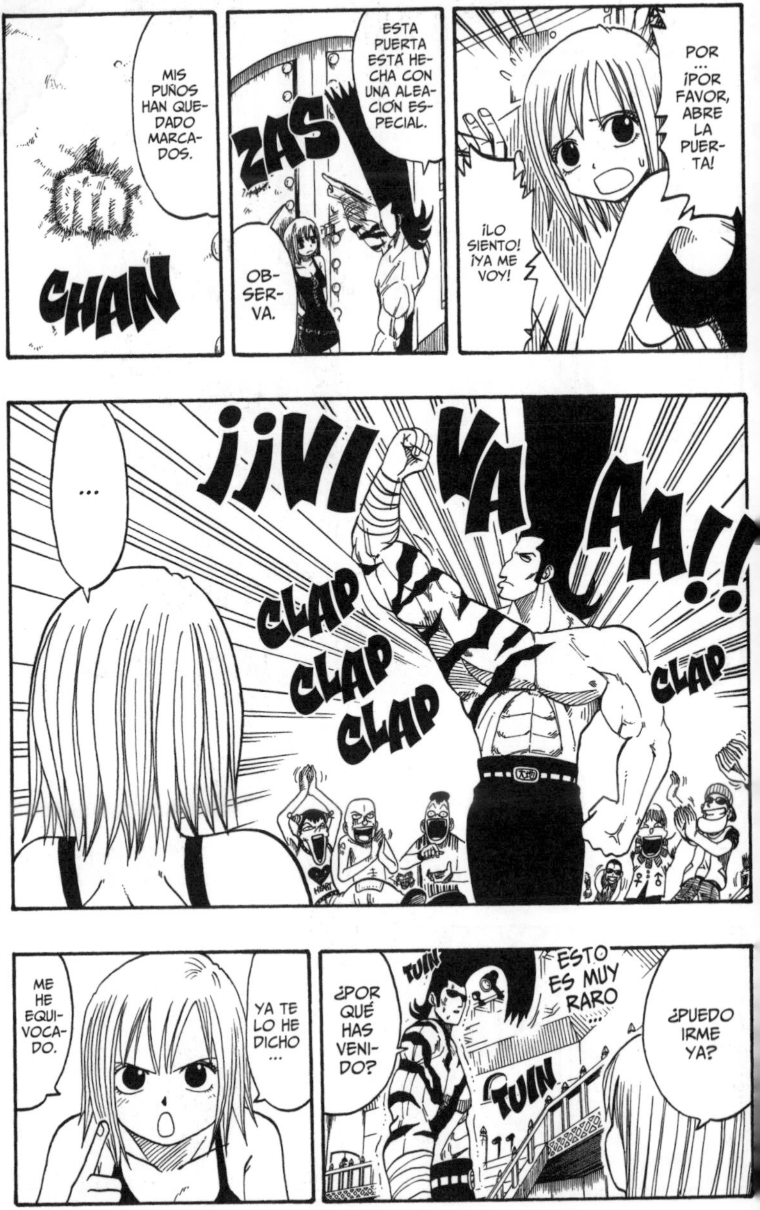
POR... ¡POR FAVOR, ABRE LA PUERTA!
¡LO SIENTO! ¡YA ME VOY!
ESTA PUERTA ESTÁ HECHA CON UNA ALEACIÓN ESPECIAL.
ZAS
OBSERVA.
MIS PUÑOS HAN QUEDADO MARCADOS.
CHAN
¡¡VIVAAA!!
CLAP
CLAP
CLAP
CLAP
CLAP
...
¿PUEDO IRME YA?
ESTO ES MUY RARO...
TUIN
¿POR QUÉ HAS VENIDO?
TUIN
YA TE LO HE DICHO...
ME HE EQUIVOCADO.

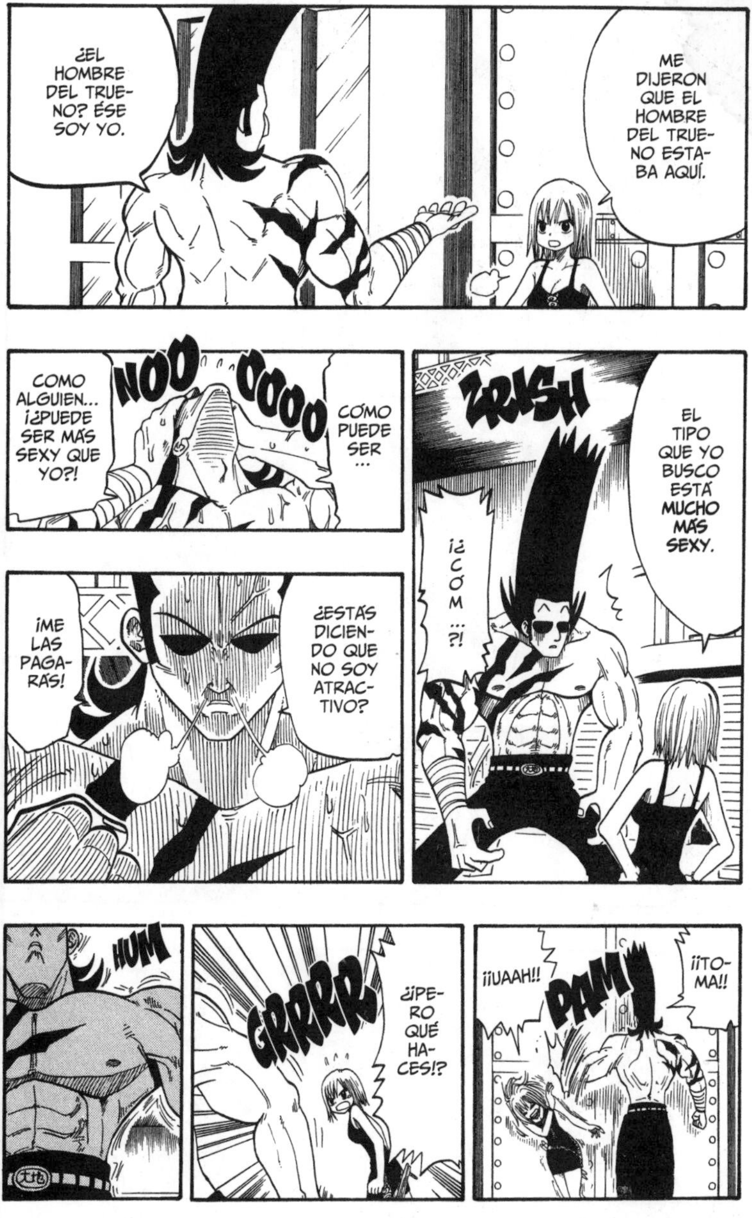
ME DIJERON QUE EL HOMBRE DEL TRUENO ESTABA AQUÍ.
¿EL HOMBRE DEL TRUENO? ÉSE SOY YO.
ZRISH
EL TIPO QUE YO BUSCO ESTÁ MUCHO MÁS SEXY.
¡¿CÓM ...?!
NOOOOOOO
CÓMO PUEDE SER ...
COMO ALGUIEN... ¡¿PUEDE SER MÁS SEXY QUE YO?!
¿ESTÁS DICIENDO QUE NO SOY ATRACTIVO?
¡ME LAS PAGARÁS!
¡¡TOMA!!
PAM
¡¡UAAH!!
¿¡PERO QUÉ HACES!?
GRRRR
HUM

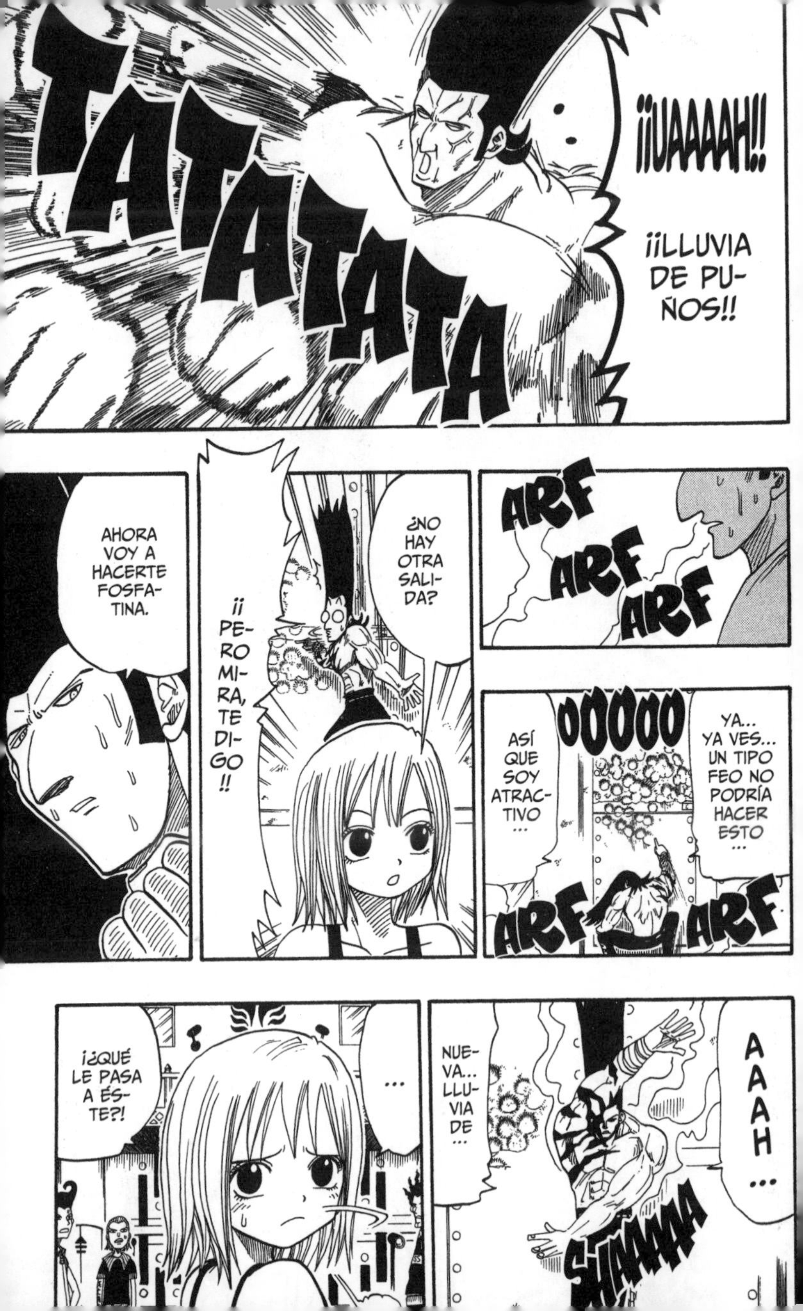
¡¡UAAAAH!!
¡¡LLUVIA DE PUÑOS!!
TATATATATA
ARF ARF ARF
YA... YA VES... UN TIPO FEO NO PODRÍA HACER ESTO...
OOOOO
ASÍ QUE SOY ATRACTIVO...
ARF ARF
¿NO HAY OTRA SALIDA?
¡¡PERO MIRA, TE DIGO!!
AHORA VOY A HACERTE FOSFATINA.
AAAAH...
SHAAAAA
NUEVA... LLUVIA DE...
...
¡¿QUÉ LE PASA A ÉSTE?!

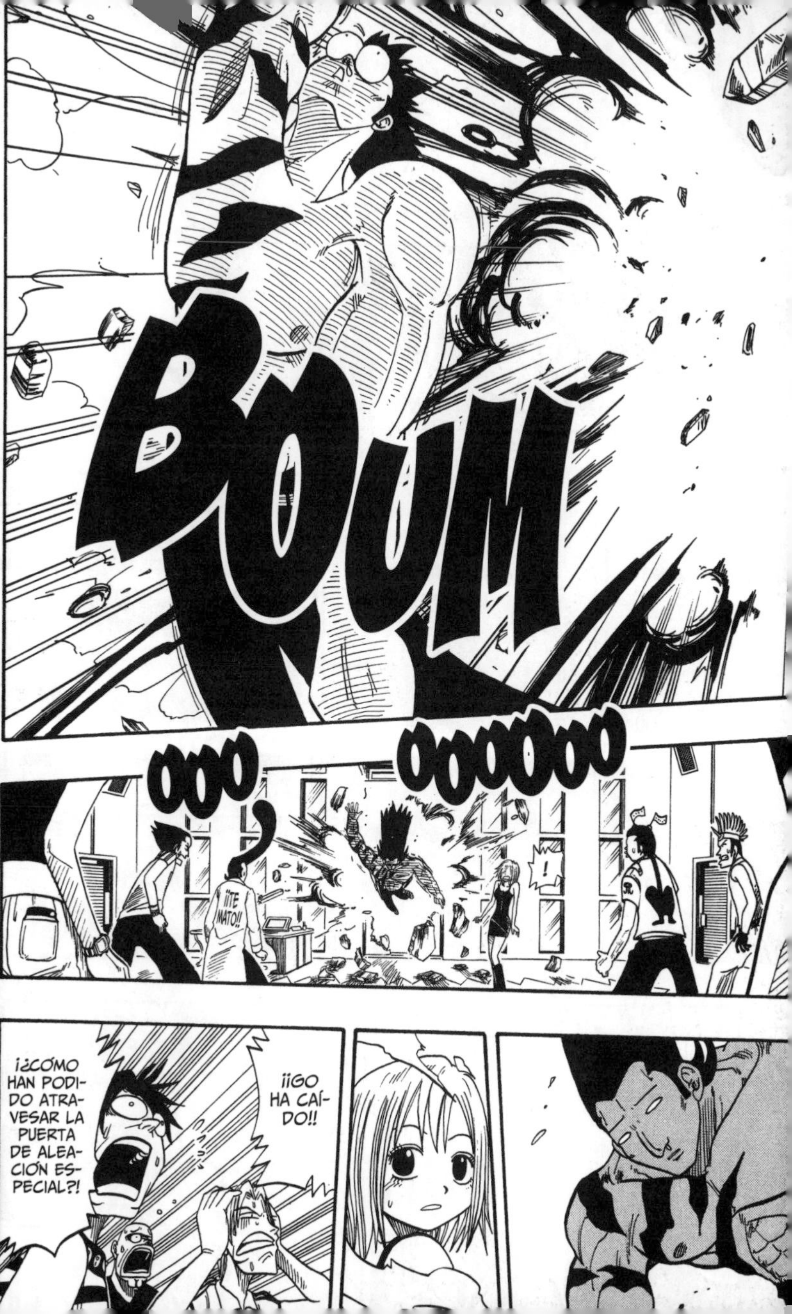
BOUM
OOO
OOOOOO
!
¡¡TE MATO!!
¡¡GO HA CAÍDO!!
¡¿CÓMO HAN PODIDO ATRAVESAR LA PUERTA DE ALEACIÓN ESPECIAL?!

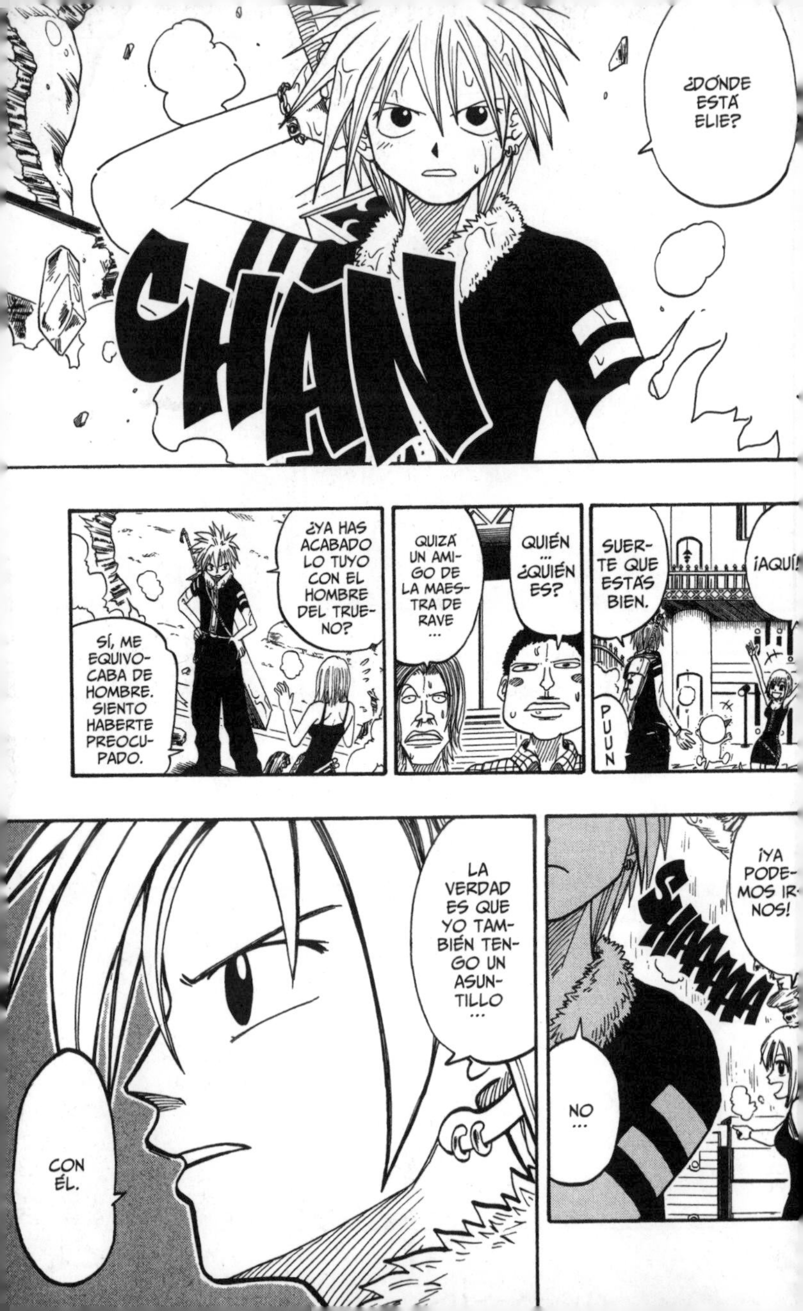
¿DÓNDE ESTÁ ELIE?
CHAN
¡AQUÍ!
SUERTE QUE ESTÁS BIEN.
PUUN
QUIÉN... ¿QUIÉN ES?
QUIZÁ UN AMIGO DE LA MAESTRA DE RAVE...
¿YA HAS ACABADO LO TUYO CON EL HOMBRE DEL TRUENO?
SÍ, ME EQUIVOCABA DE HOMBRE. SIENTO HABERTE PREOCUPADO.
¡YA PODEMOS IRNOS!
SHAAAAA
NO...
LA VERDAD ES QUE YO TAMBIÉN TENGO UN ASUNTILLO...
CON ÉL.

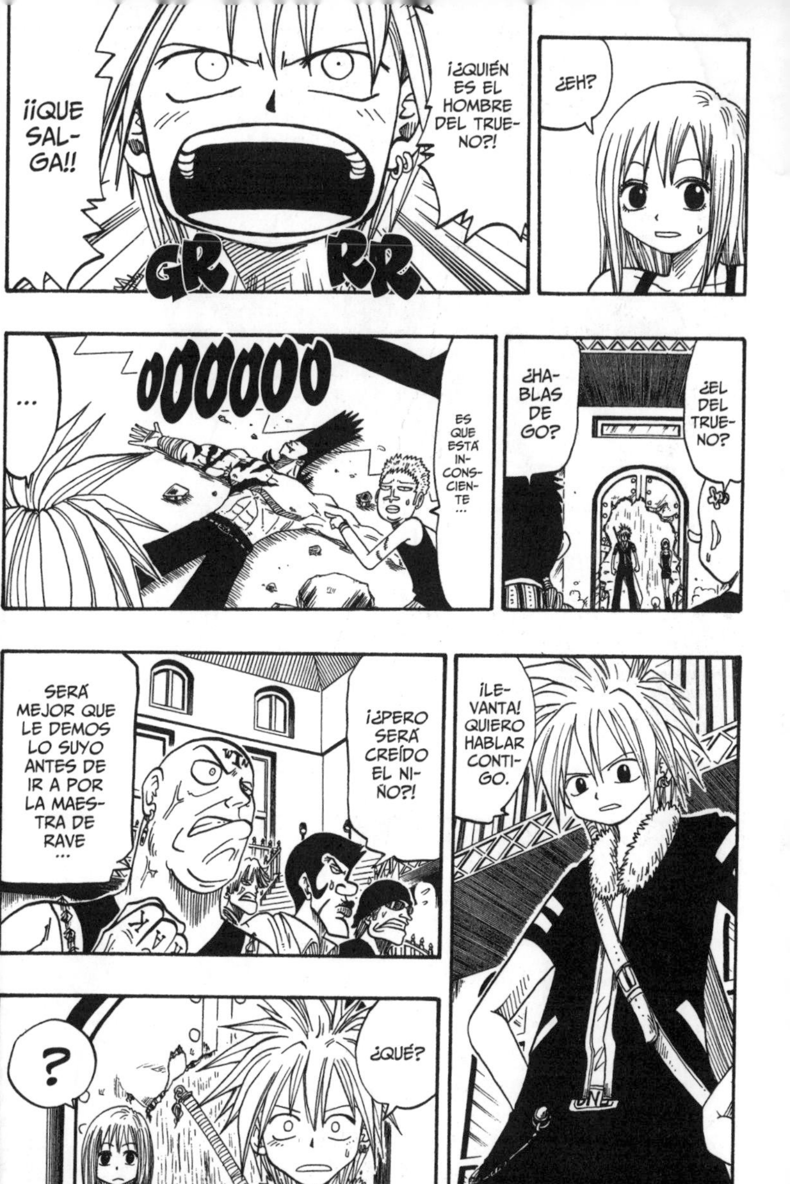
¿EH?
¡¿QUIÉN ES EL HOMBRE DEL TRUENO?!
¡¡QUE SALGA!!
GR RR
¿EL DEL TRUENO?
¿HABLAS DE GO?
ES QUE ESTÁ INCONSCIENTE...
OOOOOO
...
¡LEVANTA! QUIERO HABLAR CONTIGO.
¡¿PERO SERÁ CREÍDO EL NIÑO?!
SERÁ MEJOR QUE LE DEMOS LO SUYO ANTES DE IR A POR LA MAESTRA DE RAVE...
¿QUÉ?
?

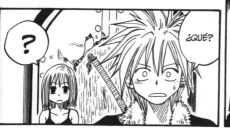

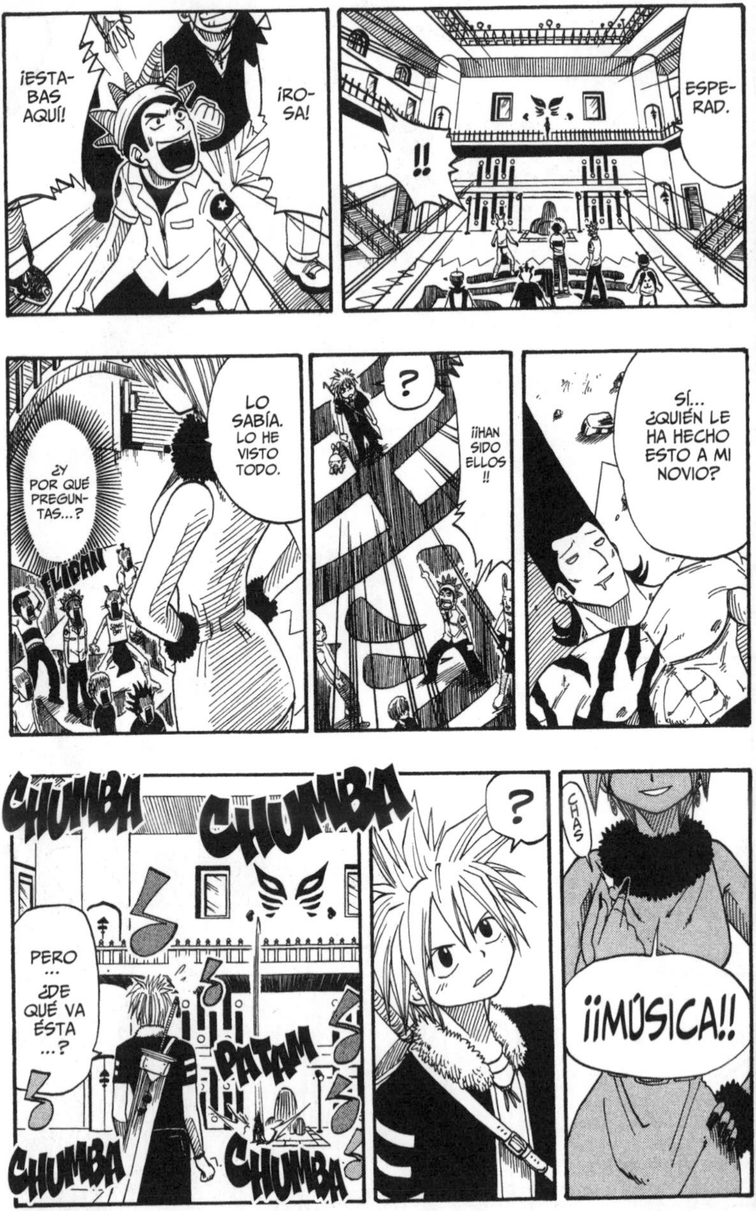
ESPE-RAD.
!!
¡RO-SA!
¡ESTA-BAS AQUÍ!
SÍ... ¿QUIÉN LE HA HECHO ESTO A MI NOVIO?
?
¡¡HAN SIDO ELLOS!!
LO SABÍA. LO HE VISTO TODO.
¿Y POR QUÉ PREGUN-TAS...?
FLIPAN
CHAS
¡¡MÚSICA!!
?
CHUMBA
CHUMBA
PERO ... ¿DE QUÉ VA ÉSTA ...?
PATAM
CHUMBA
CHUMBA

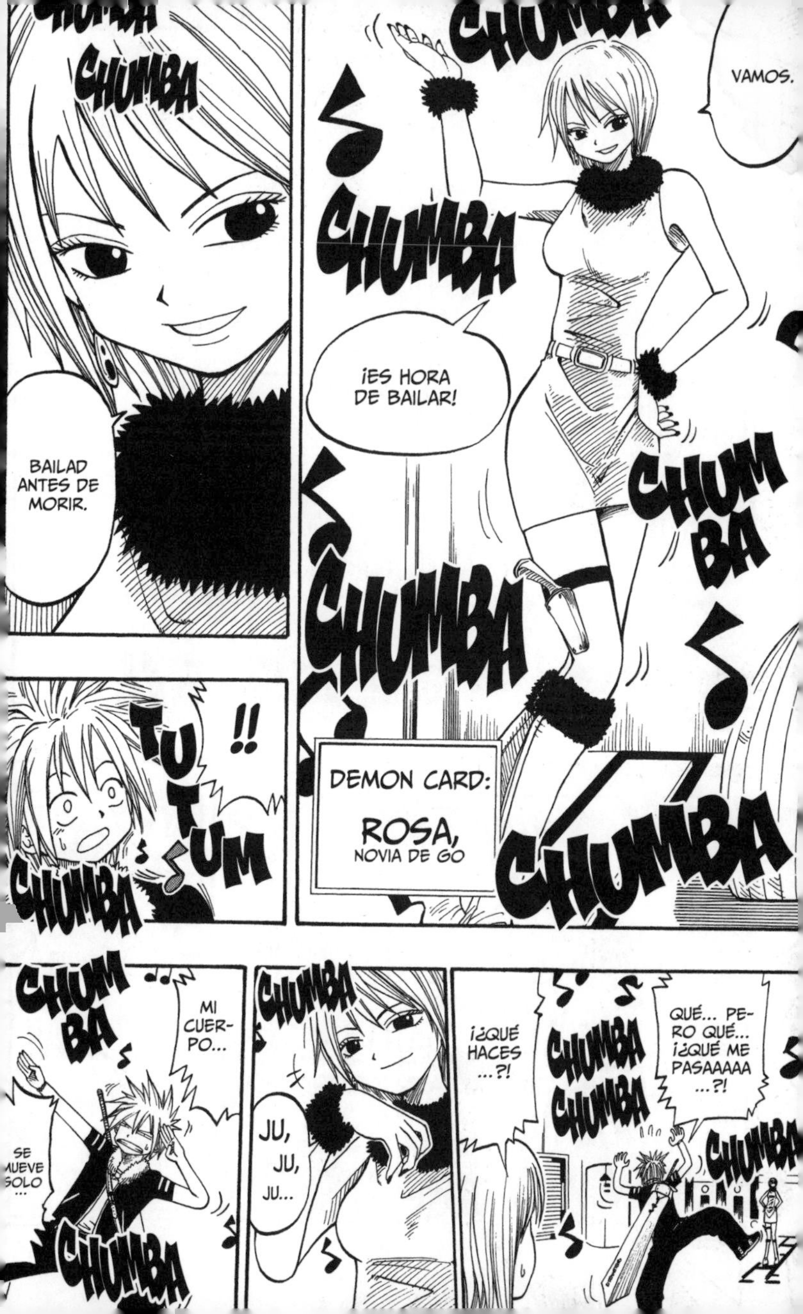
CHUMBA
VAMOS.
CHUMBA
¡ES HORA DE BAILAR!
CHUMBA
CHUMBA
CHUMBA
DEMON CARD:
ROSA,
NOVIA DE GO
CHUMBA
CHUMBA
BAILAD ANTES DE MORIR.
!!
TU TU TUM
CHUMBA
QUÉ... PE-RO QUÉ... ¡¿QUÉ ME PASAAAAA ...?!
CHUMBA
CHUMBA CHUMBA
¡¿QUÉ HACES ...?!
CHUMBA
JU, JU, JU...
CHUMBA
MI CUER-PO...
SE MUEVE SOLO ...
CHUMBA

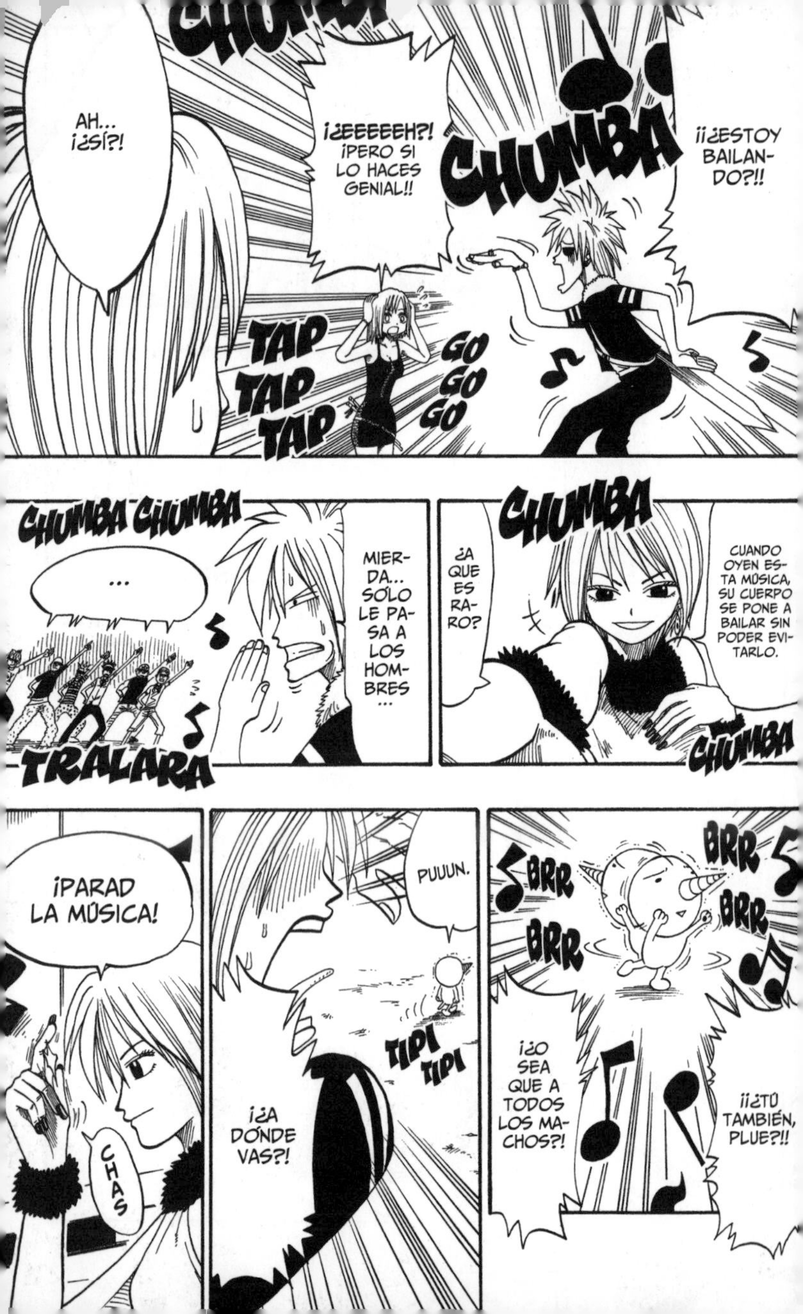
¡¡¿ESTOY BAILANDO?!!
CHUMBA
¡¿EEEEEEH?! ¡PERO SI LO HACES GENIAL!!
AH... ¡¿SÍ?!
GO GO GO
TAP TAP TAP
CHUMBA
CUANDO OYEN ESTA MÚSICA, SU CUERPO SE PONE A BAILAR SIN PODER EVITARLO.
¿A QUE ES RARO?
CHUMBA
MIERDA... SÓLO LE PASA A LOS HOMBRES...
CHUMBA CHUMBA
...
TRALARA
BRR BRR BRR BRR
¡¡¿TÚ TAMBIÉN, PLUE?!!
¡¿O SEA QUE A TODOS LOS MACHOS?!
PUUUN.
TIPI TIPI
¡¿A DÓNDE VAS?!
¡PARAD LA MÚSICA!
CHAS

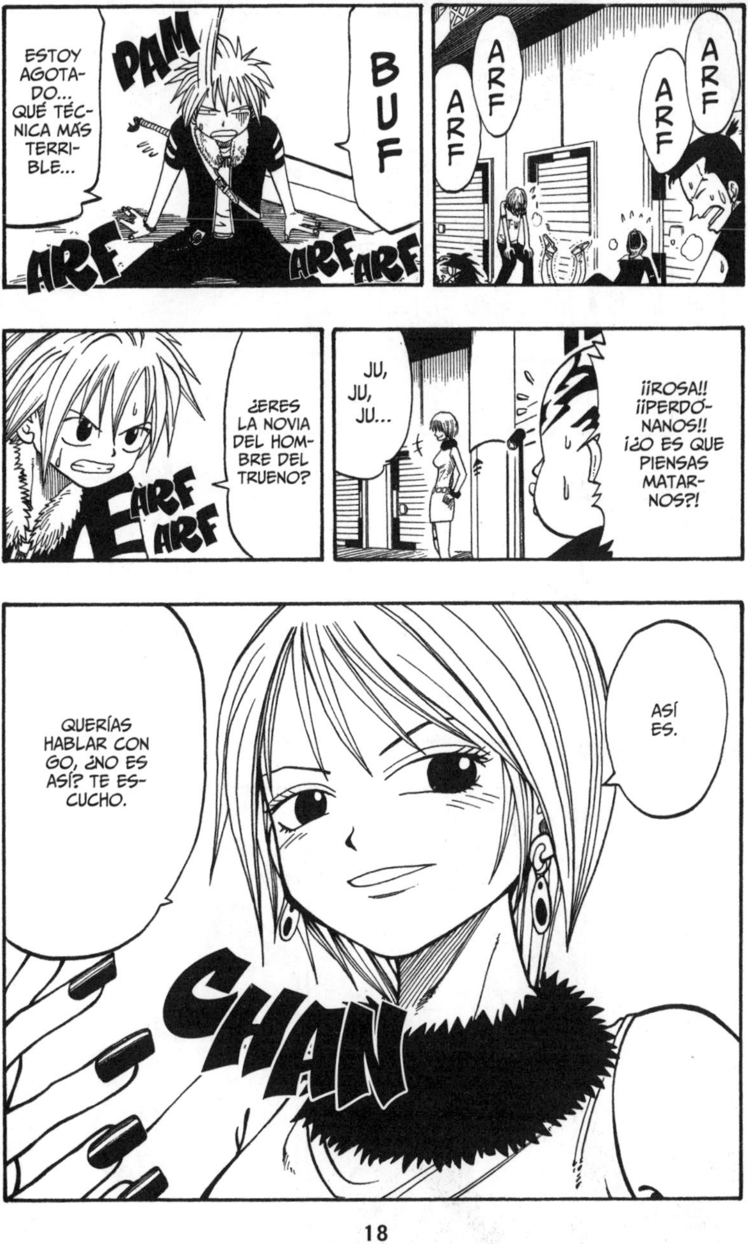
ARF
ARF
ARF
ARF
BUF
PAM
ESTOY AGOTADO... QUÉ TÉCNICA MÁS TERRIBLE...
ARF ARF
ARF
¡¡ROSA!! ¡¡PERDÓNANOS!! ¡¿O ES QUE PIENSAS MATARNOS?!
JU, JU, JU...
¿ERES LA NOVIA DEL HOMBRE DEL TRUENO?
ARF
ARF
ASÍ ES.
QUERÍAS HABLAR CONGO, ¿NO ES ASÍ? TE ESCUCHO.
CHAN

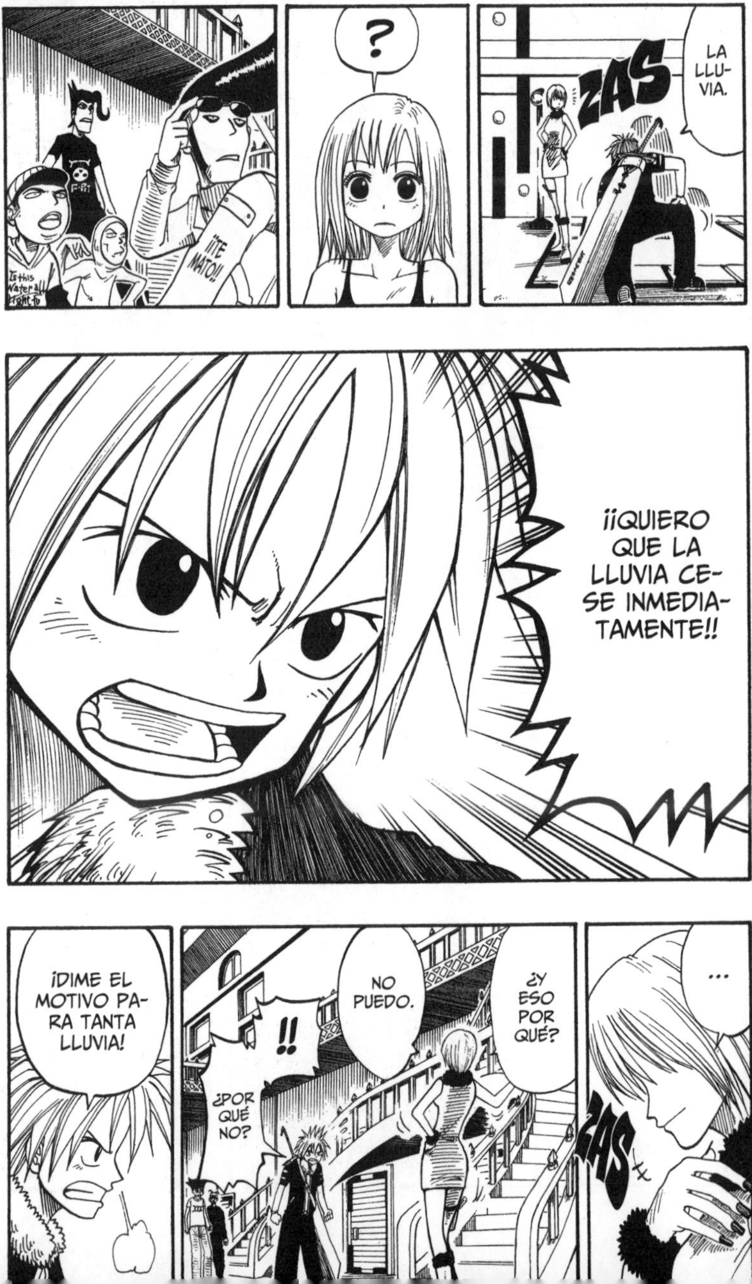
LA LLUVIA.
ZAS
?
¡¡TE MATO!!
¡¡QUIERO QUE LA LLUVIA CESE INMEDIATAMENTE!!
...
ZAS
¿Y ESO POR QUÉ?
NO PUEDO.
!!
¿POR QUÉ NO?
¡DIME EL MOTIVO PARA TANTA LLUVIA!

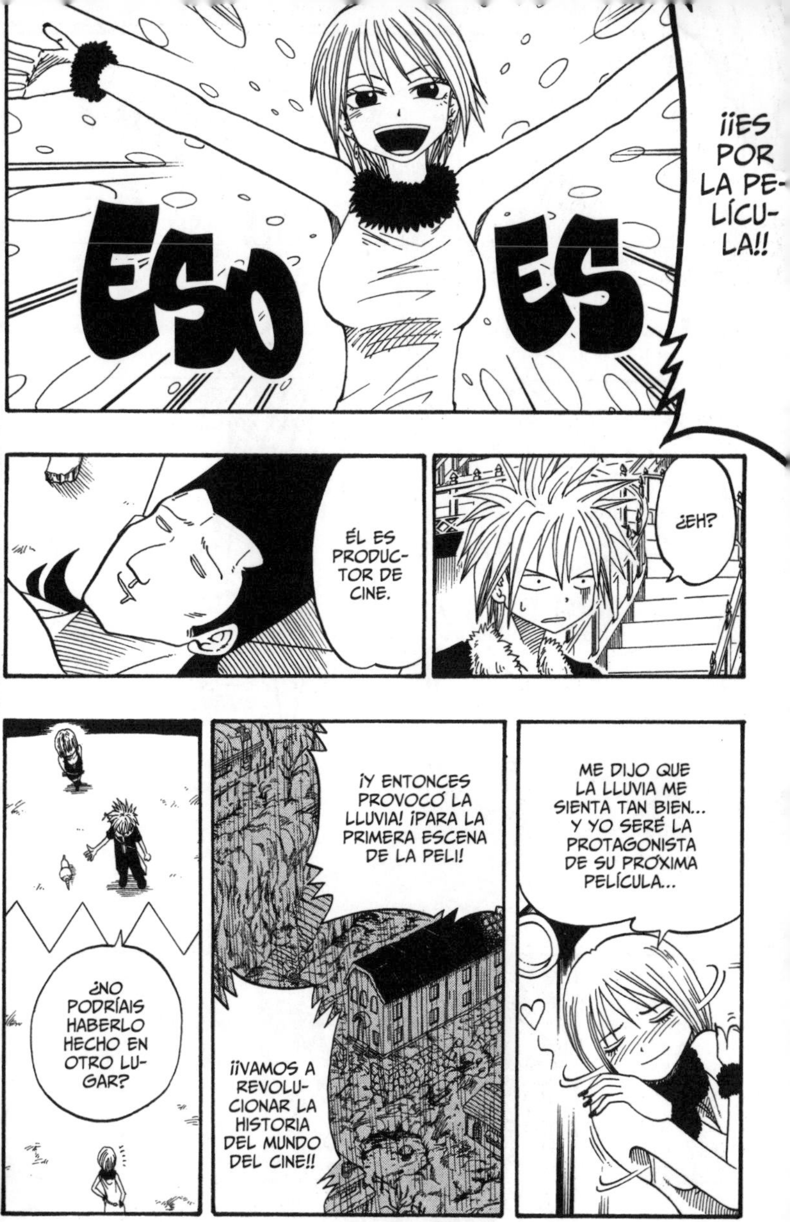
¡¡ES POR LA PELÍCULA!!
ESO ES
¿EH?
ÉL ES PRODUCTOR DE CINE.
ME DIJO QUE LA LLUVIA ME SIENTA TAN BIEN... Y YO SERÉ LA PROTAGONISTA DE SU PRÓXIMA PELÍCULA...
¡Y ENTONCES PROVOCÓ LA LLUVIA! ¡PARA LA PRIMERA ESCENA DE LA PELI!
¡¡VAMOS A REVOLUCIONAR LA HISTORIA DEL MUNDO DEL CINE!!
¿NO PODRÍAIS HABERLO HECHO EN OTRO LUGAR?

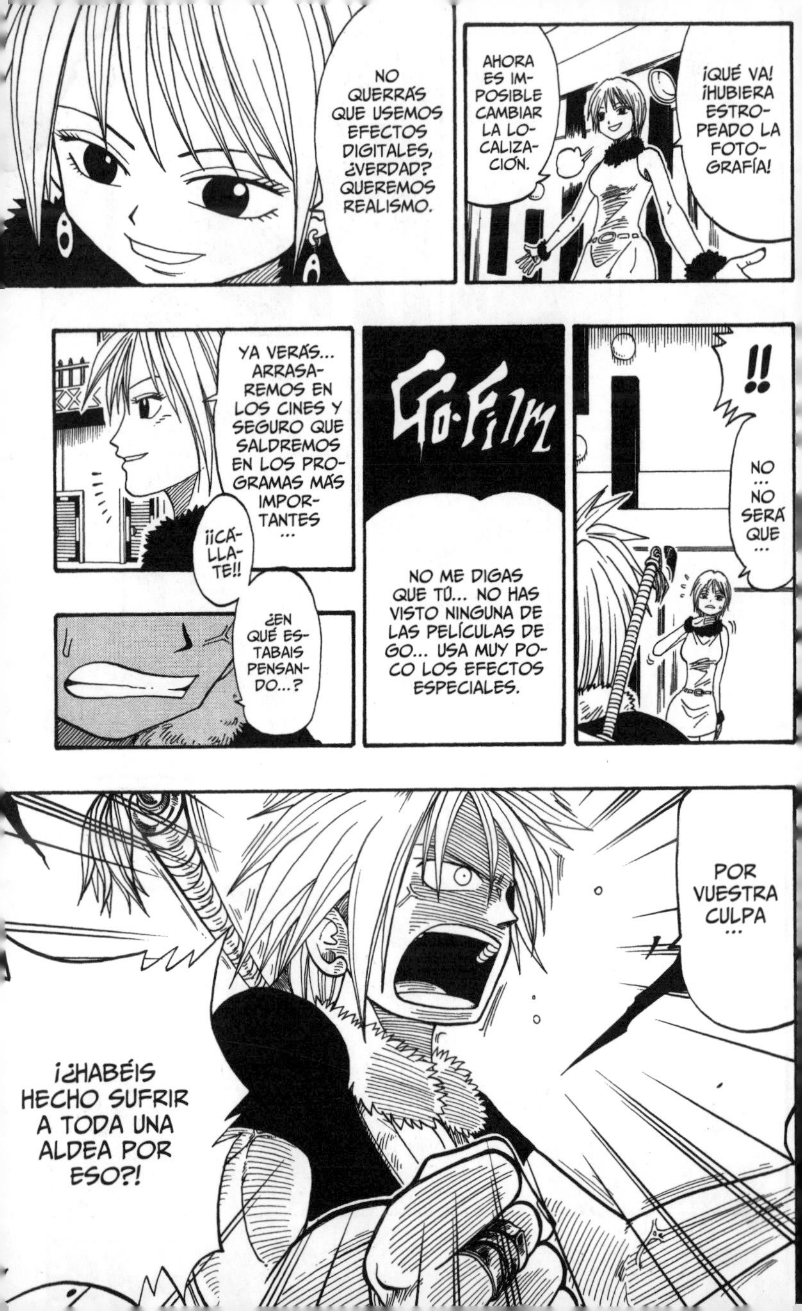
¡QUÉ VA! ¡HUBIERA ESTROPEADO LA FOTOGRAFÍA!
AHORA ES IMPOSIBLE CAMBIAR LA LOCALIZACIÓN.
NO QUERRÁS QUE USEMOS EFECTOS DIGITALES, ¿VERDAD? QUEREMOS REALISMO.
!!
NO... NO SERÁ QUE...
GO·FILM
NO ME DIGAS QUE TÚ... NO HAS VISTO NINGUNA DE LAS PELÍCULAS DE GO... USA MUY POCO LOS EFECTOS ESPECIALES.
YA VERÁS... ARRASAREMOS EN LOS CINES Y SEGURO QUE SALDREMOS EN LOS PROGRAMAS MÁS IMPORTANTES...
¡¡CÁLLATE!!
¿EN QUÉ ESTABAIS PENSANDO...?
POR VUESTRA CULPA...
¡¿HABÉIS HECHO SUFRIR A TODA UNA ALDEA POR ESO?!

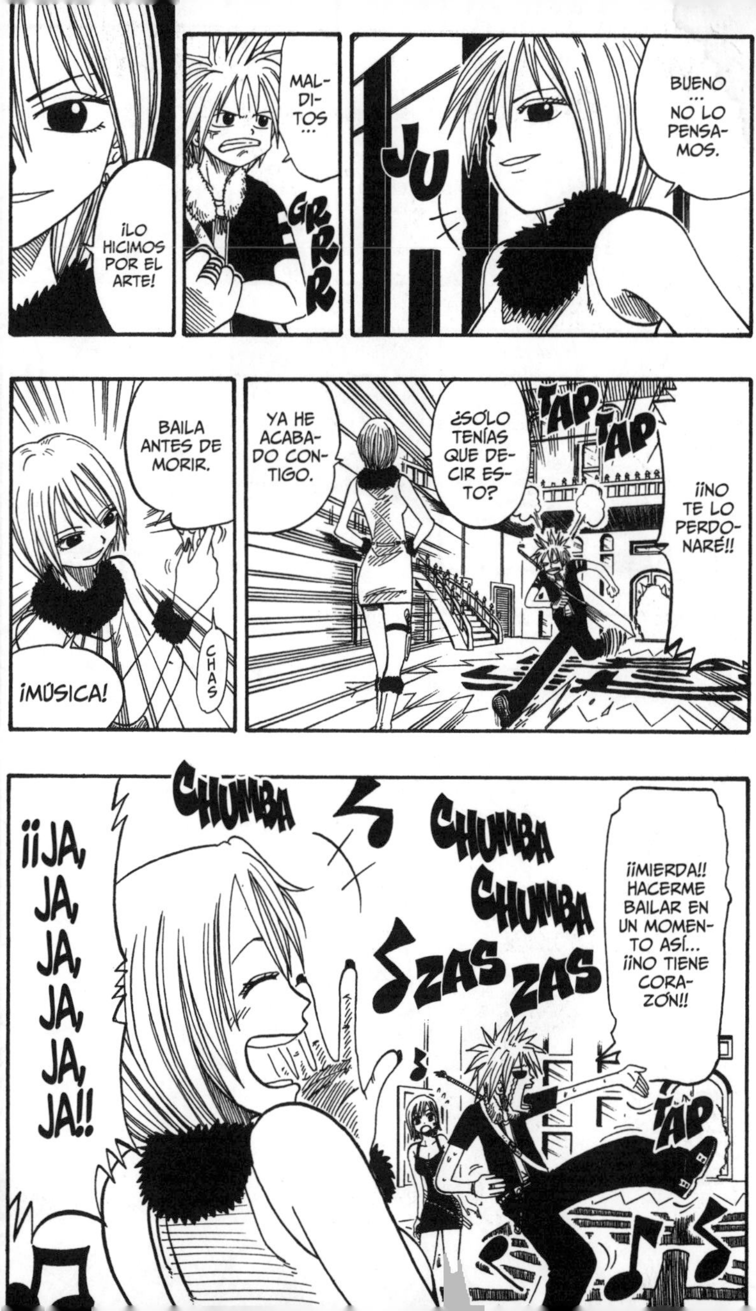
BUENO... NO LO PENSAMOS.
JU
MALDITOS...
GRRR
¡LO HICIMOS POR EL ARTE!
¡¡NO TE LO PERDONARÉ!!
TAP TAP
¿SÓLO TENÍAS QUE DECIR ESTO?
YA HE ACABADO CONTIGO.
BAILA ANTES DE MORIR.
CHAS
¡MÚSICA!
¡¡MIERDA!! HACERME BAILAR EN UN MOMENTO ASÍ... ¡¡NO TIENE CORAZÓN!!
CHUMBA
CHUMBA
CHUMBA
ZAS ZAS
TAP
¡¡JA, JA, JA, JA, JA, JA!!

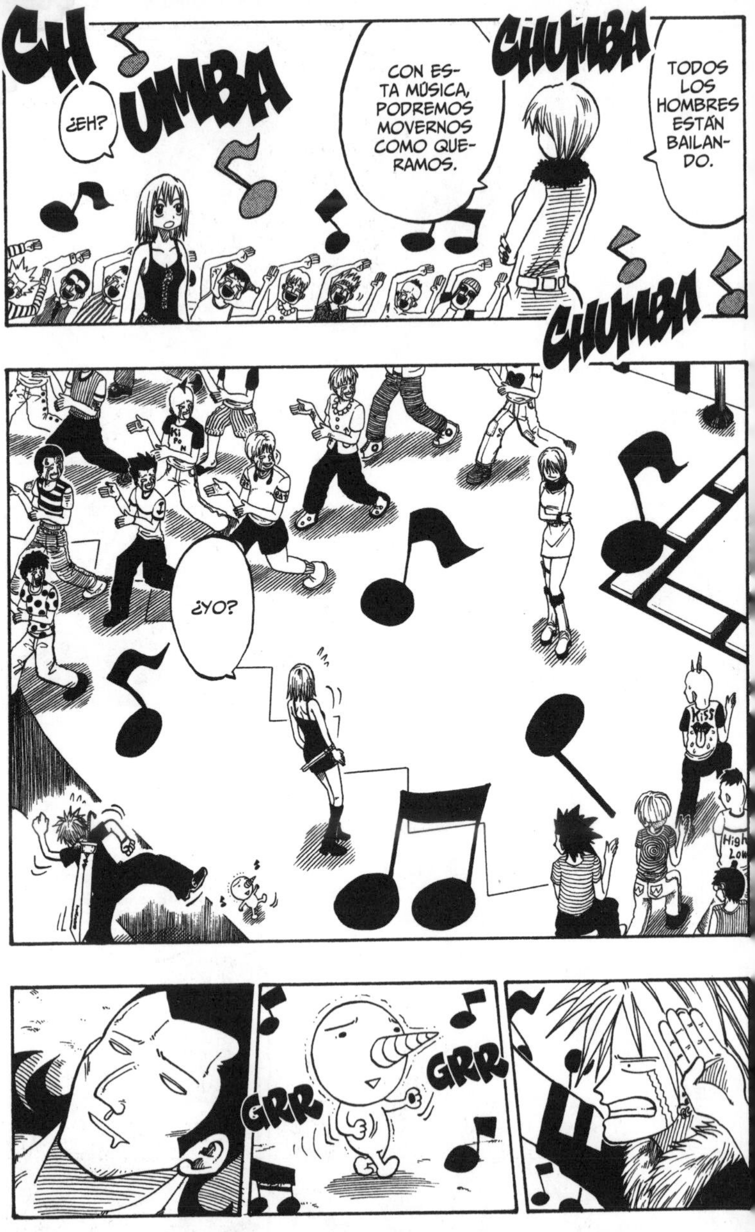
CHUMBA
TODOS LOS HOMBRES ESTÁN BAILANDO.
CON ESTA MÚSICA, PODREMOS MOVERNOS COMO QUERAMOS.
CH UMBA
¿EH?
CHUMBA
¿YO?
GRR
GRR

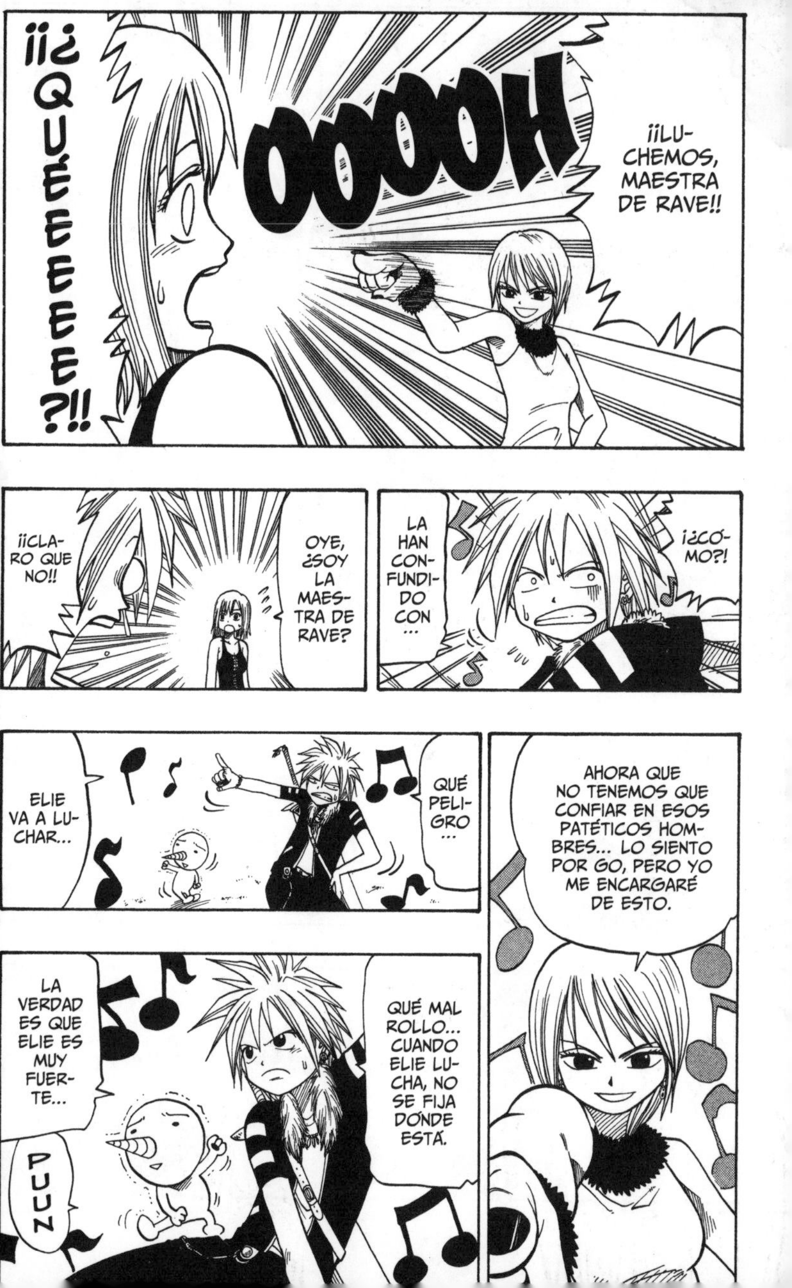
¡¡LUCHEMOS, MAESTRA DE RAVE!!
OOOOOH
¡¡¿QUÉEEEEE?!!
¡¿CÓMO?!
LA HAN CONFUNDIDO CON...
OYE, ¿SOY LA MAESTRA DE RAVE?
¡¡CLARO QUE NO!!
AHORA QUE NO TENEMOS QUE CONFIAR EN ESOS PATÉTICOS HOMBRES... LO SIENTO POR GO, PERO YO ME ENCARGARÉ DE ESTO.
QUÉ PELIGRO...
ELIE VA A LUCHAR...
QUÉ MAL ROLLO... CUANDO ELIE LUCHA, NO SE FIJA DÓNDE ESTÁ.
LA VERDAD ES QUE ELIE ES MUY FUERTE...
PUUN

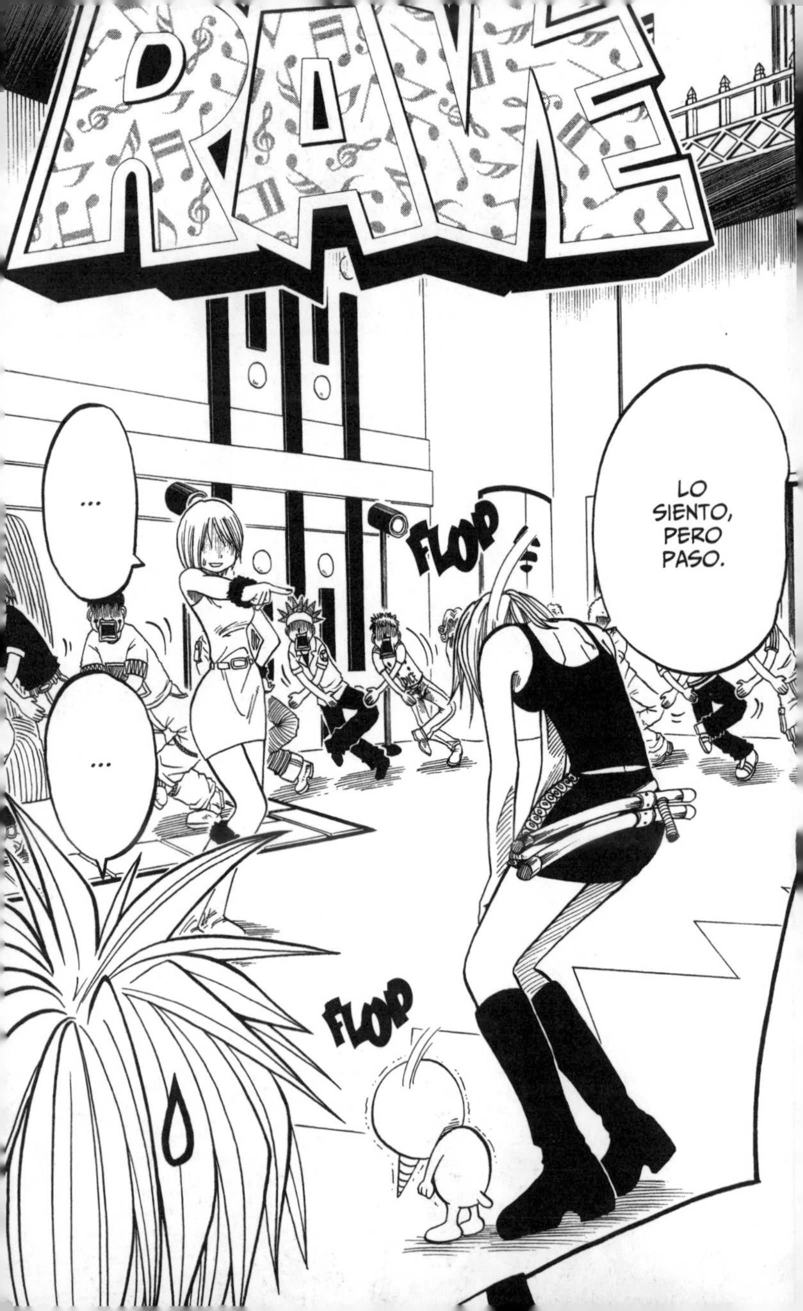
RAVE
LO SIENTO, PERO PASO.
FLOP
...
...
FLOP

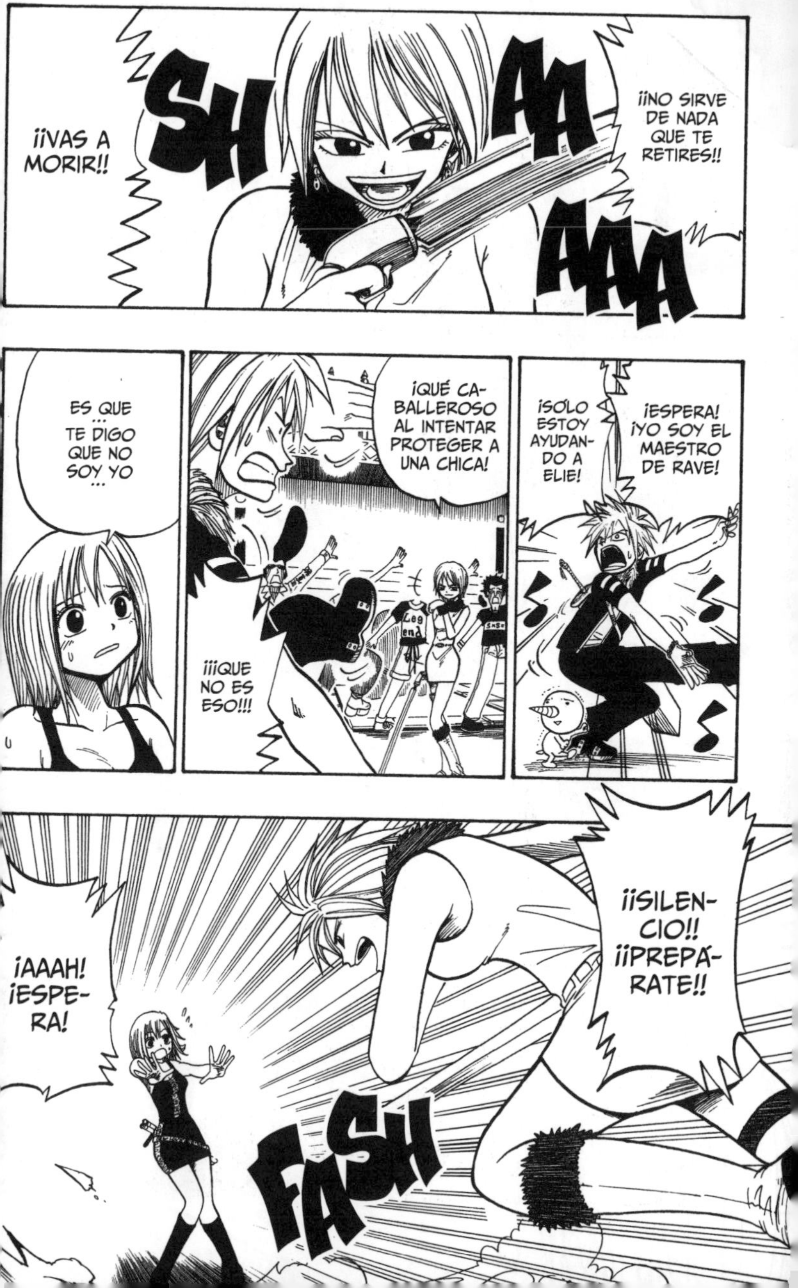
¡¡NO SIRVE DE NADA QUE TE RETIRES!!
SHAAAAA
¡¡VAS A MORIR!!
¡ESPERA! ¡YO SOY EL MAESTRO DE RAVE!
¡SÓLO ESTOY AYUDANDO A ELIE!
¡QUÉ CABALLEROSO AL INTENTAR PROTEGER A UNA CHICA!
¡¡¡QUE NO ES ESO!!!
ES QUE... TE DIGO QUE NO SOY YO...
¡¡SILENCIO!! ¡¡PREPÁRATE!!
FASH
¡AAAH! ¡ESPERA!

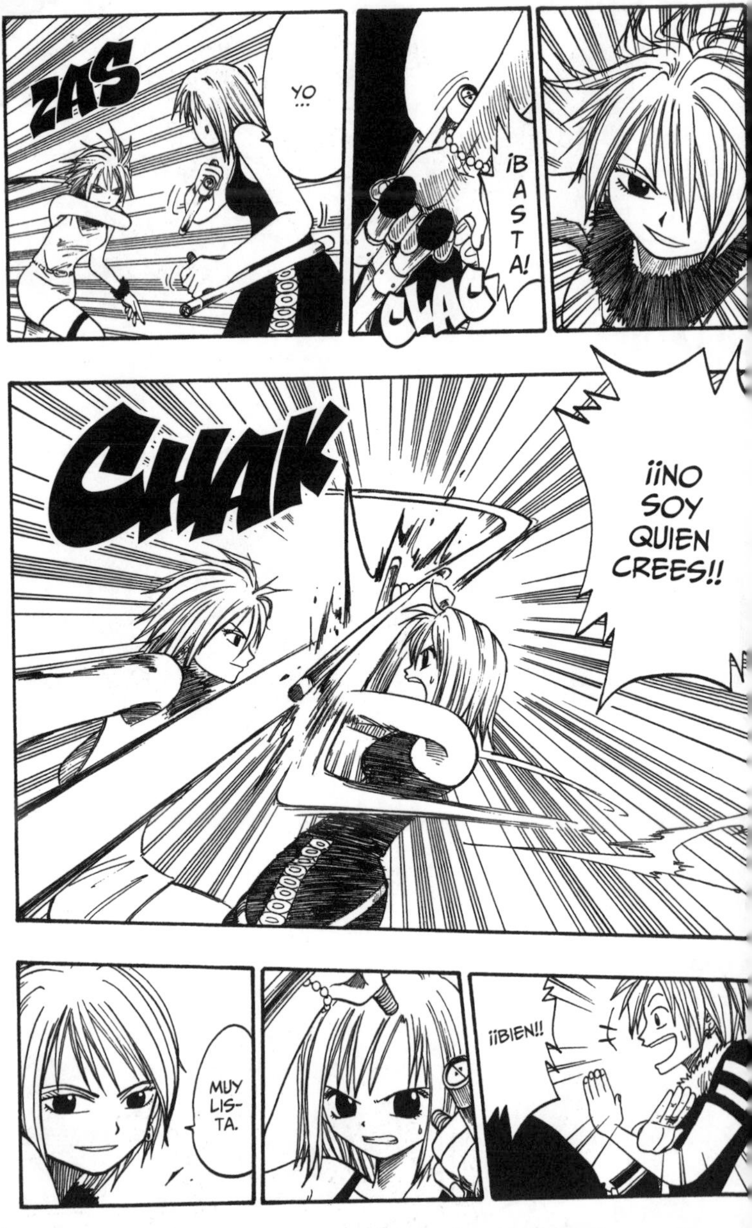
¡BASTA!
CLAC
YO...
ZAS
¡¡NO SOY QUIEN CREES!!
CHAK
¡¡BIEN!!
MUY LIS-TA.

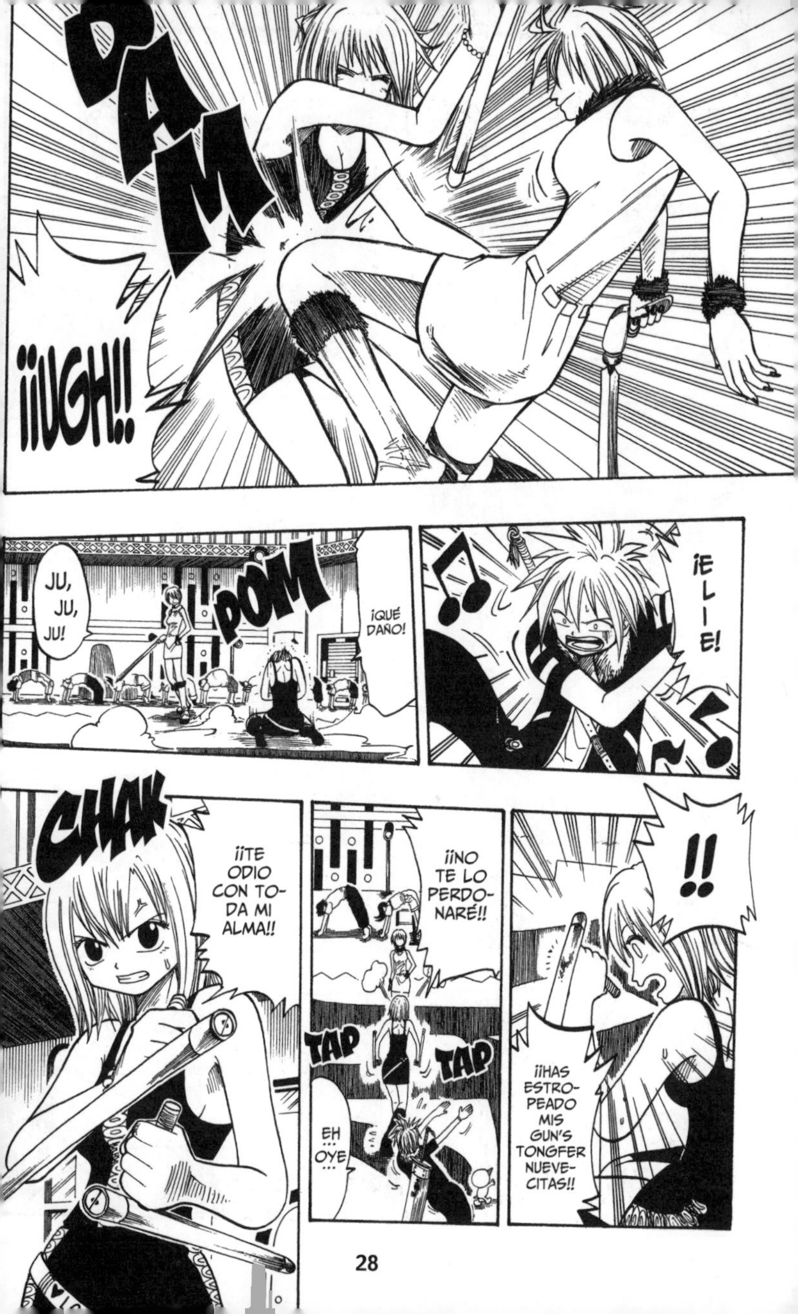
DAM
¡¡UGH!!
¡E L I E!
¡QUÉ DAÑO!
POM
JU, JU, JU!
!!
¡¡HAS ESTROPEADO MIS GUN'S TONGFER NUEVECITAS!!
¡¡NO TE LO PERDONARÉ!!
TAP
TAP
EH... OYE...
CHAK
¡¡TE ODIO CON TODA MI ALMA!!

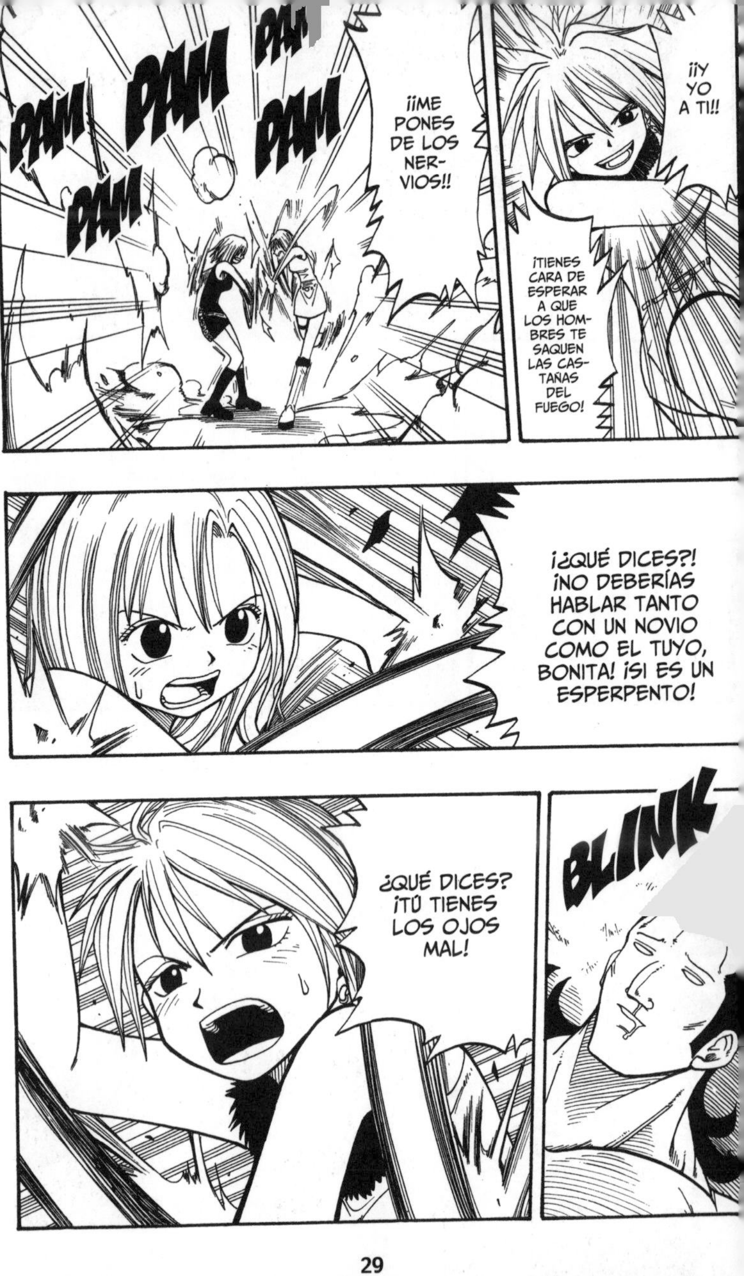

¡¡Y YO A TI!!
¡TIENES CARA DE ESPERAR A QUE LOS HOMBRES TE SAQUEN LAS CASTAÑAS DEL FUEGO!
PAM PAM PAM PAM PAM PAM
¡¡ME PONES DE LOS NERVIOS!!
¡¿QUÉ DICES?! ¡NO DEBERÍAS HABLAR TANTO CON UN NOVIO COMO EL TUYO, BONITA! ¡SI ES UN ESPERPENTO!
BLINK
¿QUÉ DICES? ¡TÚ TIENES LOS OJOS MAL!

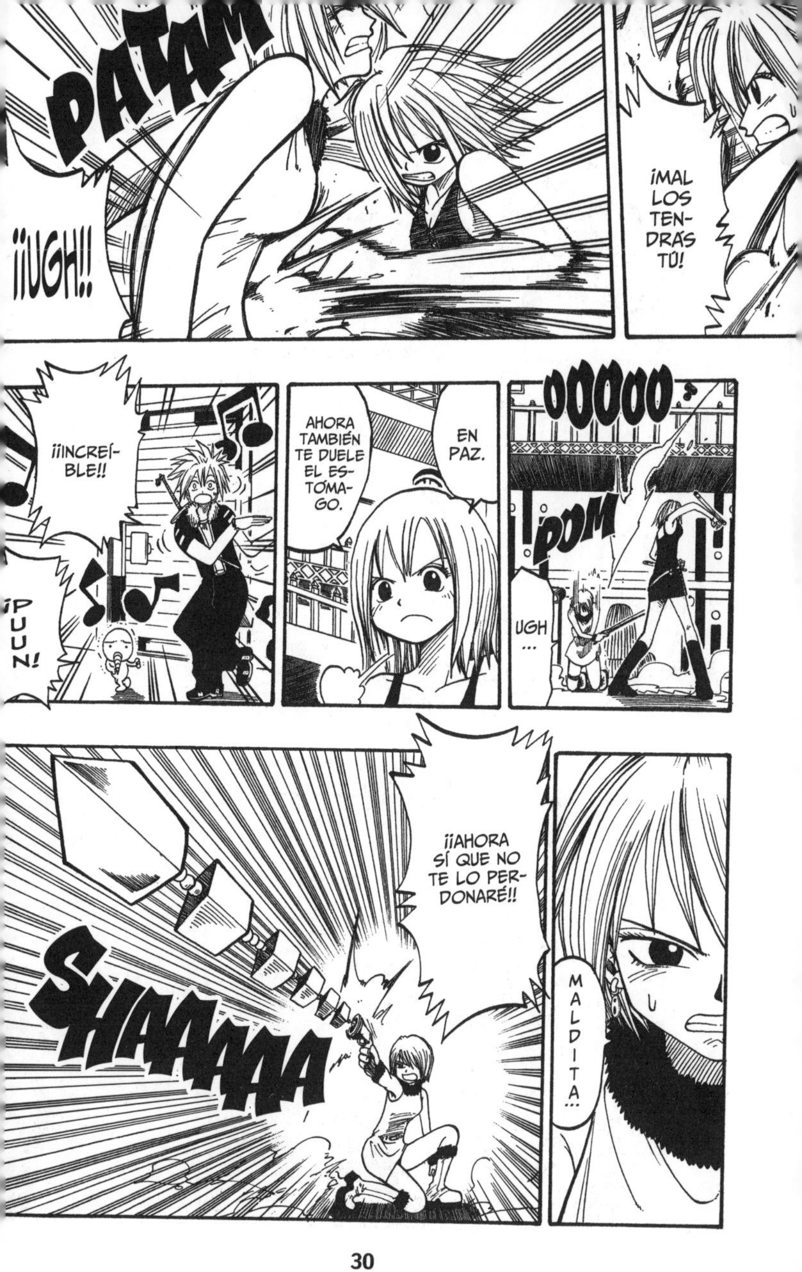
¡MAL LOS TENDRÁS TÚ!
PATAM
¡¡UGH!!
OOOOO
¡POM
UGH...
EN PAZ.
AHORA TAMBIÉN TE DUELE EL ESTÓMAGO.
¡¡INCREÍBLE!!
¡PUUUN!
MALDITA...
¡¡AHORA SÍ QUE NO TE LO PERDONARÉ!!
SHAAAAAA

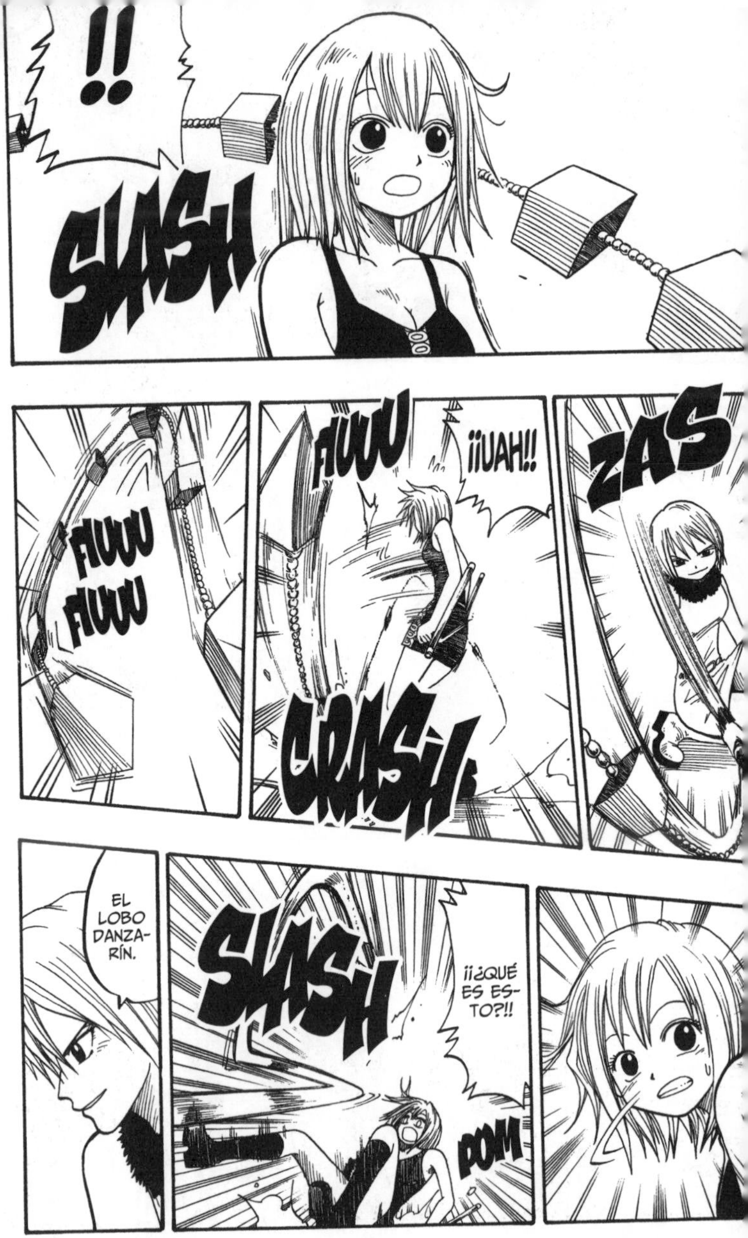
!!
SLASH
ZAS
FIUUU
¡¡UAH!!
CRASH
FIUUU
FIUUU
SLASH
¡¡¿QUÉ ES ESTO?!!
POM
EL LOBO DANZARÍN.

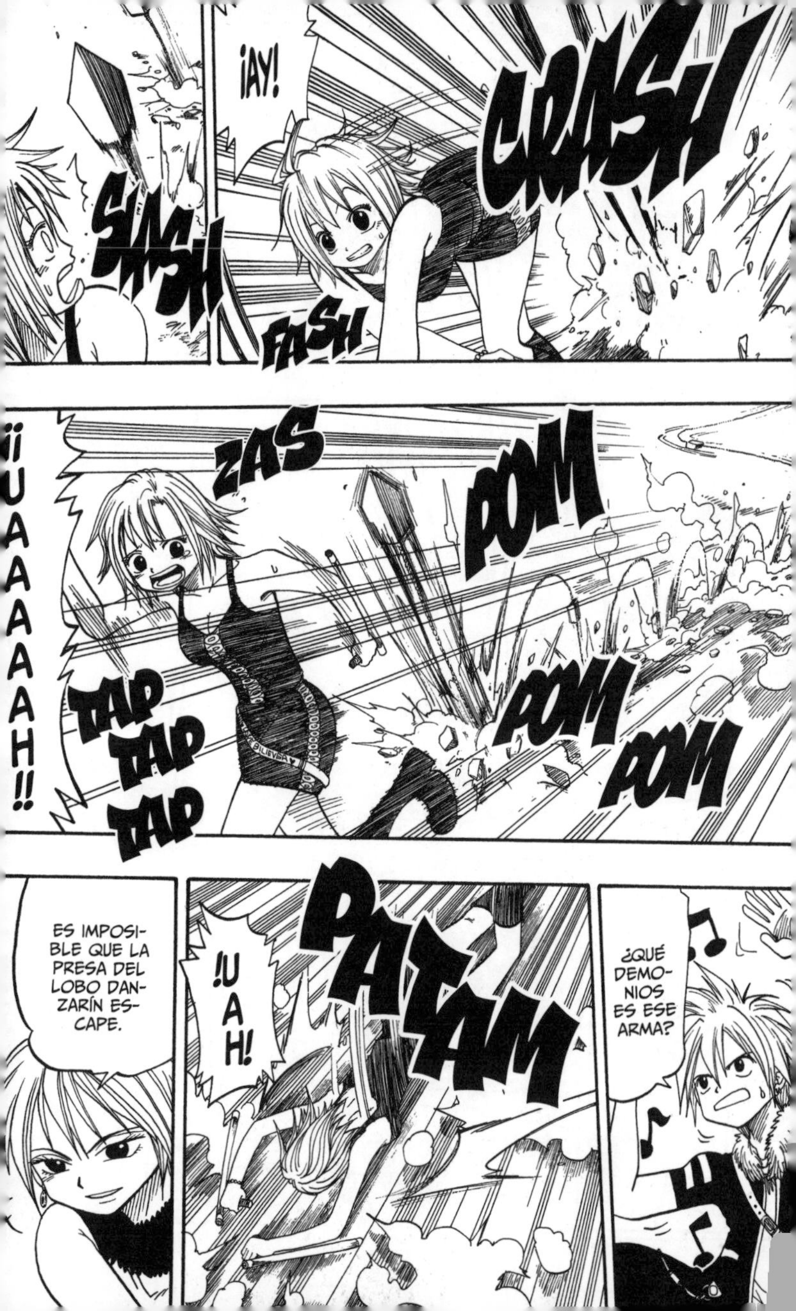
¡AY!
CRASH
FASH
SLASH
ZAS
POM
POM
POM
POM
TAP
TAP
TAP
¡¡UAAAAAAAAH!!
¿QUÉ DEMONIOS ES ESE ARMA?
PATAM
¡UAH!
ES IMPOSIBLE QUE LA PRESA DEL LOBO DANZARÍN ESCAPE.

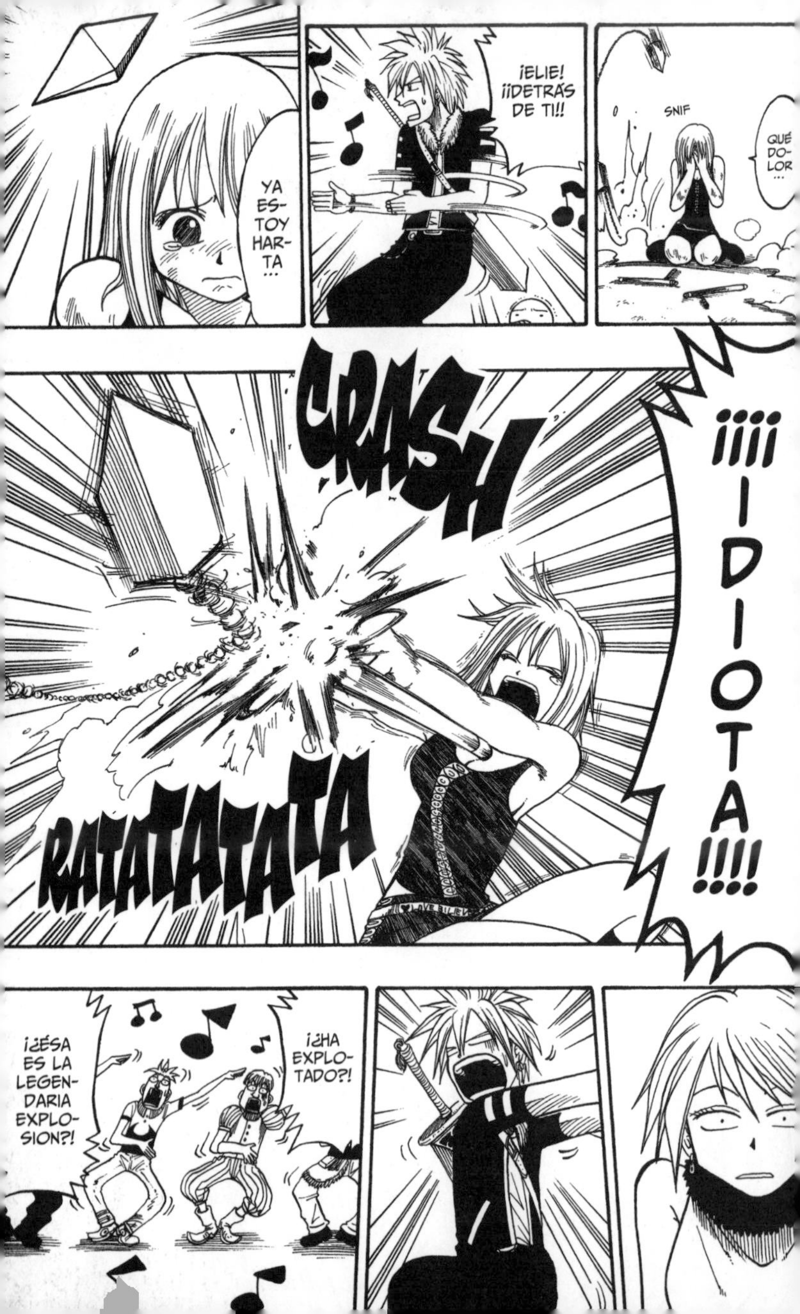
SNIF
QUÉ DOLOR...
¡ELIE! ¡¡DETRÁS DE TI!!
YA ESTOY HARTA...
¡¡¡¡IDIOTA!!!!
CRASH
RATATATATA
¿¡HA EXPLOTADO?!
¿¡ÉSA ES LA LEGENDARIA EXPLOSION?!

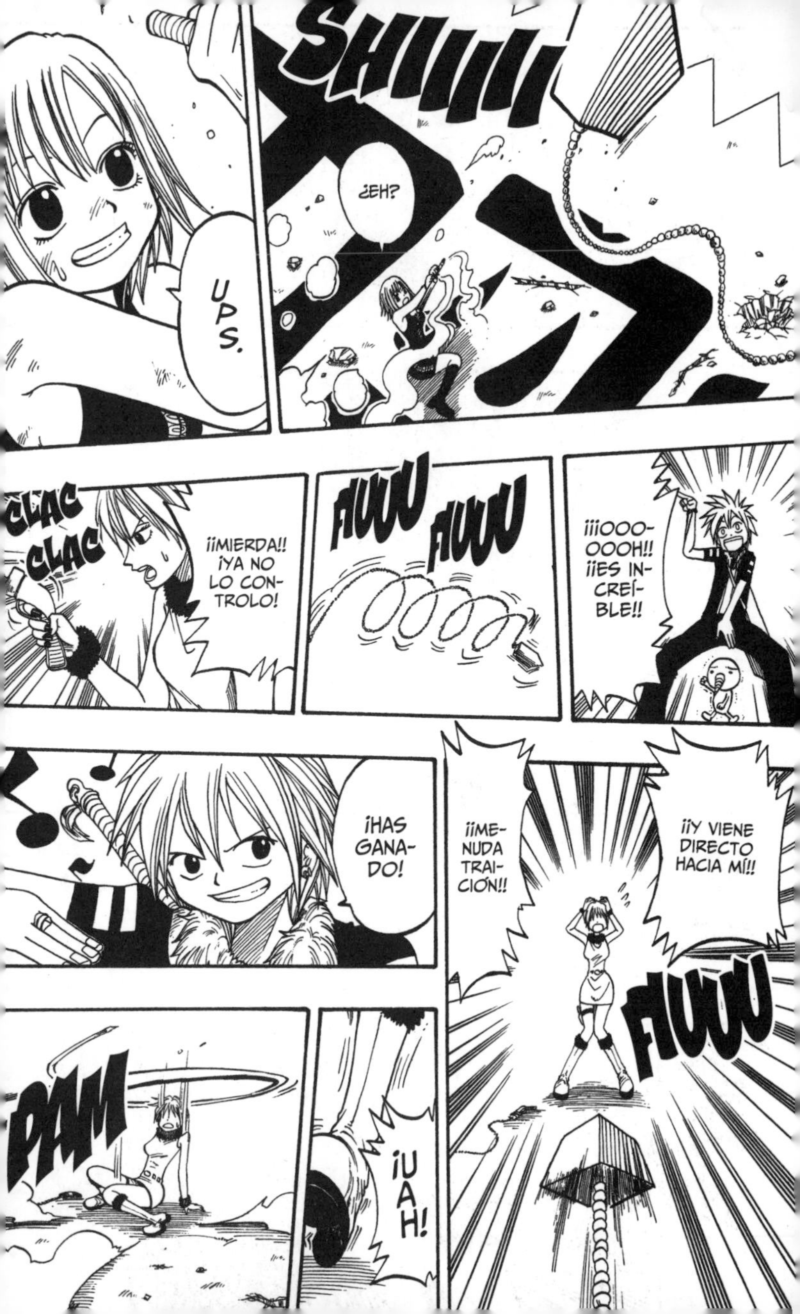
SHIIIII
¿EH?
UPS.
¡¡¡OOO-OOOH!! ¡¡ES INCREÍBLE!!
FIUUU
FIUUU
CLAC
CLAC
¡¡MIERDA!! ¡YA NO LO CONTROLO!
¡¡Y VIENE DIRECTO HACIA MÍ!!
¡¡MENUDA TRAICIÓN!!
FIUUU
¡HAS GANADO!
¡UAH!
PAM

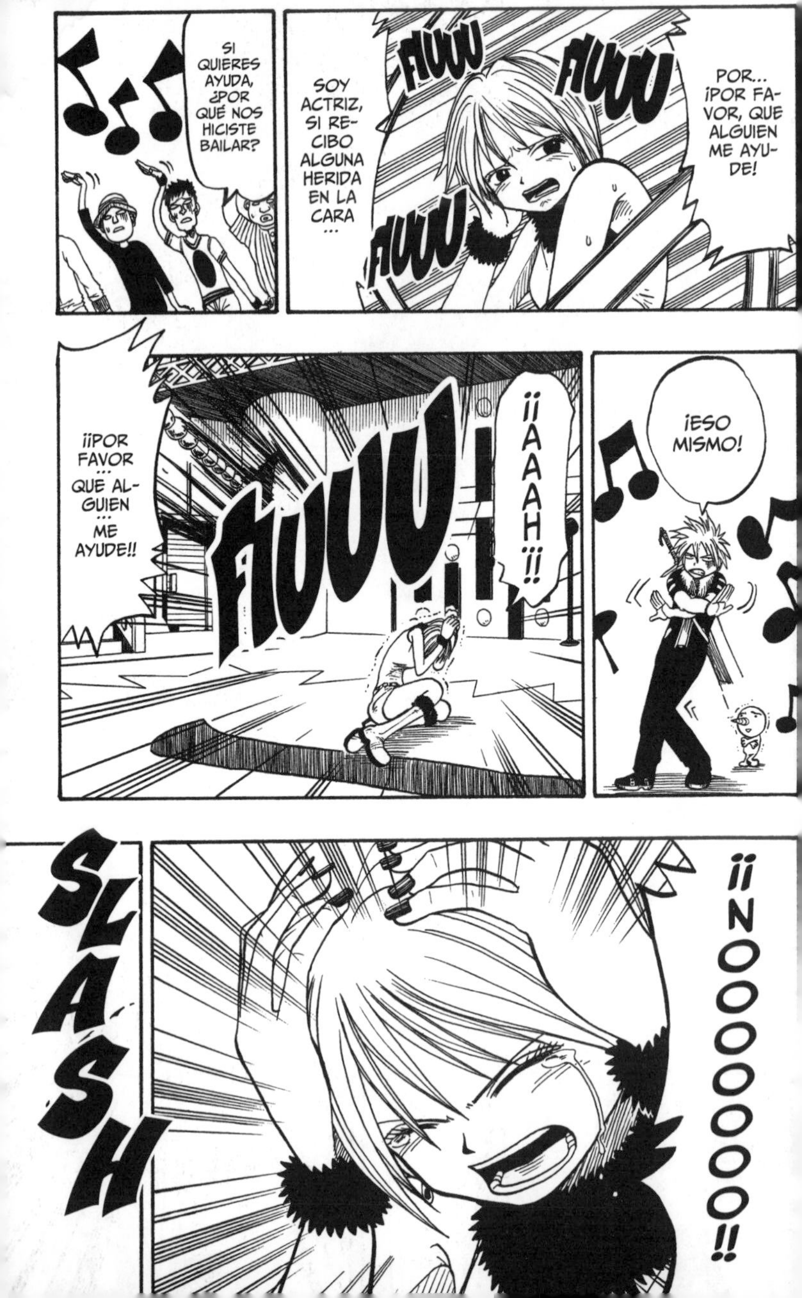
POR... ¡POR FAVOR, QUE ALGUIEN ME AYUDE!
FIUUU
FIUUU
FIUUU
SOY ACTRIZ, SI RECIBO ALGUNA HERIDA EN LA CARA...
SI QUIERES AYUDA, ¿POR QUÉ NOS HICISTE BAILAR?
¡ESO MISMO!
¡¡AAAAH!!
FIUUU
¡¡POR FAVOR... QUE ALGUIEN... ME AYUDE!!
¡¡NOOOOOOOO!!
SLASH

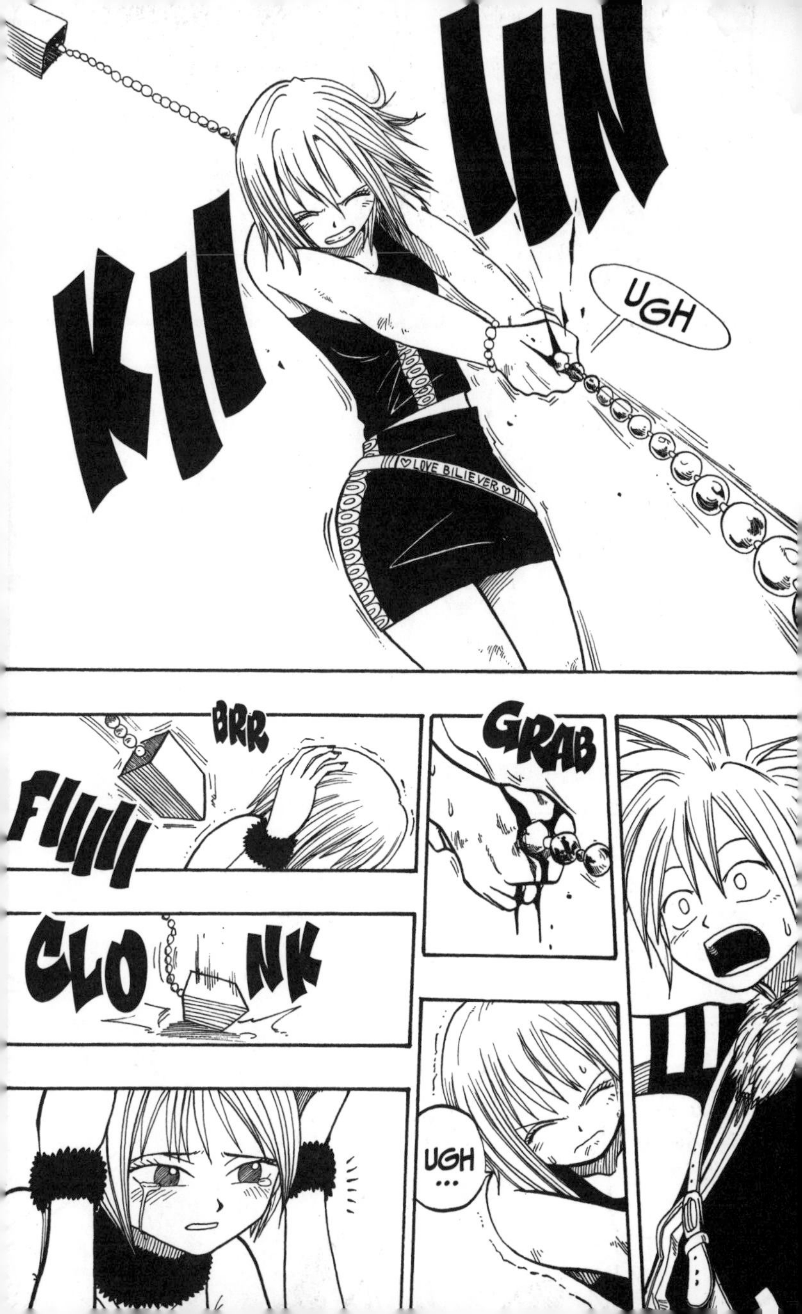
KIII IIIN
UGH
LOVE BILIEVER
GRAB
BRR
FIUUI
CLO NK
UGH
...

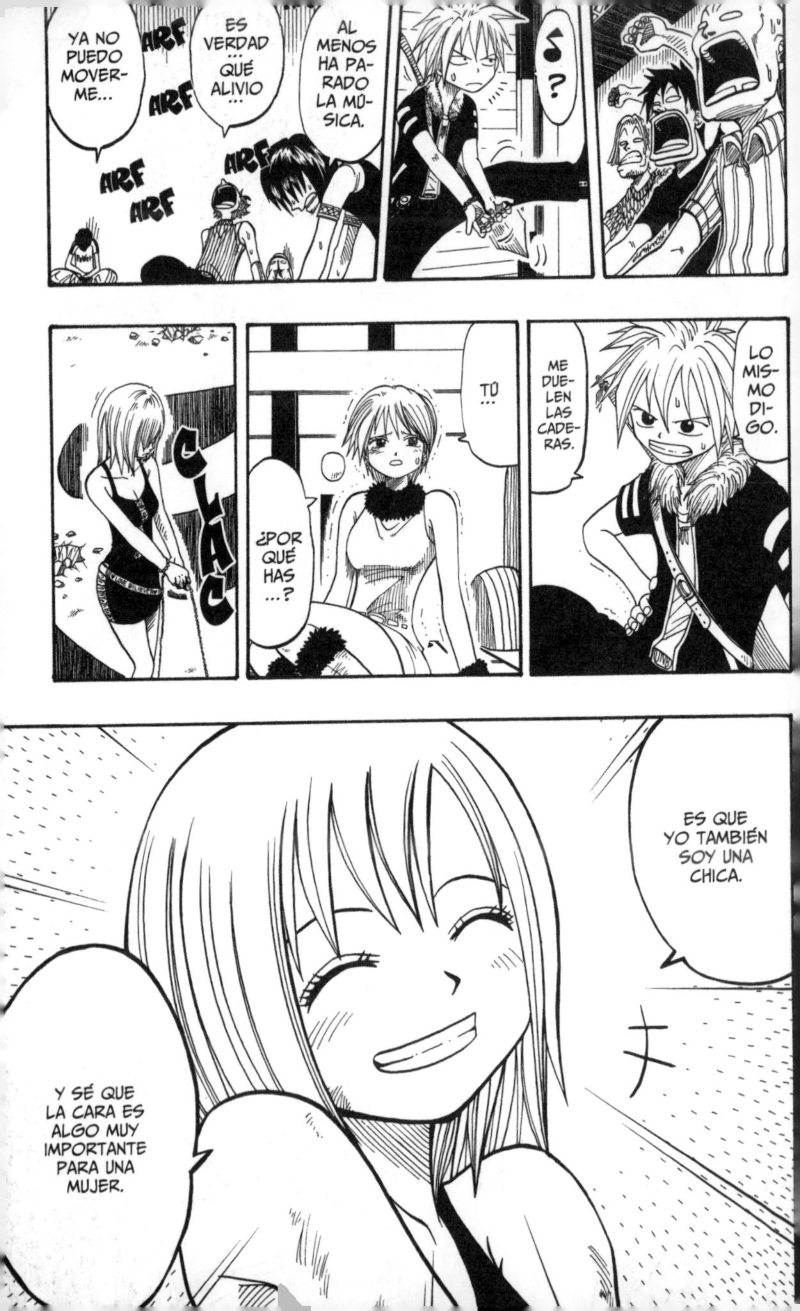
¿?
AL MENOS HA PARADO LA MÚSICA.
ES VERDAD... QUÉ ALIVIO...
YA NO PUEDO MOVERME...
ARF ARF ARF ARF ARF
LO MISMO DIGO.
ME DUELEN LAS CADERAS.
TÚ...
¿POR QUÉ HAS...?
CLAC
ES QUE YO TAMBIÉN SOY UNA CHICA.
Y SÉ QUE LA CARA ES ALGO MUY IMPORTANTE PARA UNA MUJER.

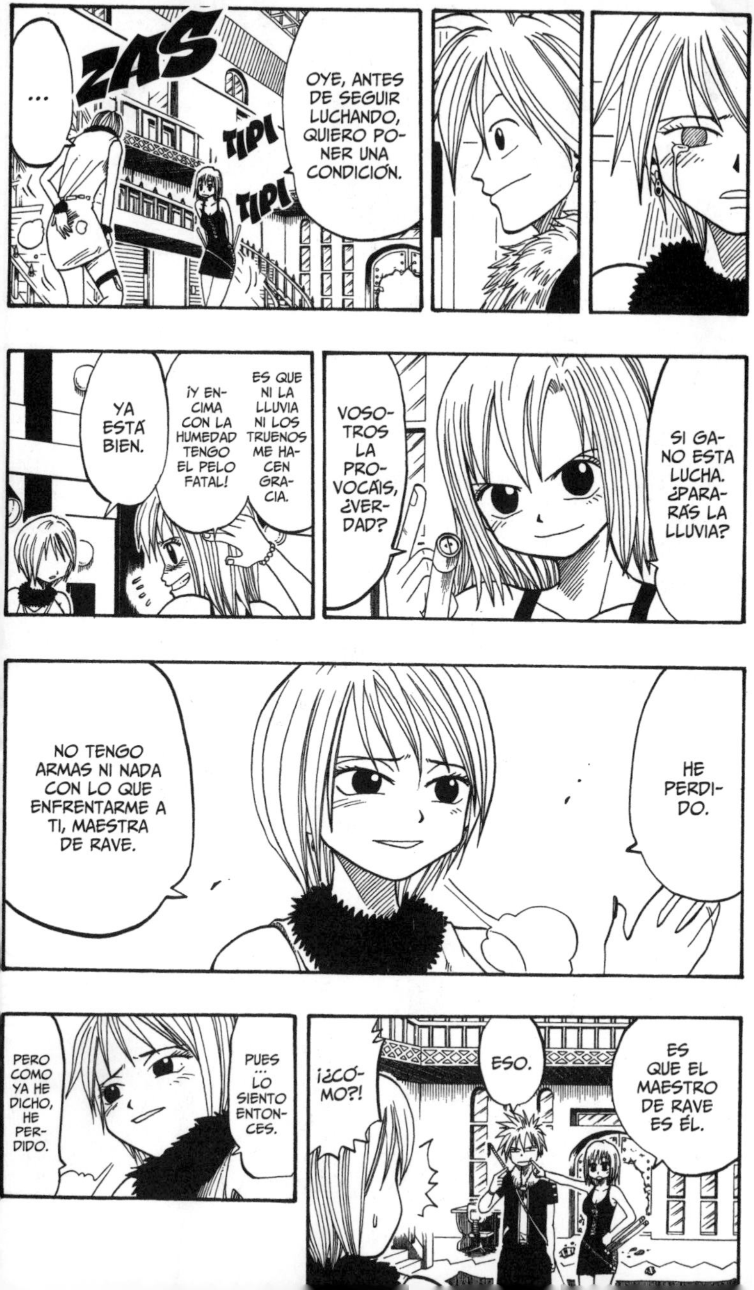
OYE, ANTES DE SEGUIR LUCHANDO, QUIERO PONER UNA CONDICIÓN.
ZAS
TIPI
TIPI
...
SI GANO ESTA LUCHA. ¿PARARÁS LA LLUVIA?
VOSOTROS LA PROVOCÁIS, ¿VERDAD?
ES QUE NI LA LLUVIA NI LOS TRUENOS ME HACEN GRACIA.
¡Y ENCIMA CON LA HUMEDAD TENGO EL PELO FATAL!
YA ESTÁ BIEN.
HE PERDIDO.
NO TENGO ARMAS NI NADA CON LO QUE ENFRENTARME A TI, MAESTRA DE RAVE.
ES QUE EL MAESTRO DE RAVE ES ÉL.
ESO.
¡¿CÓMO?!
PUES... LO SIENTO ENTONCES.
PERO COMO YA HE DICHO, HE PERDIDO.

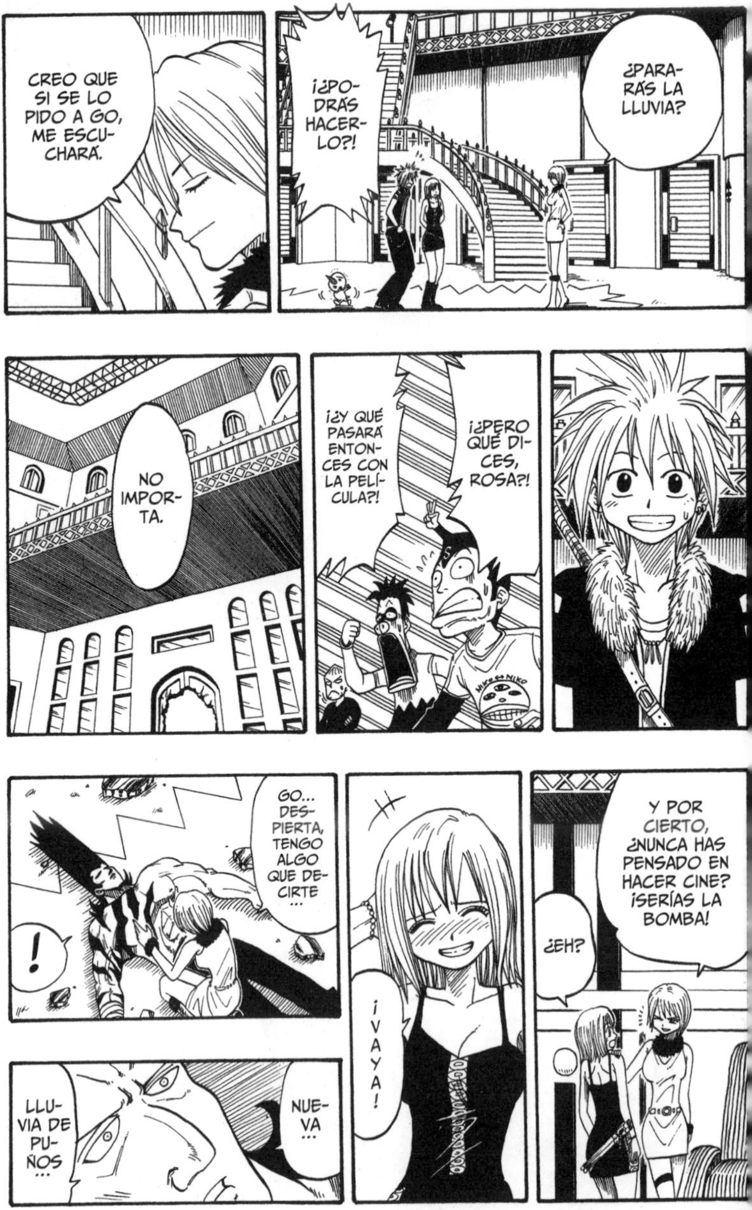
¿PARARÁS LA LLUVIA?
¡¿PODRÁS HACERLO?!
CREO QUE SI SE LO PIDO A GO, ME ESCUCHARÁ.
¡¿PERO QUÉ DICES, ROSA?!
¡¿Y QUÉ PASARÁ ENTONCES CON LA PELÍCULA?!
NO IMPORTA.
Y POR CIERTO, ¿NUNCA HAS PENSADO EN HACER CINE? ¡SERÍAS LA BOMBA!
¿EH?
¡VAYA!
GO... DESPIERTA, TENGO ALGO QUE DECIRTE...
!
NUEVA...
LLUVIA DE PUÑOS...

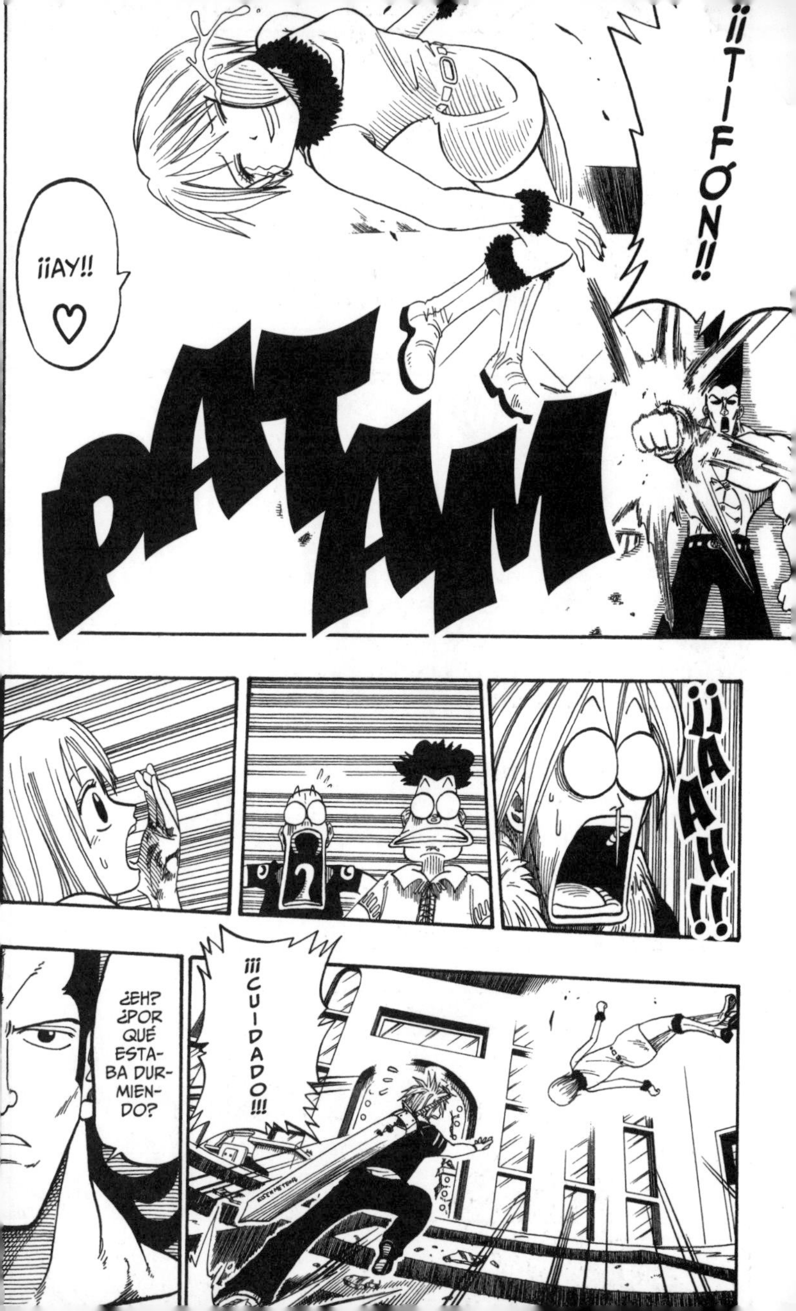
¡¡TIFÓN!!
PATAM
¡¡AY!! ♡
¡¡AAH!!
¡¡¡CUIDADO!!!
¿EH? ¿POR QUÉ ESTABA DURMIENDO?

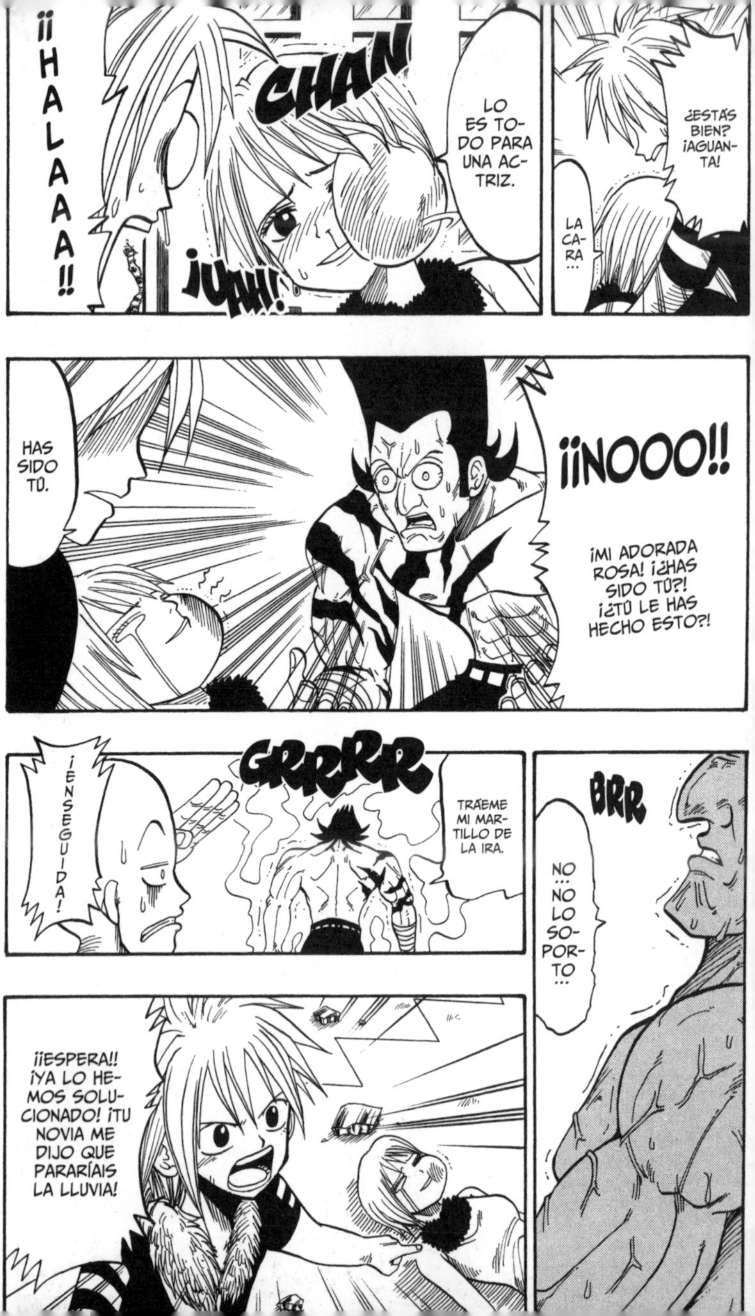
¿ESTÁS BIEN? ¡AGUANTA!
LA CARA...
LO ES TODO PARA UNA ACTRIZ.
CHAN
¡UAH!
¡¡HALAAAA!!
¡¡NOOO!!
¡MI ADORADA ROSA! ¡¿HAS SIDO TÚ?! ¡¿TÚ LE HAS HECHO ESTO?!
HAS SIDO TÚ.
BRR
NO... NO LO SOPORTO...
TRÁEME MI MARTILLO DE LA IRA.
GRRRR
¡ENSEGUIDA!
¡¡ESPERA!! ¡YA LO HEMOS SOLUCIONADO! ¡TU NOVIA ME DIJO QUE PARARÍAIS LA LLUVIA!

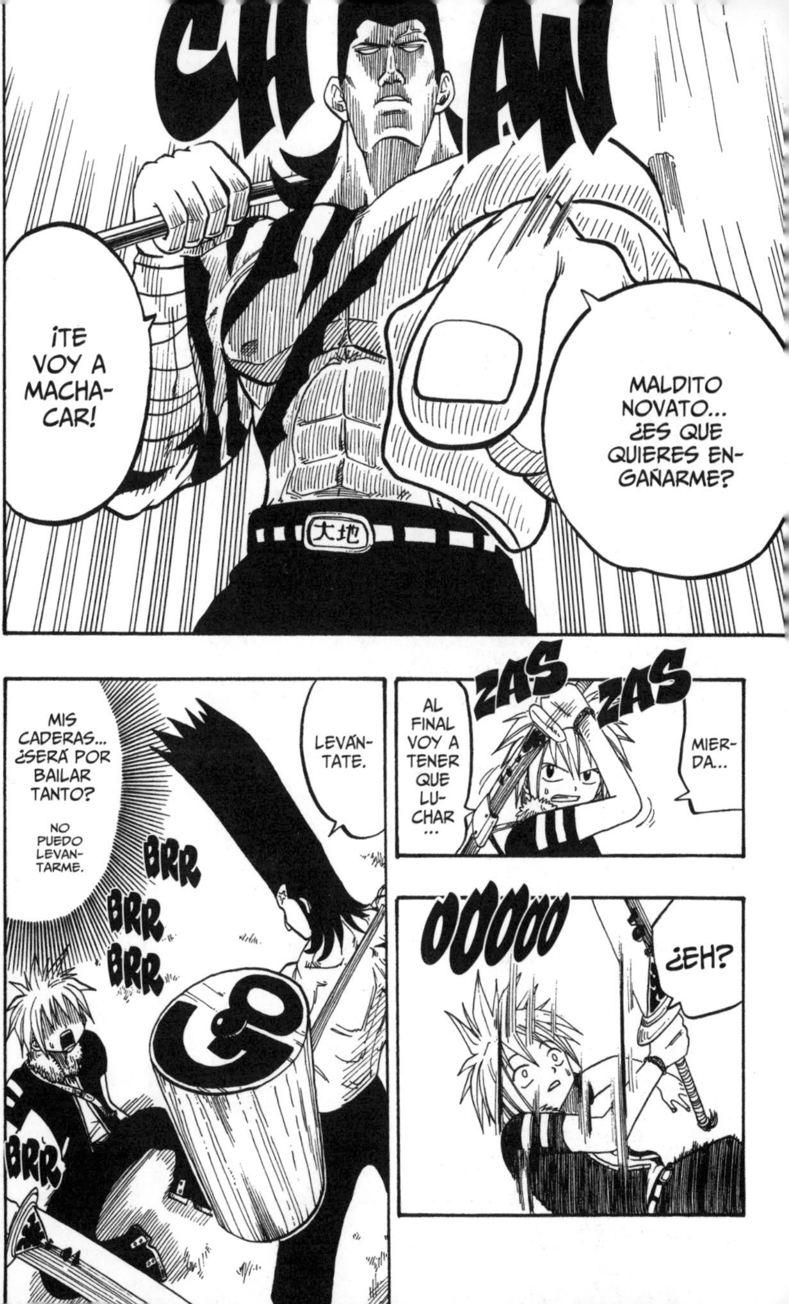
CHAAN
MALDITO NOVATO... ¿ES QUE QUIERES ENGAÑARME?
¡TE VOY A MACHACAR!
ZAS ZAS
MIERDA...
AL FINAL VOY A TENER QUE LUCHAR...
OOOOOO
¿EH?
LEVÁNTATE.
MIS CADERAS... ¿SERÁ POR BAILAR TANTO?
NO PUEDO LEVANTARME.
BRR
BRR
BRR
BRR

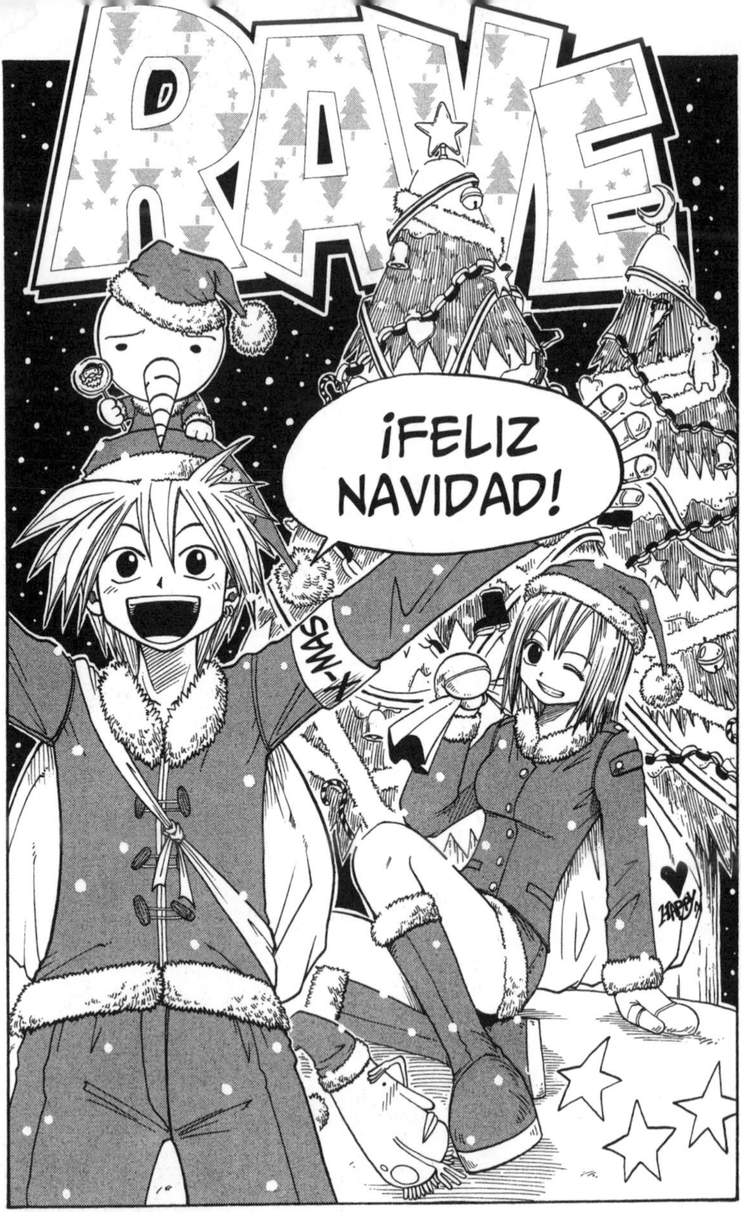
RAVE
¡FELIZ NAVIDAD!
X-MAS

RAVE 24 ✚ LA ESCENA FINAL

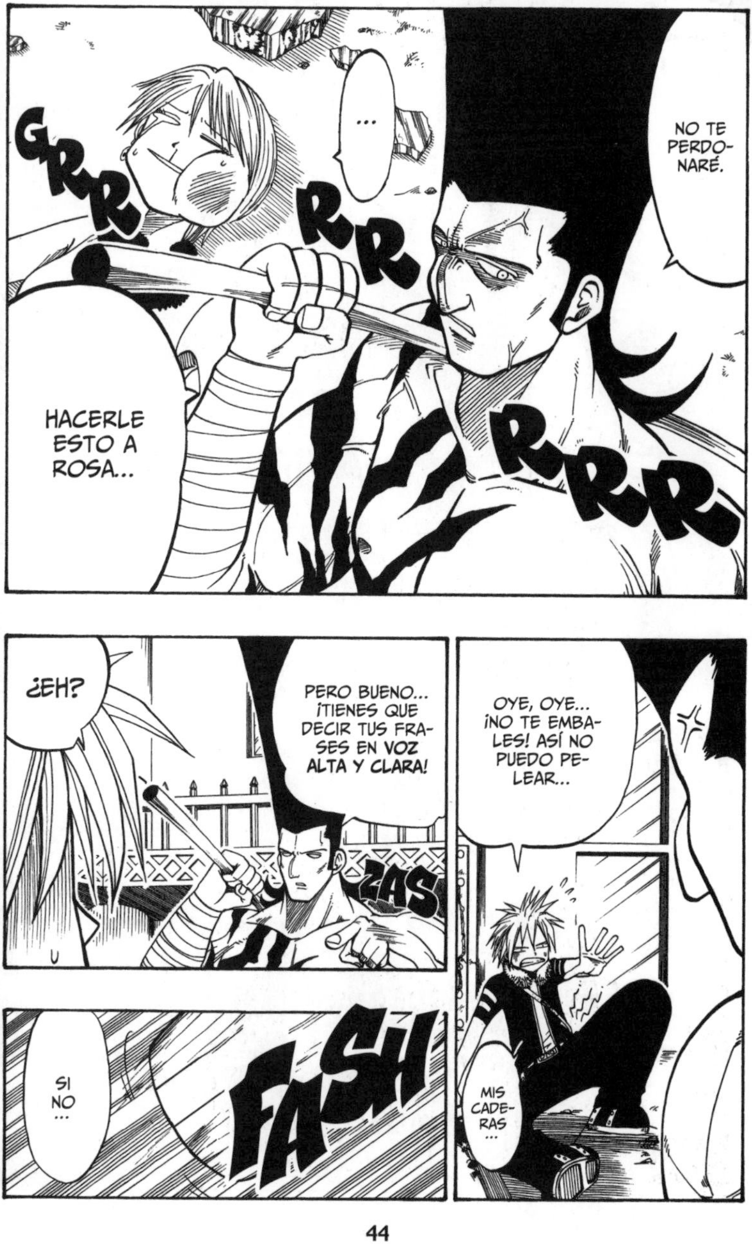
NO TE PERDONARÉ.
...
GRRR
RRR
RRRR
HACERLE ESTO A ROSA...
OYE, OYE... ¡NO TE EMBALES! ASÍ NO PUEDO PELEAR...
MIS CADERAS...
PERO BUENO... ¡TIENES QUE DECIR TUS FRASES EN VOZ ALTA Y CLARA!
ZAS
¿EH?
FASH
SI NO...

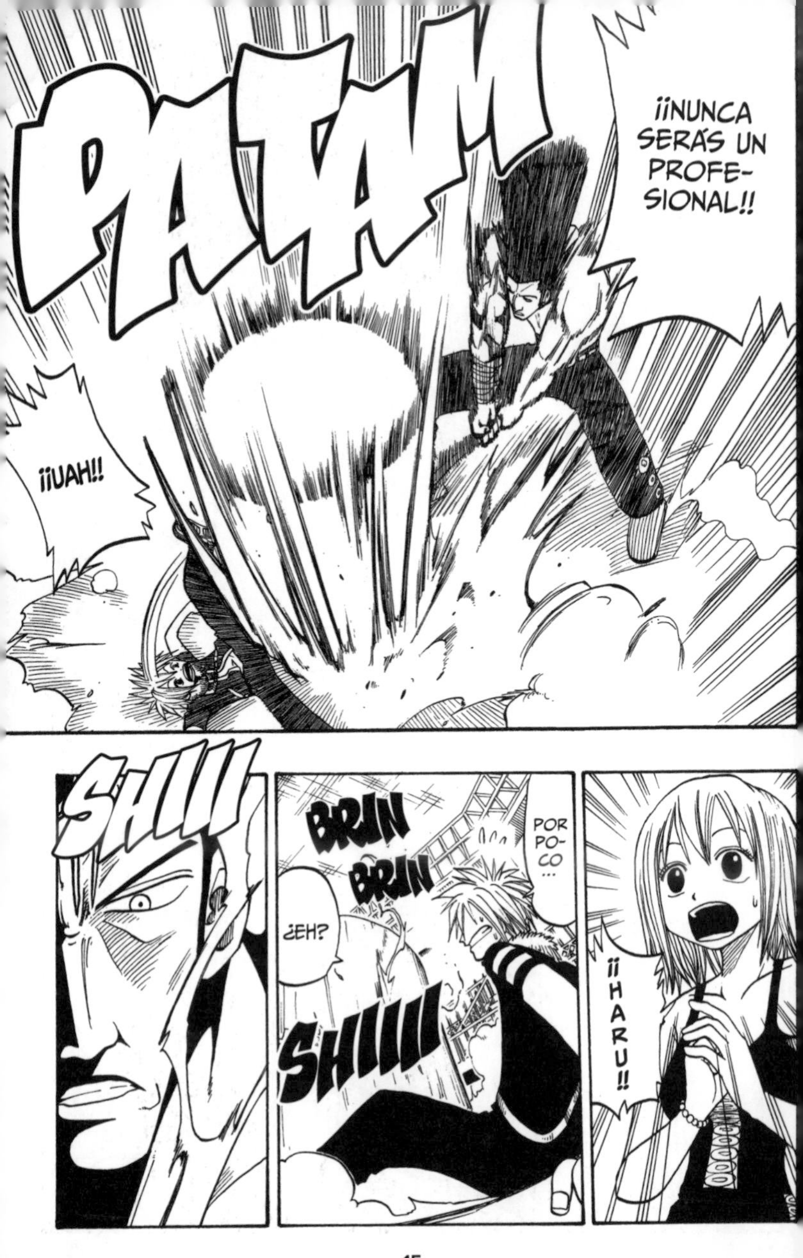
¡¡NUNCA SERÁS UN PROFE-SIONAL!!
PATAM
¡¡UAH!!
¡¡HARU!!
POR PO-CO...
BRIN
BRIN
¿EH?
SHIIIII
SHIII

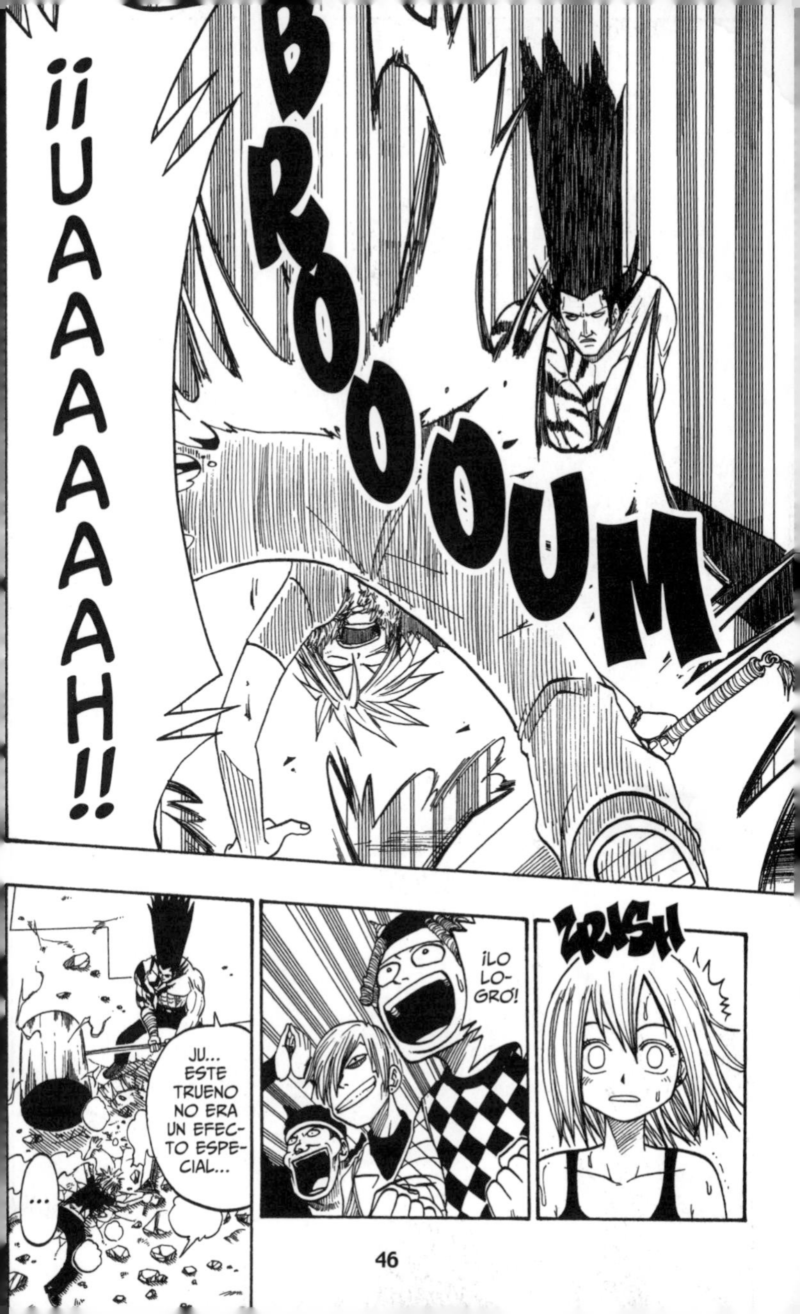
BROOOOUM
¡¡UAAAAAAAH!!
ZRISH
¡LO LOGRÓ!
JU... ESTE TRUENO NO ERA UN EFECTO ESPECIAL...
...

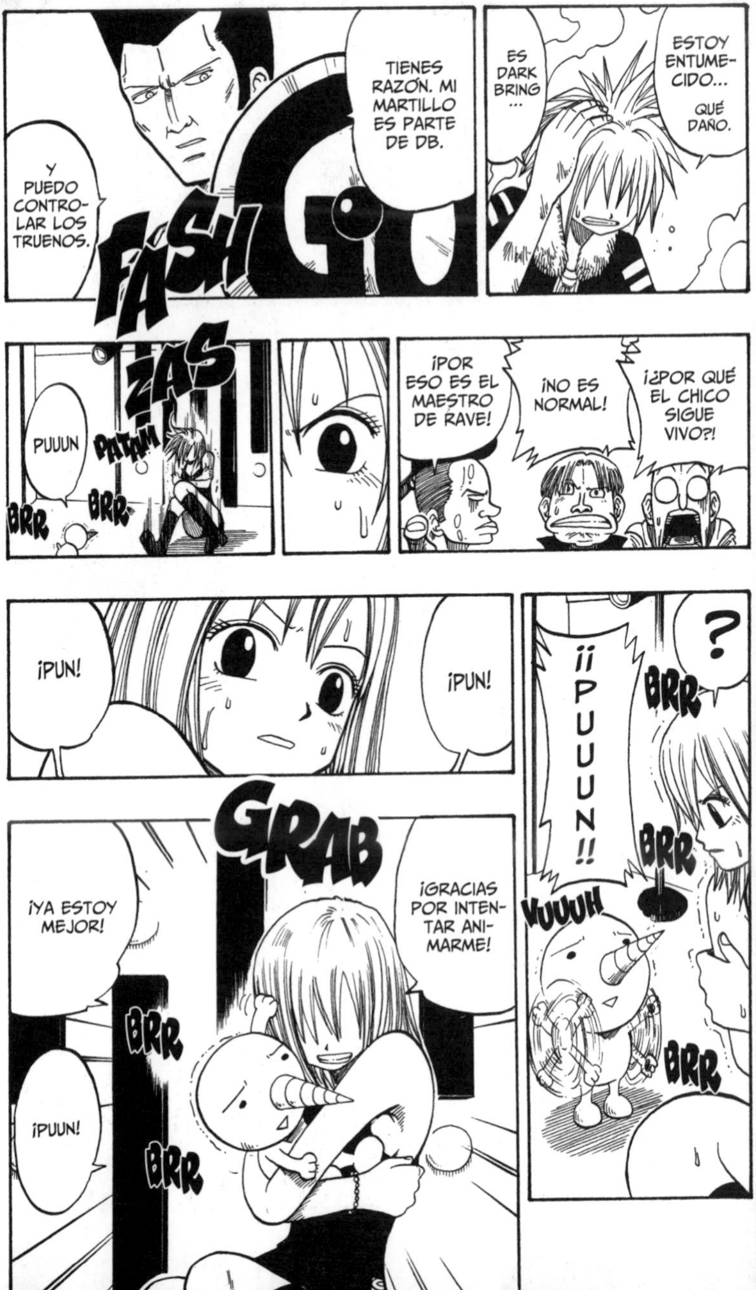
ESTOY ENTUMECIDO...
QUÉ DAÑO.
ES DARK BRING...
TIENES RAZÓN. MI MARTILLO ES PARTE DE DB.
Y PUEDO CONTROLAR LOS TRUENOS.
FASH
¡¿POR QUÉ EL CHICO SIGUE VIVO?!
¡NO ES NORMAL!
¡POR ESO ES EL MAESTRO DE RAVE!
ZAS
PATAM
PUUUN
BRR
BRR
?
BRR
¡¡PUUUUN!!
BRR
VUUUH
BRR
¡PUN!
¡PUN!
GRAB
¡GRACIAS POR INTENTAR ANIMARME!
¡YA ESTOY MEJOR!
BRR
¡PUUN!
BRR

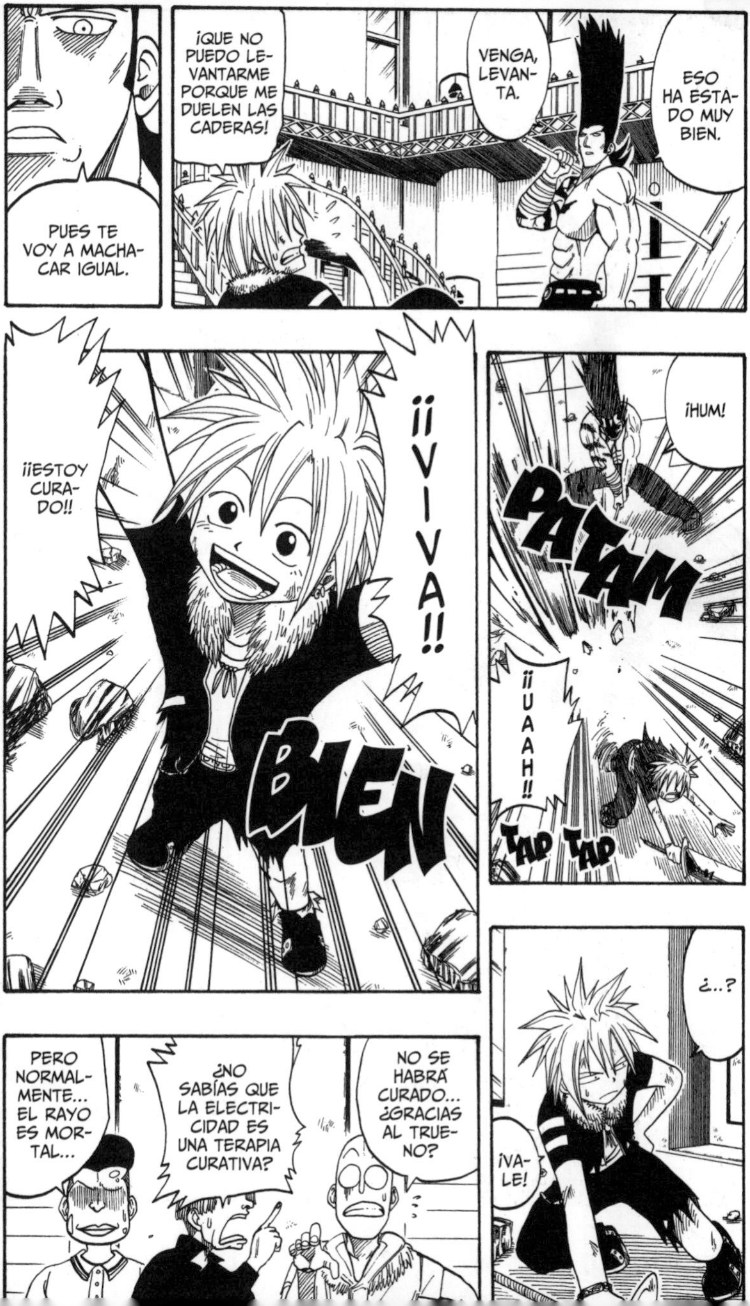
ESO HA ESTADO MUY BIEN.
VENGA, LEVANTA.
¡QUE NO PUEDO LEVANTARME PORQUE ME DUELEN LAS CADERAS!
PUES TE VOY A MACHACAR IGUAL.
¡HUM!
PATAM
¡¡UAAAH!!
TAP TAP
¡¡VIVA!!
BIEN
¡¡ESTOY CURADO!!
¿...?
¡VALE!
NO SE HABRÁ CURADO... ¿GRACIAS AL TRUENO?
¿NO SABÍAS QUE LA ELECTRICIDAD ES UNA TERAPIA CURATIVA?
PERO NORMALMENTE... EL RAYO ES MORTAL...

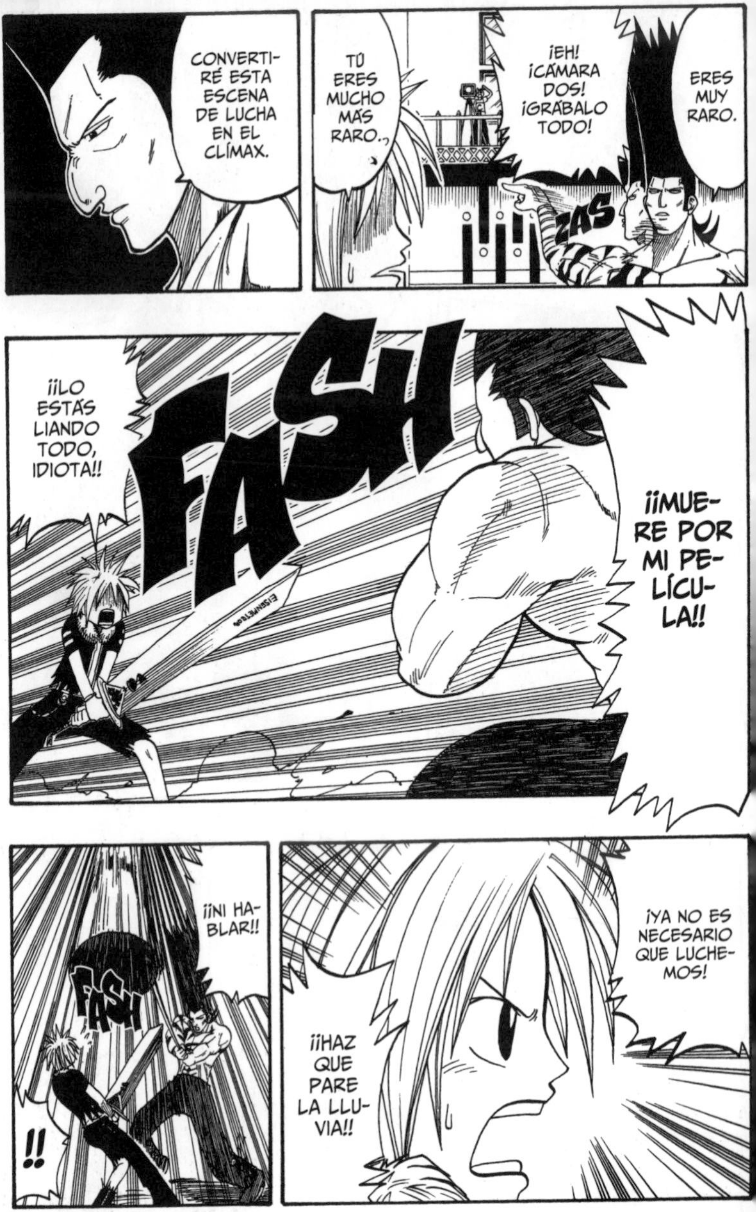
ERES MUY RARO.
¡EH! ¡CÁMARA DOS! ¡GRÁBALO TODO!
ZAS
TÚ ERES MUCHO MÁS RARO...
CONVERTIRÉ ESTA ESCENA DE LUCHA EN EL CLÍMAX.
¡¡MUERE POR MI PELÍCULA!!
FASH
¡¡LO ESTÁS LIANDO TODO, IDIOTA!!
¡YA NO ES NECESARIO QUE LUCHEMOS!
¡¡HAZ QUE PARE LA LLUVIA!!
¡¡NI HABLAR!!
FASH
!!

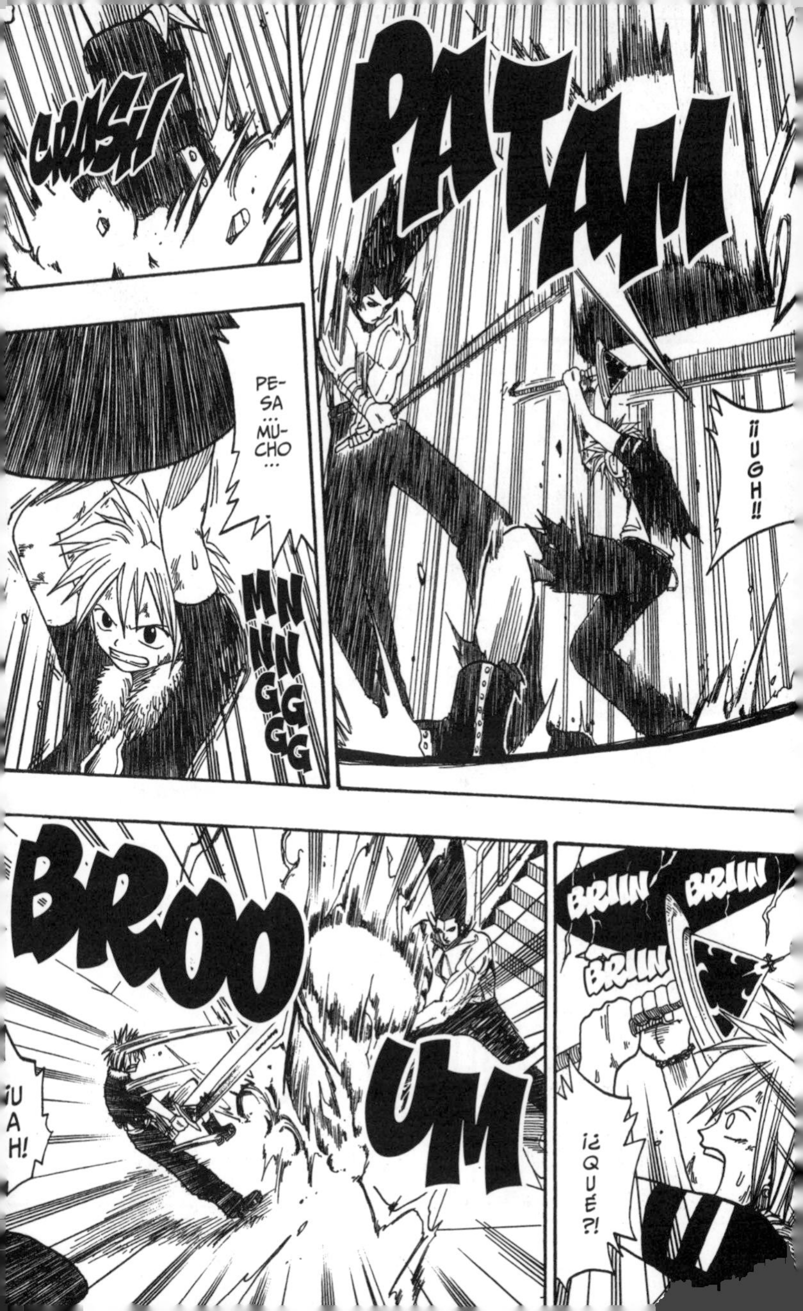
PATAM
¡¡UGH!!
CRASH
PE-SA... MU-CHO...
MNNNGGGG
BRIIN BRIIN BRIIN
¿¡QUÉ?!
BROOOUM
¡UAH!

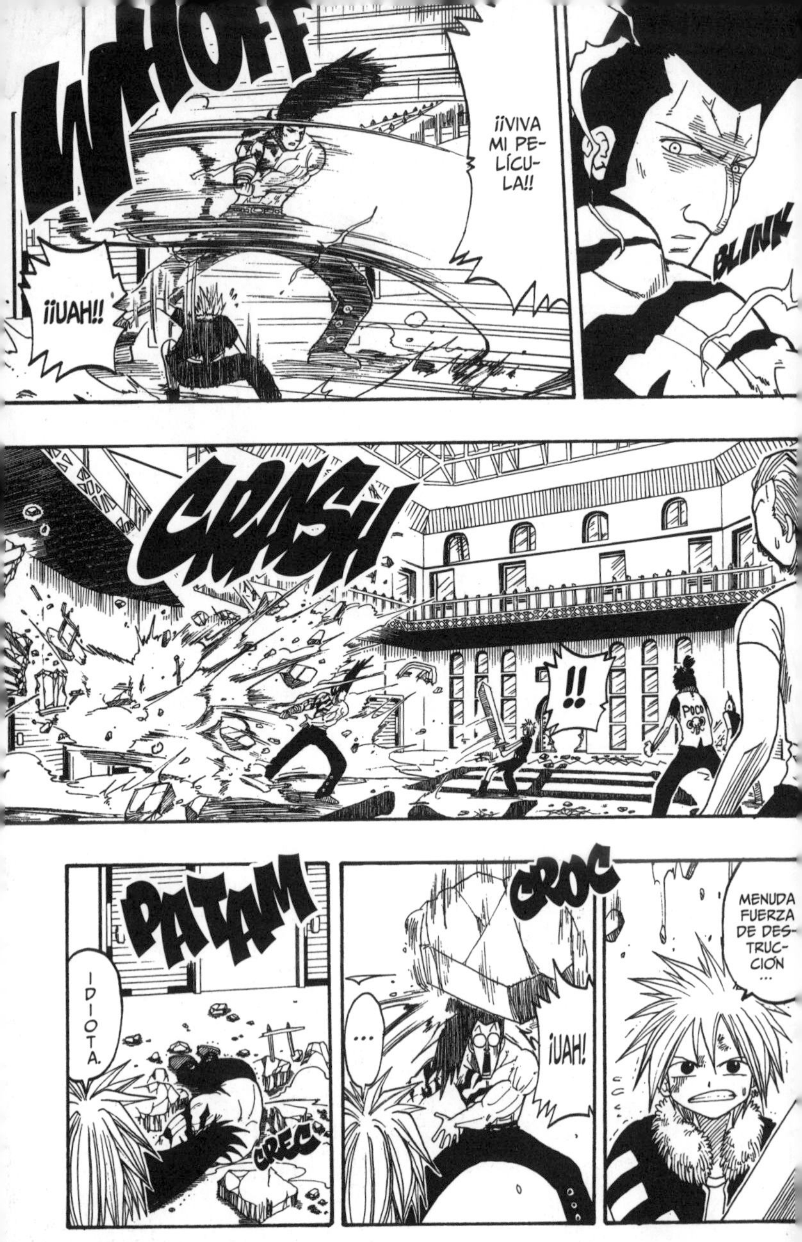
BLINK
WHOFF
¡¡VIVA MI PELÍCULA!!
¡¡UAH!!
CRASH
!!
MENUDA FUERZA DE DESTRUCCIÓN...
GROC
¡UAH!
...
PATAM
IDIOTA.
CREC

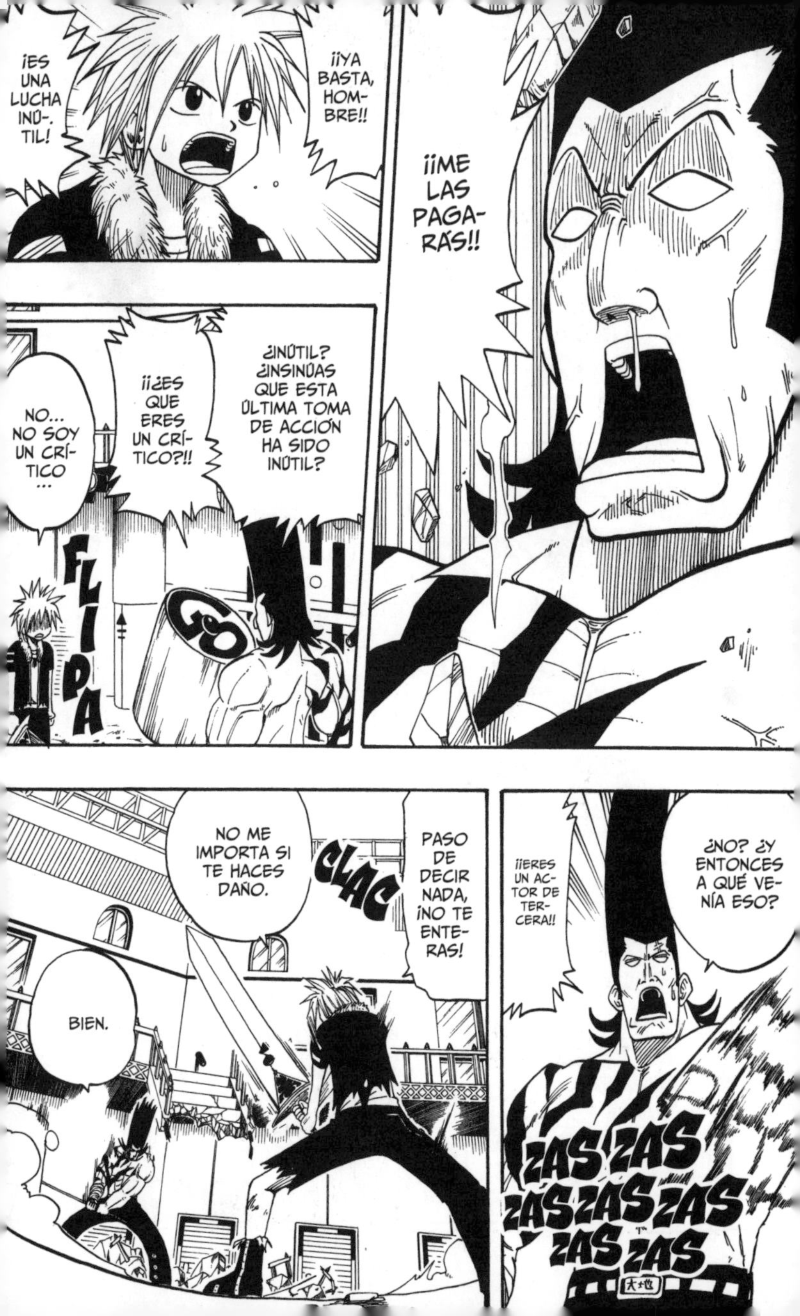
¡¡ME LAS PAGARÁS!!
¡¡YA BASTA, HOMBRE!!
¡ES UNA LUCHA INÚTIL!
¿INÚTIL? ¿INSINÚAS QUE ESTA ÚLTIMA TOMA DE ACCIÓN HA SIDO INÚTIL?
¡¡¿ES QUE ERES UN CRÍTICO?!!
NO... NO SOY UN CRÍTICO...
GO
FLIPA
¿NO? ¿Y ENTONCES A QUÉ VENÍA ESO?
¡¡ERES UN ACTOR DE TERCERA!!
ZAS ZAS ZAS ZAS ZAS ZAS ZAS
PASO DE DECIR NADA, ¡NO TE ENTERAS!
CLAC
NO ME IMPORTA SI TE HACES DAÑO.
BIEN.

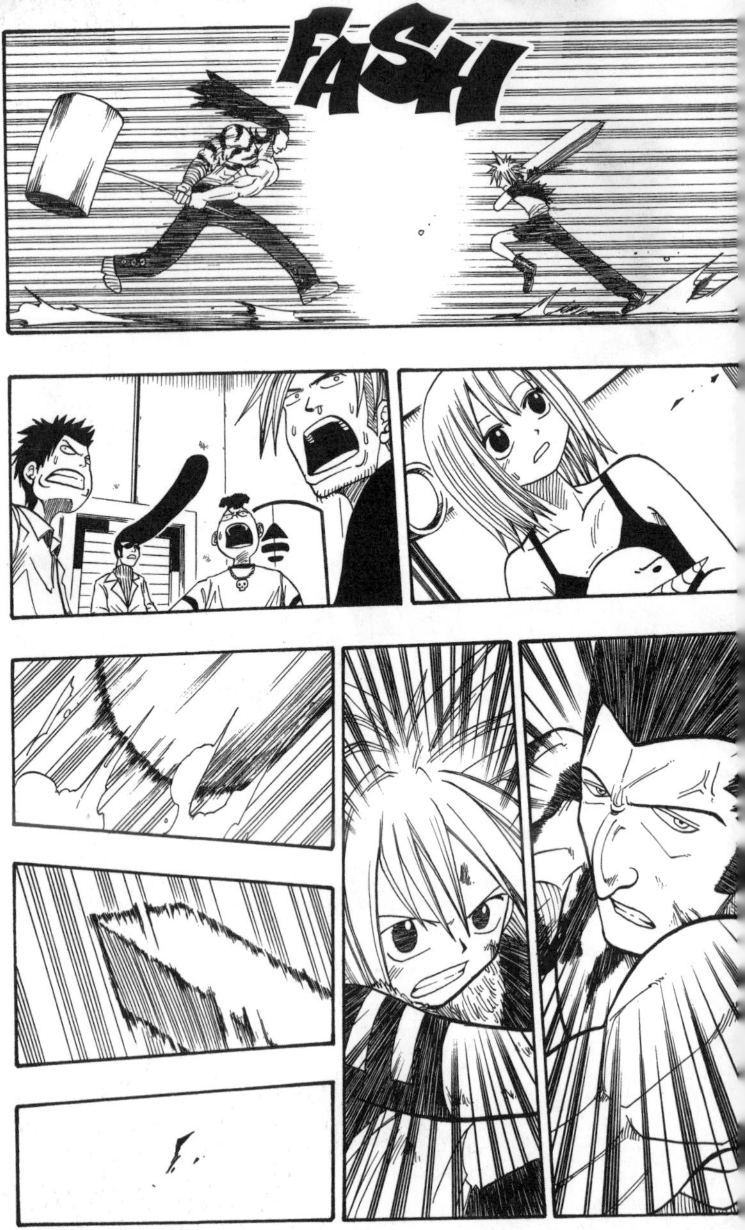
FASH

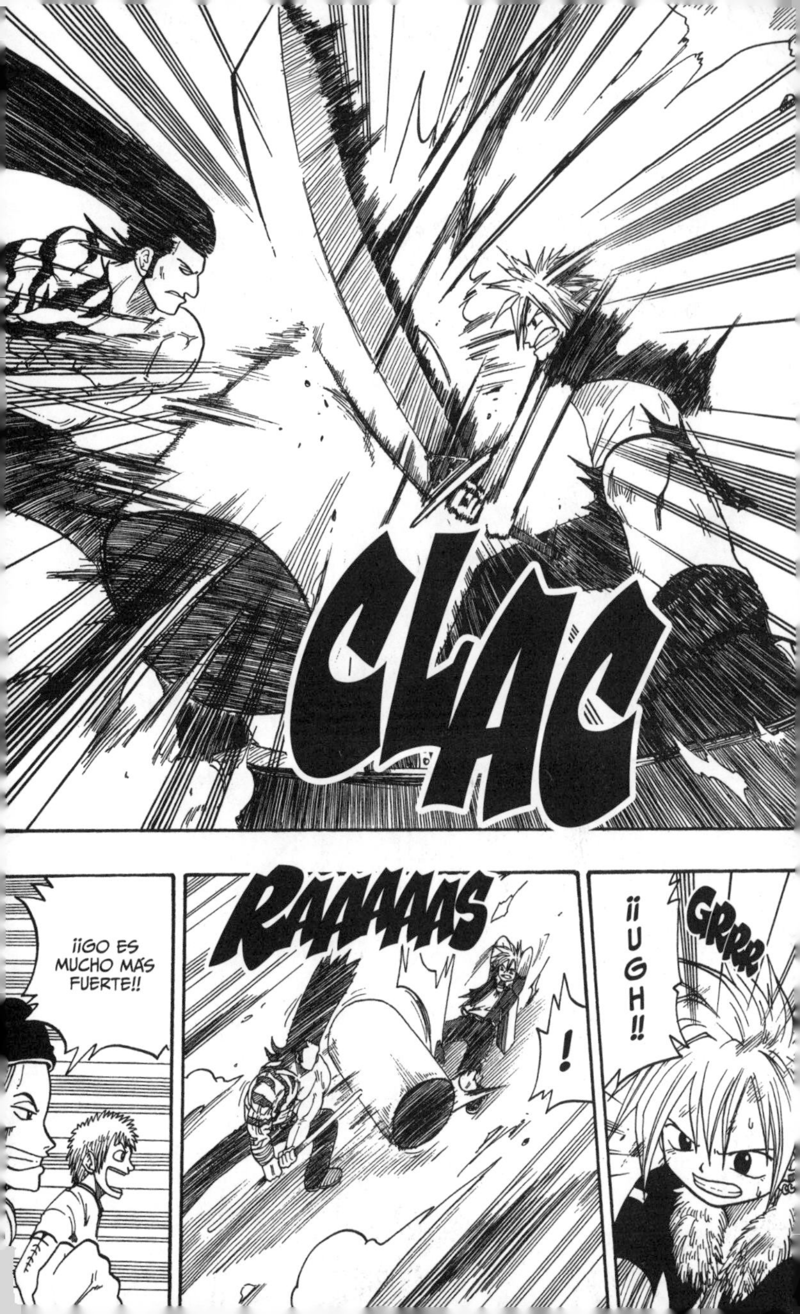
CLAC
GRRR
¡¡UGH!!
RAAAAAS
!
¡¡GO ES MUCHO MÁS FUERTE!!

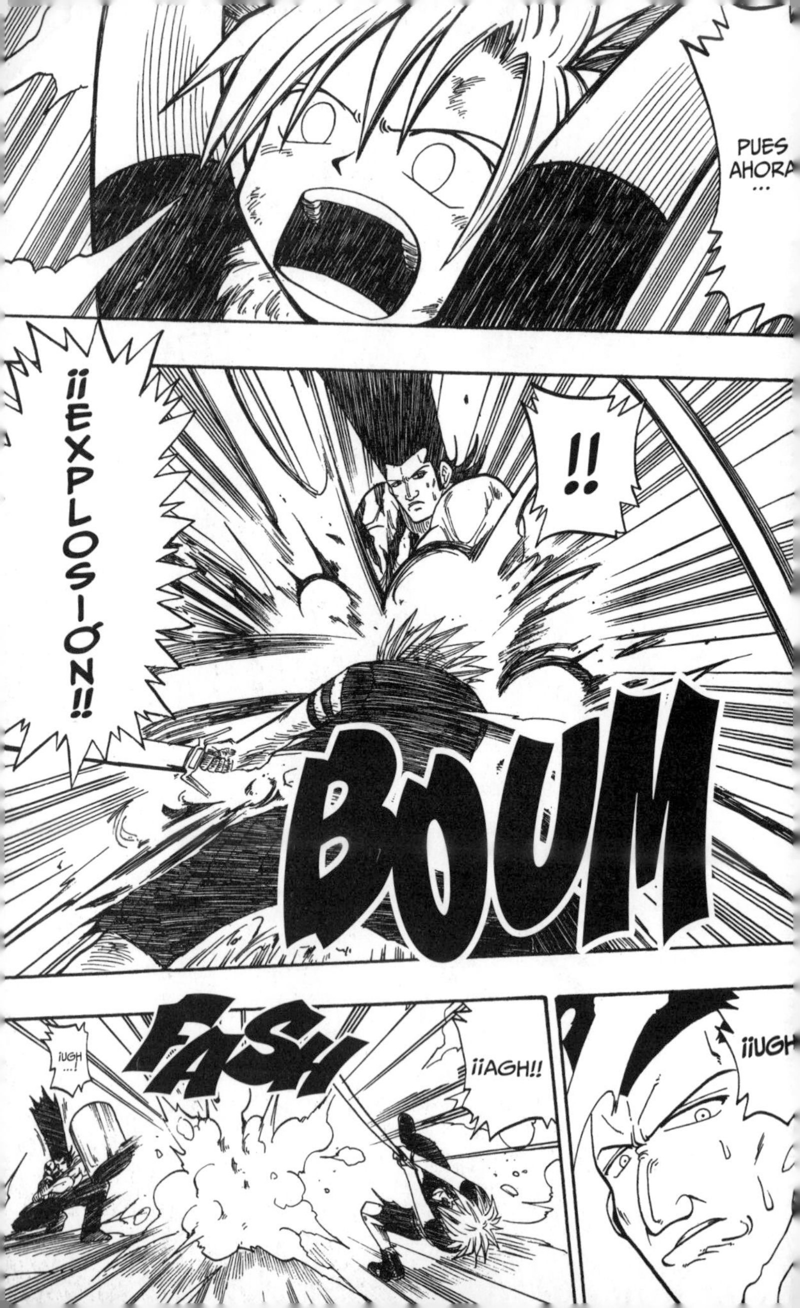
PUES AHORA ...
¡¡EXPLOSIÓN!!
!!
BOUM
¡¡UGH
¡¡AGH!!
FASH
¡UGH ...!

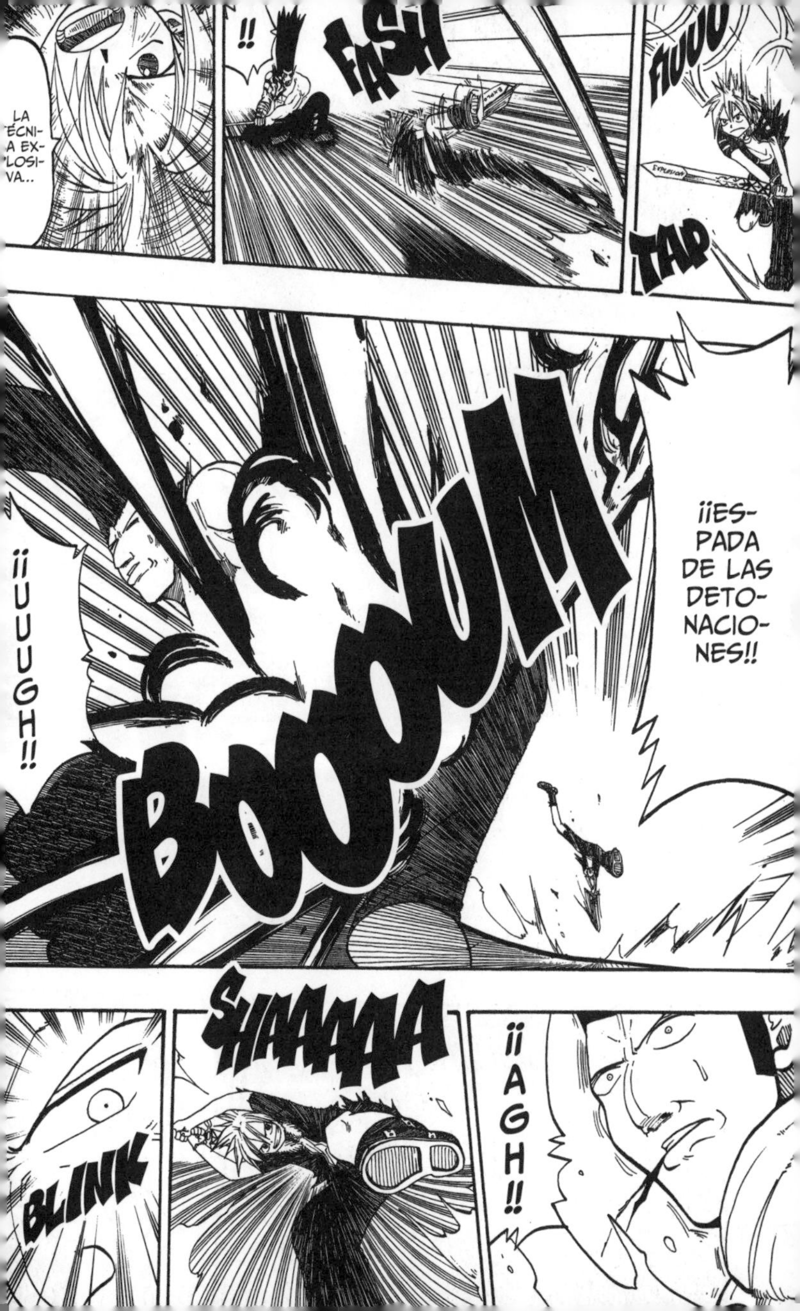
FIUUU
TAP
!!
FASH
LA ÉCNI- A EX- LOSI- VA...
¡¡ESPADA DE LAS DETONACIONES!!
BOOOOUM
¡¡UUUUGH!!
¡¡AGH!!
SHAAAAA
BLINK

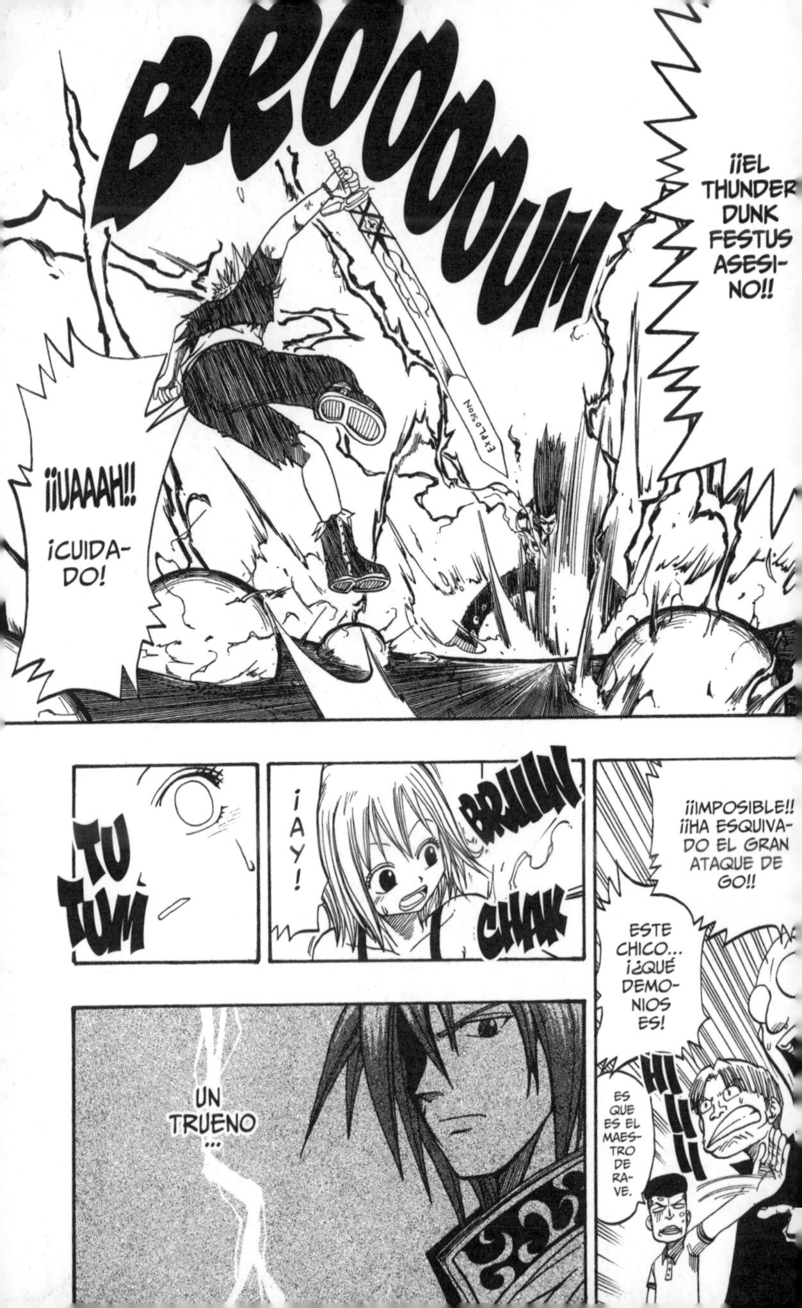
BROOOOOUM
¡¡EL THUNDER DUNK FESTUS ASESINO!!
EXPLOSION
¡¡UAAAH!!
¡CUIDADO!
¡¡IMPOSIBLE!! ¡¡HA ESQUIVADO EL GRAN ATAQUE DE GO!!
ESTE CHICO... ¡¿QUÉ DEMONIOS ES!
HIIII
ES QUE ES EL MAESTRO DE RAVE.
BRUUN
CHAK
¡AY!
TU TUM
UN TRUENO ...

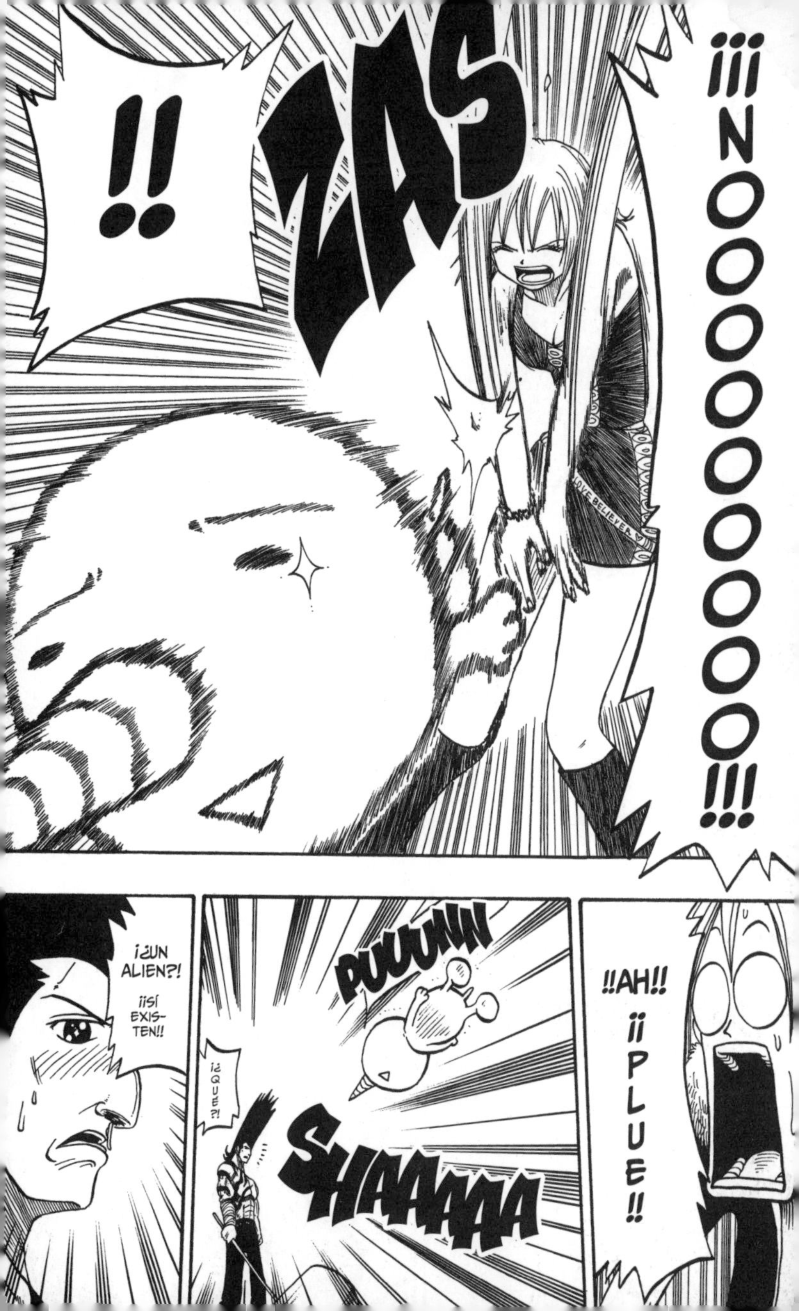
¡¡¡NOOOOOOOOOOOOO!!!
ZAS
!!
!!AH!!
¡¡PLUE!!
PUUUNN
SHAAAAAA
¡¿QUE?!
¡¿UN ALIEN?!
¡¡SÍ EXIS-
TEN!!

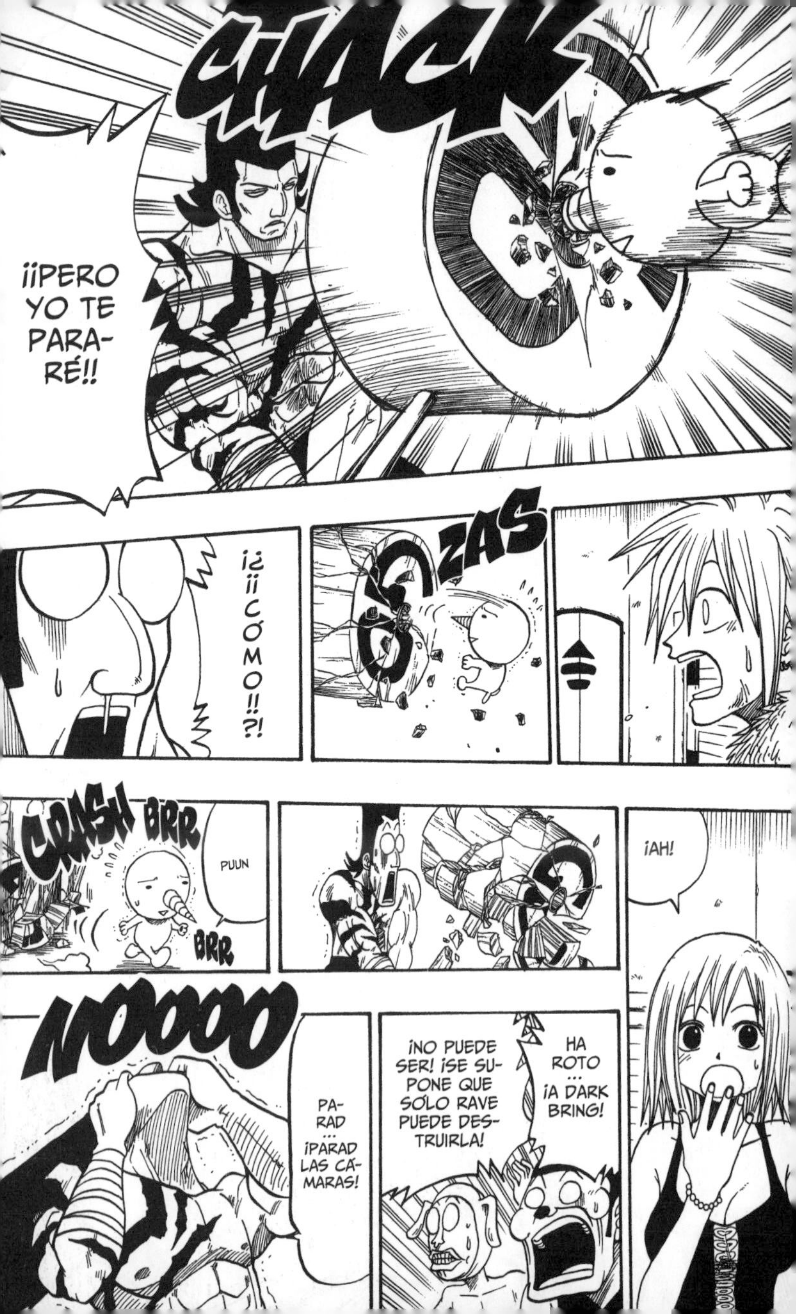
CHACK
¡¡PERO YO TE PARARÉ!!
ZAS
¿¡¡CÓMO!!?!
¡AH!
CRASH
BRR
PUUN
BRR
HA ROTO... ¡A DARK BRING!
¡NO PUEDE SER! ¡SE SUPONE QUE SÓLO RAVE PUEDE DESTRUIRLA!
NOOOO
PARAD... ¡PARAD LAS CÁMARAS!

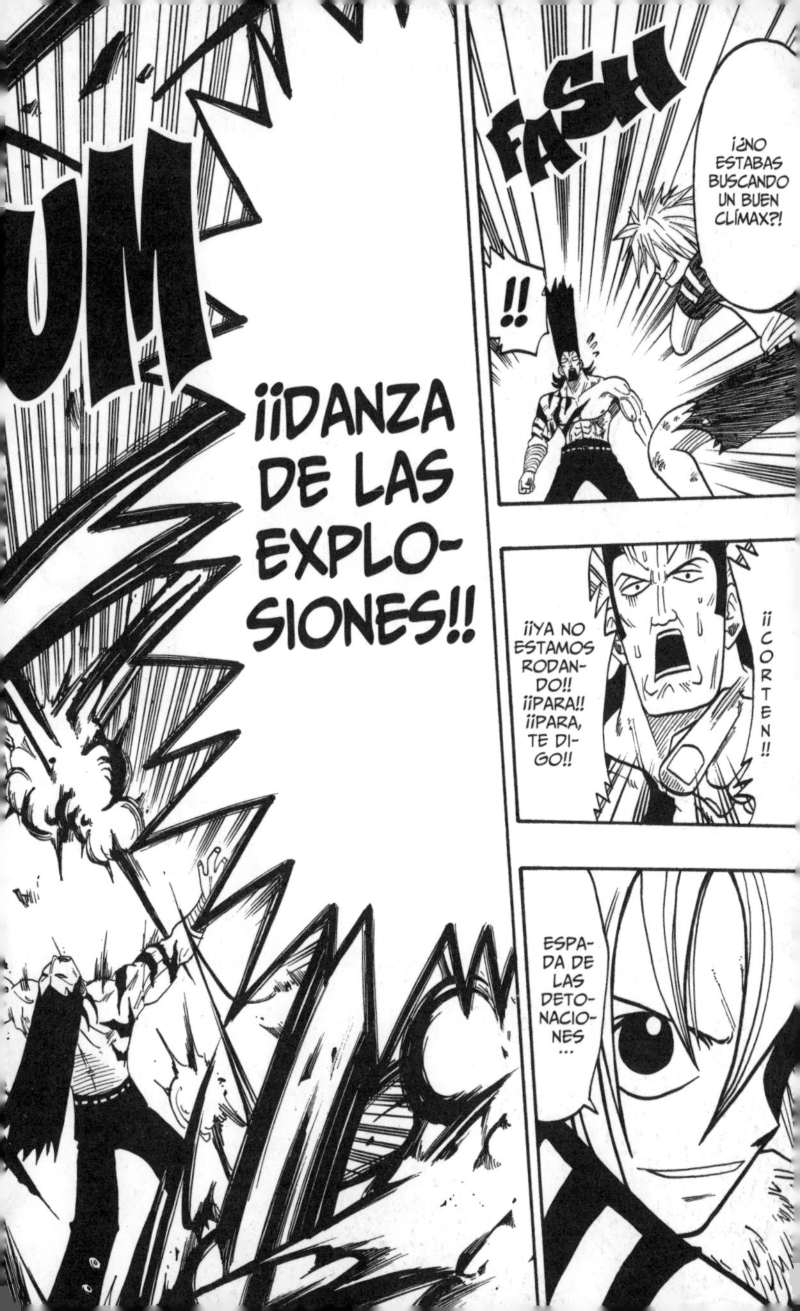
FASH
¡¿NO ESTABAS BUSCANDO UN BUEN CLÍMAX?!
!!
¡¡CORTEN!!
¡¡YA NO ESTAMOS RODAN-DO!! ¡¡PARA!! ¡¡PARA, TE DI-GO!!
ESPA-DA DE LAS DETO-NACIO-NES...
UM
¡¡DANZA DE LAS EXPLO-SIONES!!

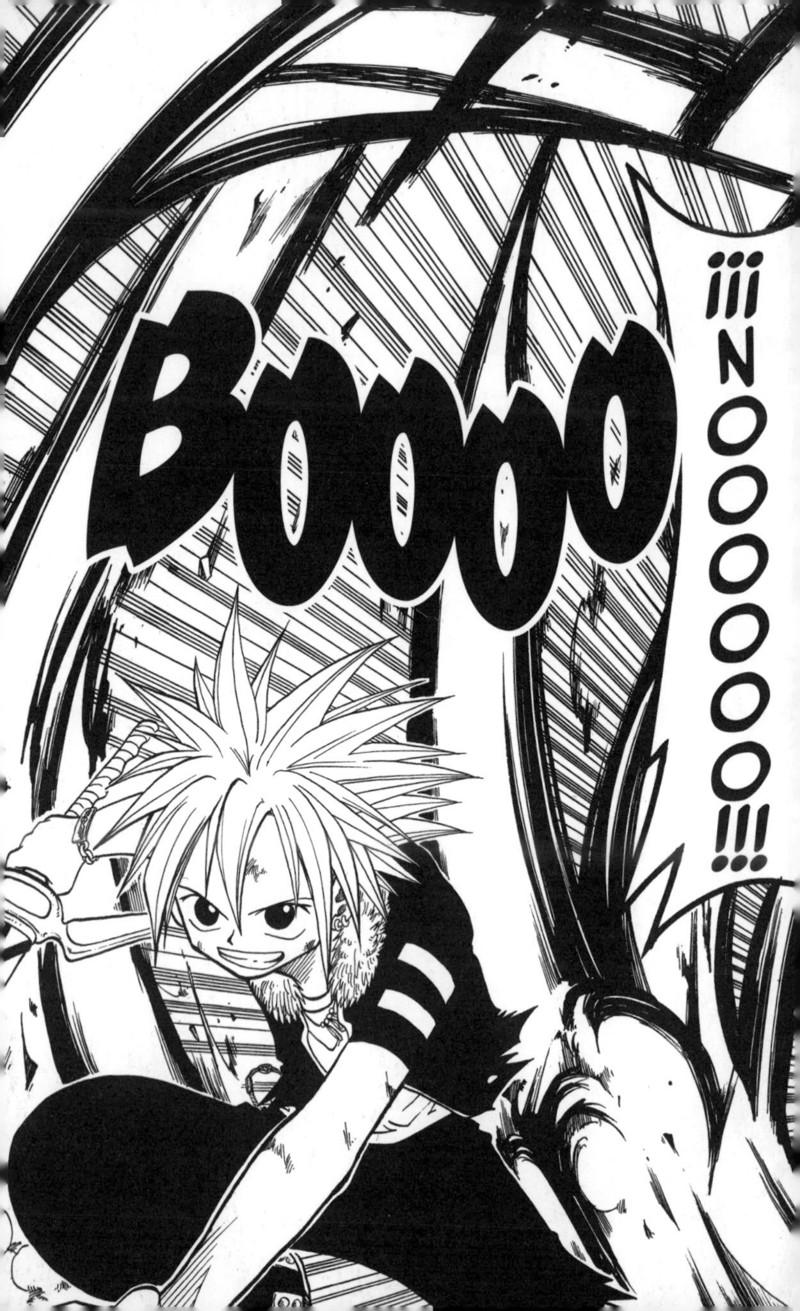
¡¡¡NOOOOOO!!!
BOOOO

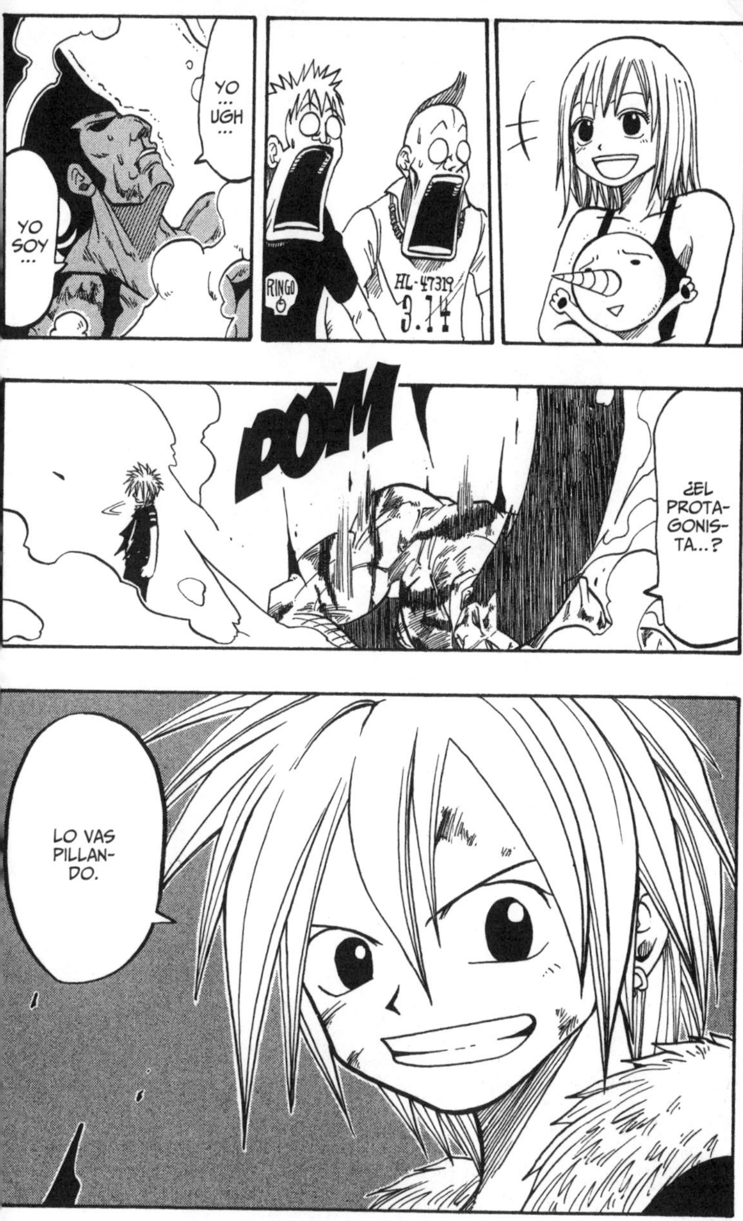
YO ... UGH ...
YO SOY ...
¿EL PROTAGONISTA...?
POM
LO VAS PILLANDO.

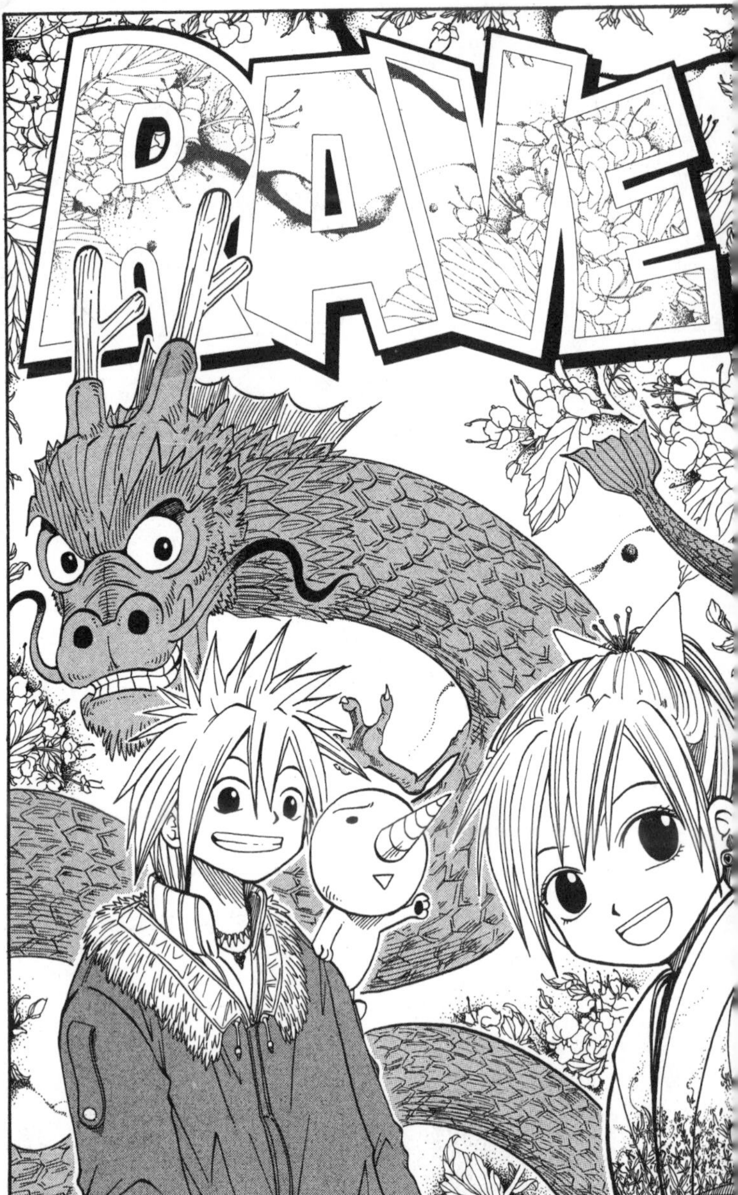
RAVE

RAVE 25 ✚ LOS DULCES RAYOS DEL SOL

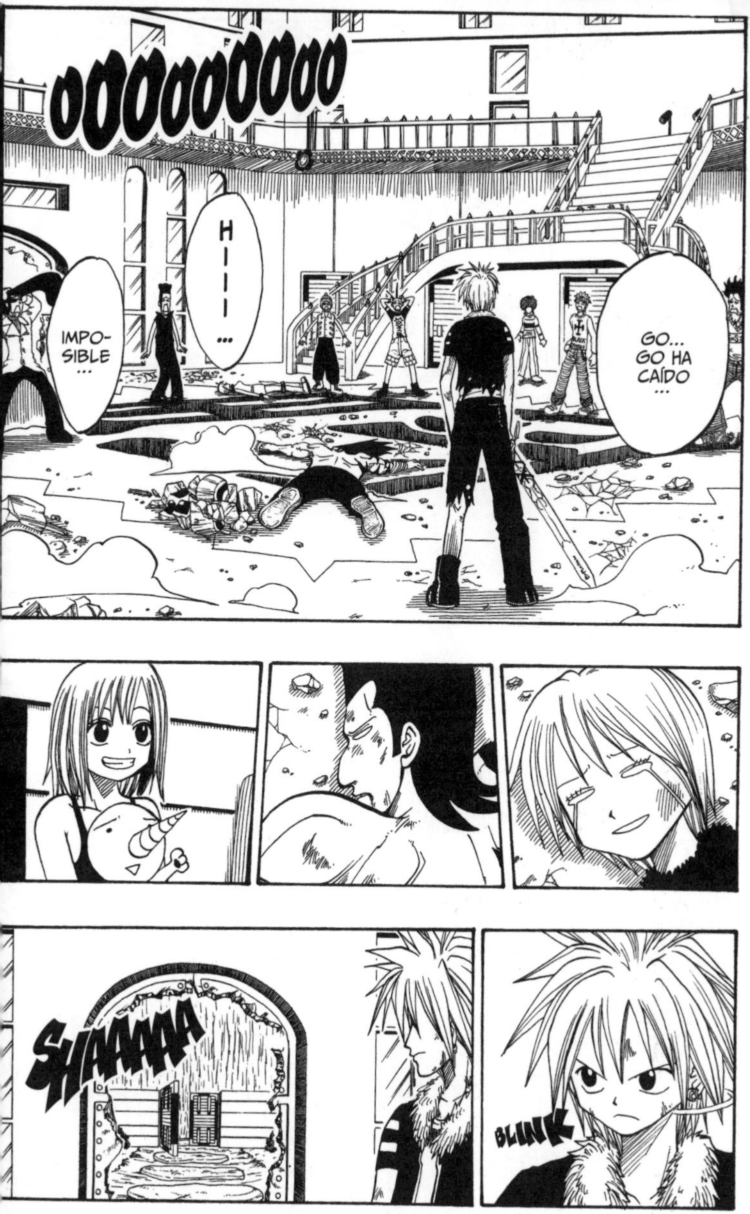
OOOOOOOOO
GO...
GO HA
CAÍDO
...
H
I
I
I
...
IMPO-
SIBLE
...
BLINK
SHAAAAA

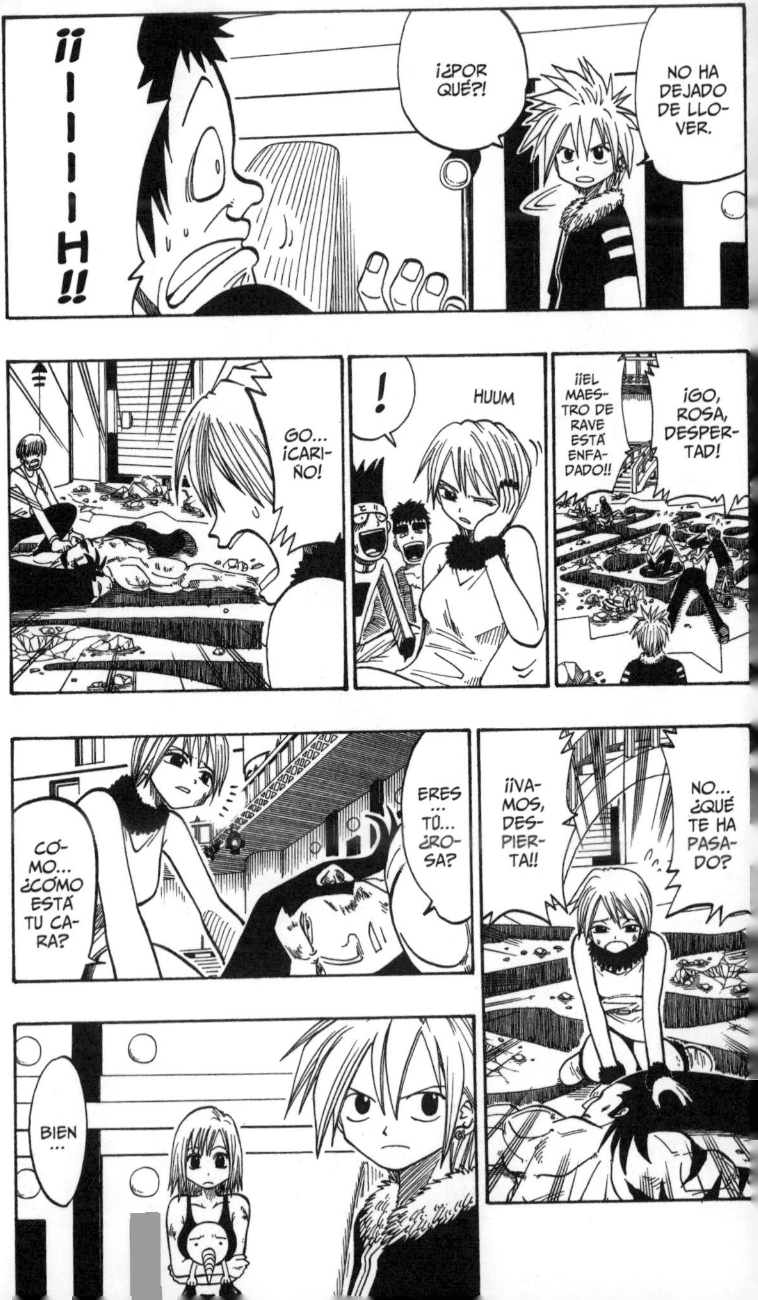
NO HA DEJADO DE LLOVER.
¡¿POR QUÉ?!
¡¡IIIIH!!
¡GO, ROSA, DESPERTAD!
¡¡EL MAESTRO DE RAVE ESTÁ ENFADADO!!
HUUM
!
GO... ¡CARIÑO!
NO... ¿QUÉ TE HA PASADO?
¡¡VAMOS, DESPIERTA!!
ERES... TÚ... ¿ROSA?
CÓMO... ¿CÓMO ESTÁ TU CARA?
BIEN...

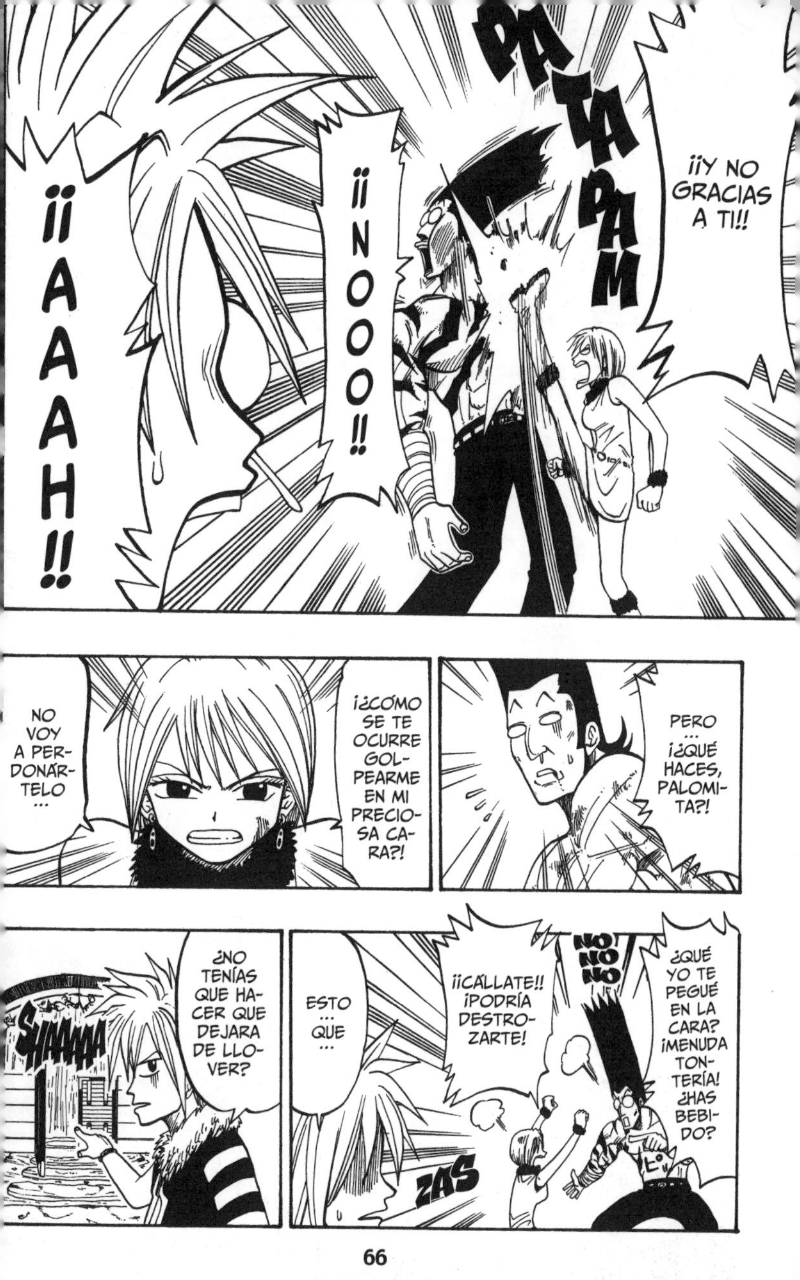
¡¡Y NO GRACIAS A TI!!
PATAPAM
¡¡NOOOO!!
¡¡AAAAH!!
PERO ... ¡¿QUÉ HACES, PALOMITA?!
¡¿CÓMO SE TE OCURRE GOLPEARME EN MI PRECIOSA CARA?!
NO VOY A PERDONÁRTELO ...
¿QUÉ YO TE PEGUÉ EN LA CARA? ¡MENUDA TONTERÍA! ¿HAS BEBIDO?
NO NO NO
¡¡CÁLLATE!! ¡PODRÍA DESTROZARTE!
ZAS
ESTO ... QUE ...
¿NO TENÍAS QUE HACER QUE DEJARA DE LLOVER?
SHAAAAA

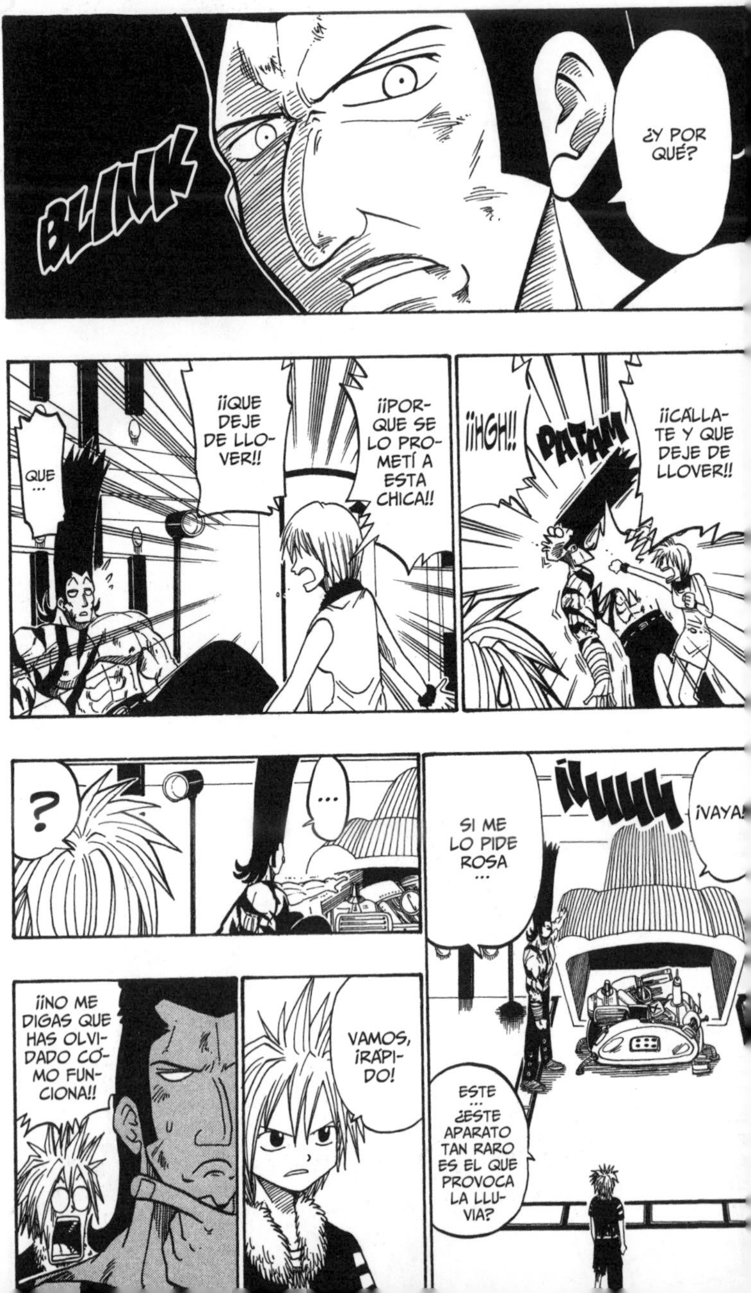
¿Y POR QUÉ?
BLINK
¡¡CÁLLATE Y QUE DEJE DE LLOVER!!
PATAM
¡¡HGH!!
¡¡PORQUE SE LO PROMETÍ A ESTA CHICA!!
¡¡QUE DEJE DE LLOVER!!
QUE...
¡VAYA!
ÑUUUH
SI ME LO PIDE ROSA...
ESTE... ¿ESTE APARATO TAN RARO ES EL QUE PROVOCA LA LLUVIA?
...
?
VAMOS, ¡RÁPIDO!
¡¡NO ME DIGAS QUE HAS OLVIDADO CÓMO FUNCIONA!!

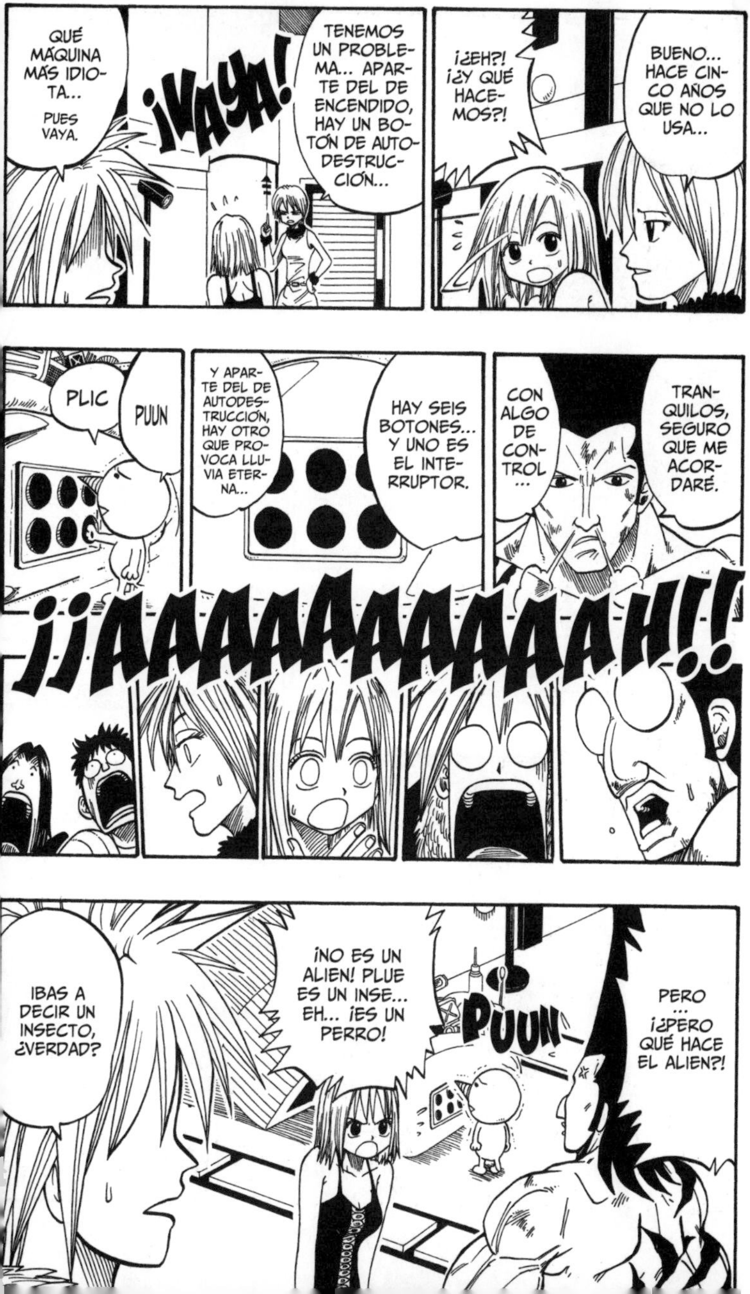
BUENO... HACE CINCO AÑOS QUE NO LO USA...
¡¿EH?! ¡¿Y QUÉ HACEMOS?!
TENEMOS UN PROBLEMA... APARTE DEL DE ENCENDIDO, HAY UN BOTÓN DE AUTODESTRUCCIÓN...
¡VAYA!
QUÉ MÁQUINA MÁS IDIOTA...
PUES VAYA.
TRANQUILOS, SEGURO QUE ME ACORDARÉ.
CON ALGO DE CONTROL...
HAY SEIS BOTONES... Y UNO ES EL INTERRUPTOR.
Y APARTE DEL DE AUTODESTRUCCIÓN, HAY OTRO QUE PROVOCA LLUVIA ETERNA...
PUUN
PLIC
¡¡AAAAAAAAAAAH!!
PERO... ¡¿PERO QUÉ HACE EL ALIEN?!
PUUN
¡NO ES UN ALIEN! PLUE ES UN INSE... EH... ¡ES UN PERRO!
IBAS A DECIR UN INSECTO, ¿VERDAD?

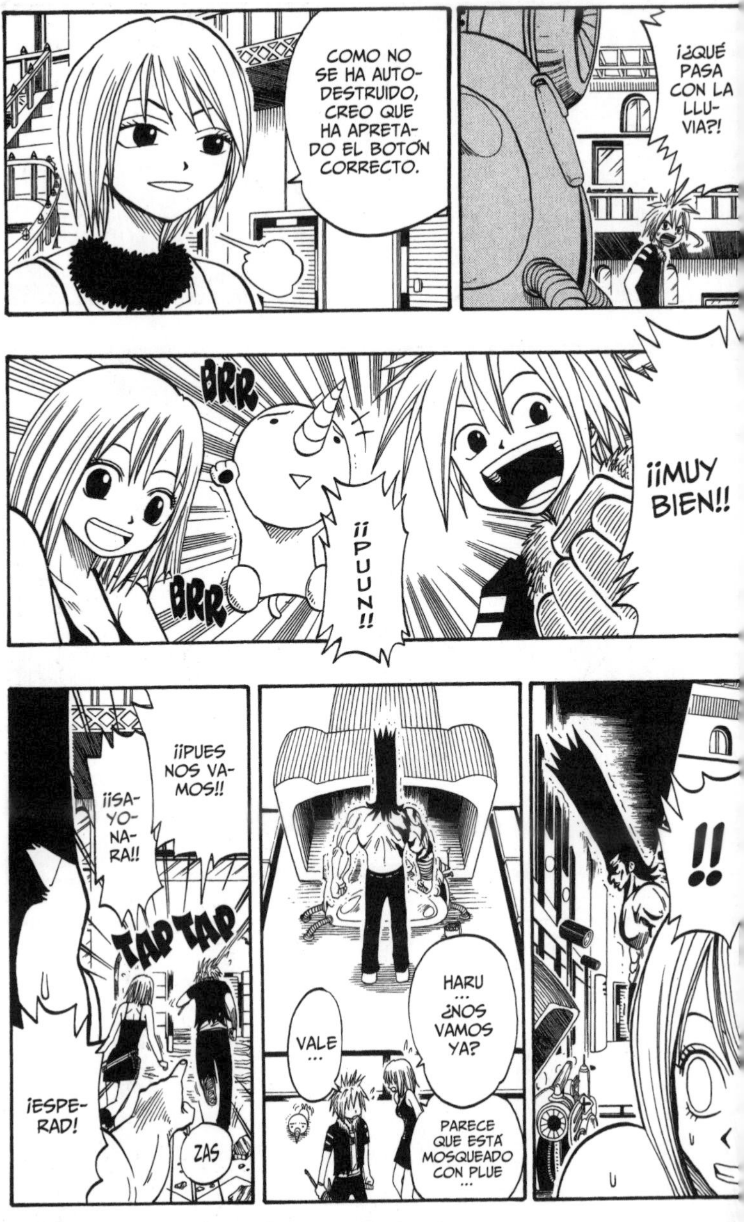
¡¿QUÉ PASA CON LA LLUVIA?!
COMO NO SE HA AUTODESTRUIDO, CREO QUE HA APRETADO EL BOTÓN CORRECTO.
¡¡MUY BIEN!!
BRR
¡¡PUUUN!!
BRR
!!
HARU ... ¿NOS VAMOS YA?
VALE ...
PARECE QUE ESTÁ MOSQUEADO CON PLUE ...
¡¡PUES NOS VAMOS!!
¡¡SAYONARA!!
TAP TAP
¡ESPERAD!
ZAS

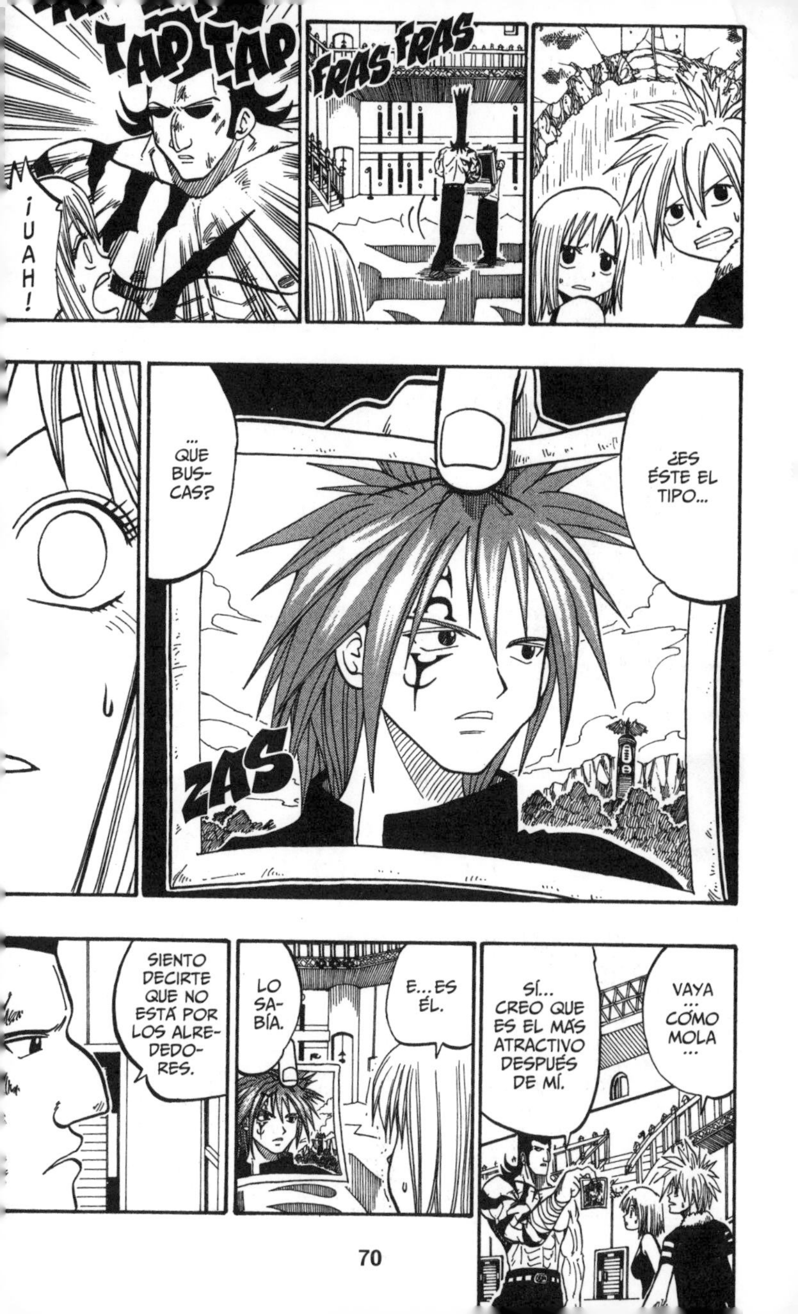
FRAS FRAS
TAP TAP
¡UAH!
¿ES ÉSTE EL TIPO...
...QUE BUSCAS?
ZAS
VAYA... CÓMO MOLA...
SÍ... CREO QUE ES EL MÁS ATRACTIVO DESPUÉS DE MÍ.
E... ES ÉL.
LO SABÍA.
SIENTO DECIRTE QUE NO ESTÁ POR LOS ALREDEDORES.

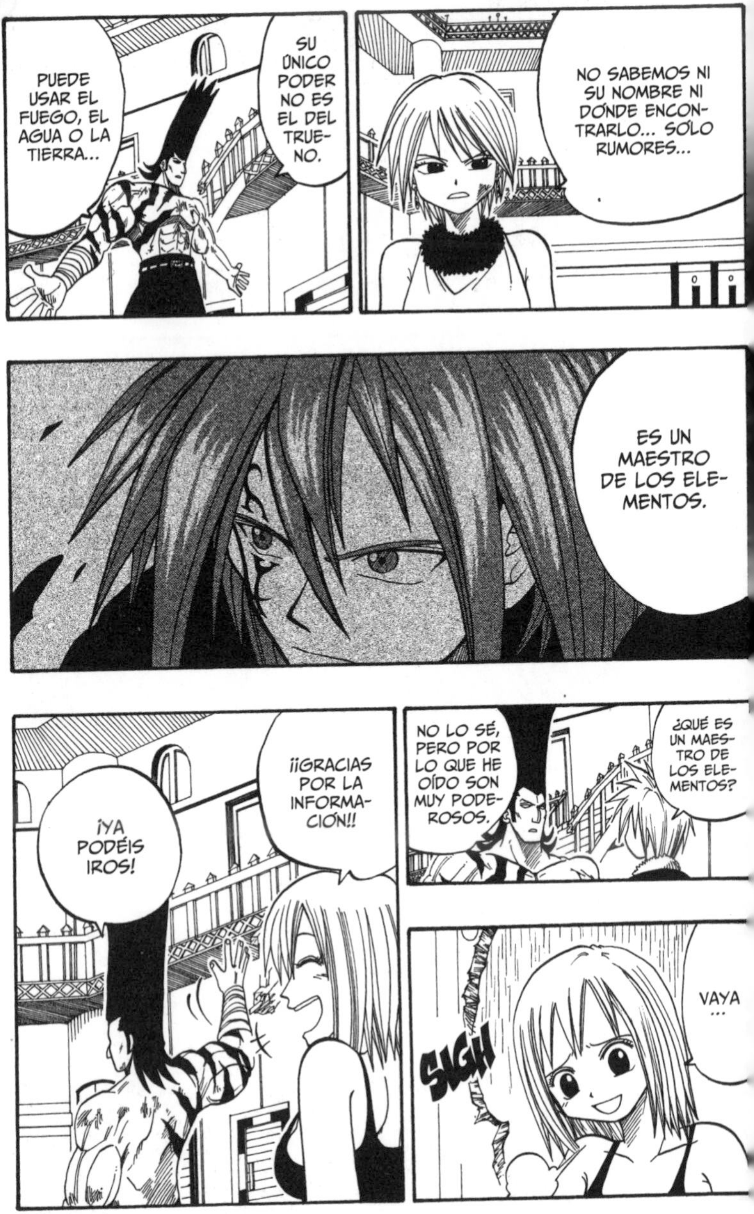
NO SABEMOS NI SU NOMBRE NI DÓNDE ENCONTRARLO... SÓLO RUMORES...
SU ÚNICO PODER NO ES EL DEL TRUENO.
PUEDE USAR EL FUEGO, EL AGUA O LA TIERRA...
ES UN MAESTRO DE LOS ELEMENTOS.
¿QUÉ ES UN MAESTRO DE LOS ELEMENTOS?
NO LO SÉ, PERO POR LO QUE HE OÍDO SON MUY PODEROSOS.
VAYA ...
SIGH
¡¡GRACIAS POR LA INFORMACIÓN!!
¡YA PODÉIS IROS!

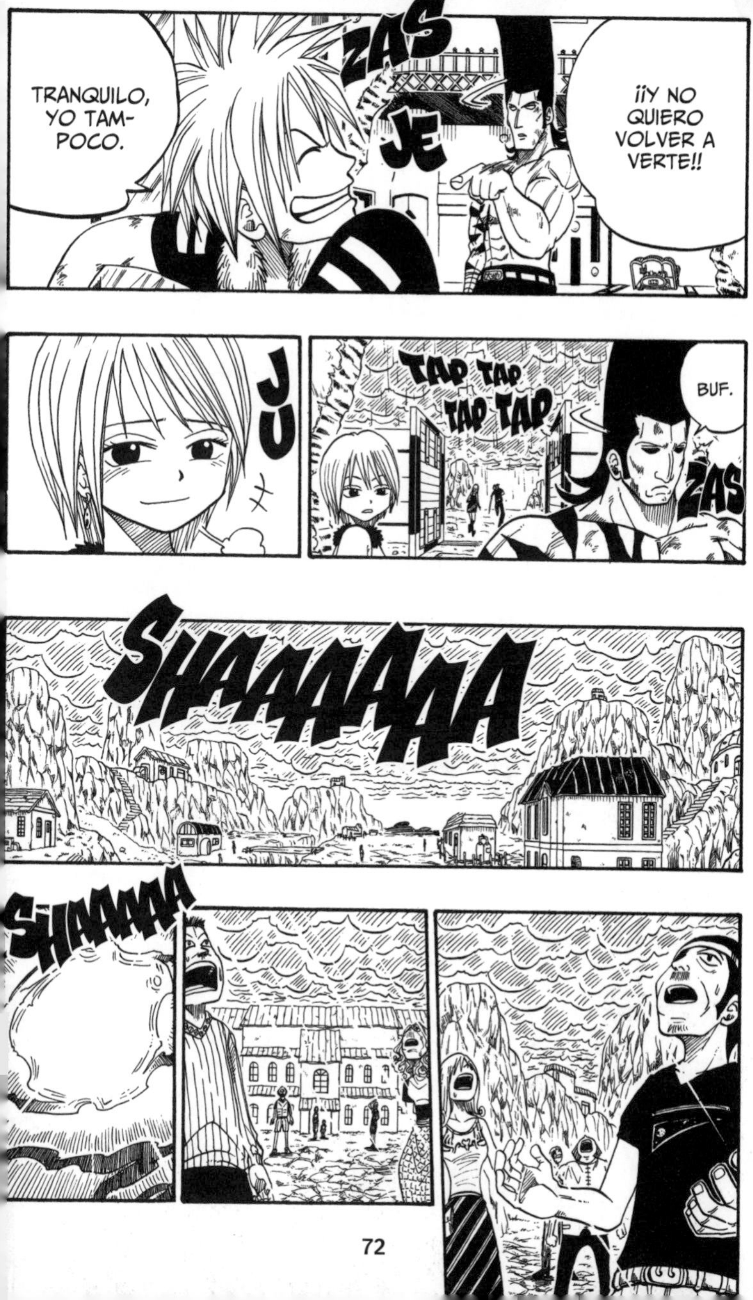
¡¡Y NO QUIERO VOLVER A VERTE!!
ZAS
JE
TRANQUILO, YO TAMPOCO.
BUF.
TAP TAP
TAP TAP
ZAS
JU
SHAAAAAAA
SHAAAAA

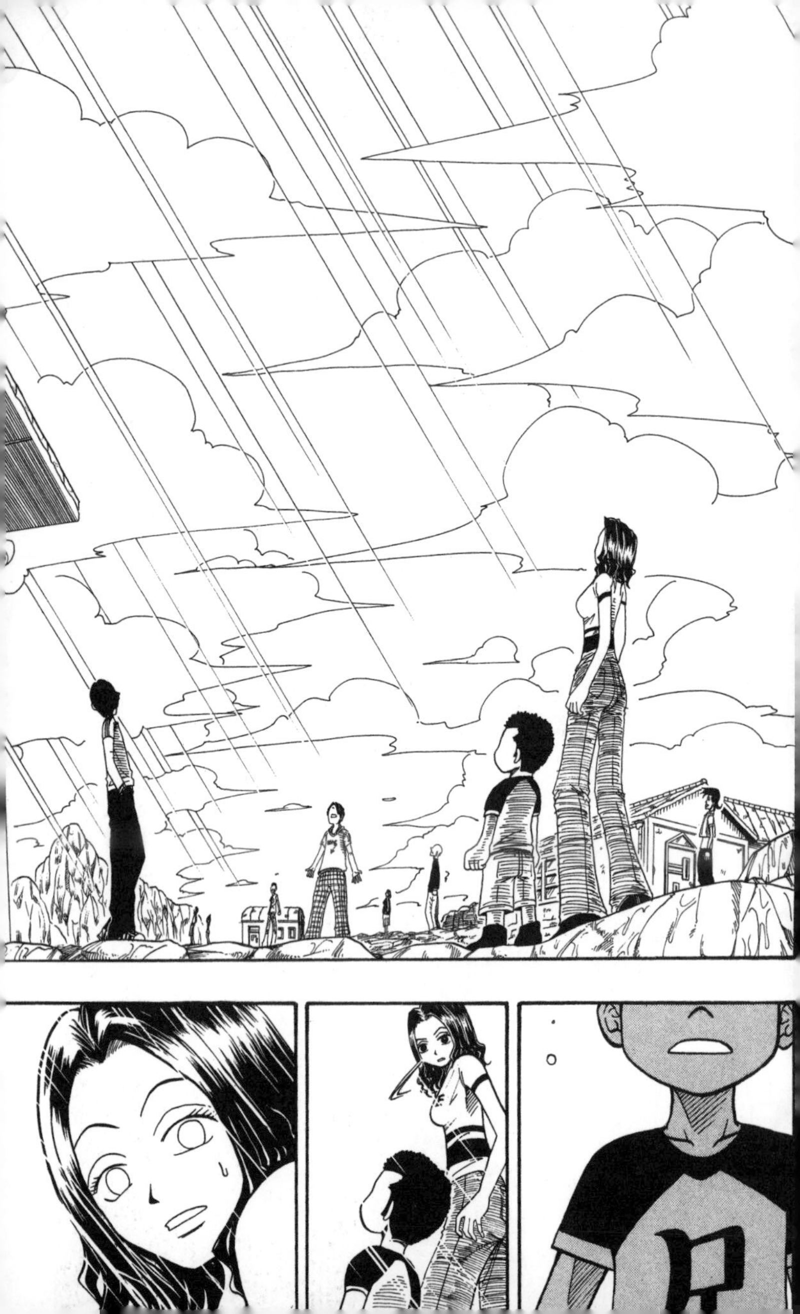

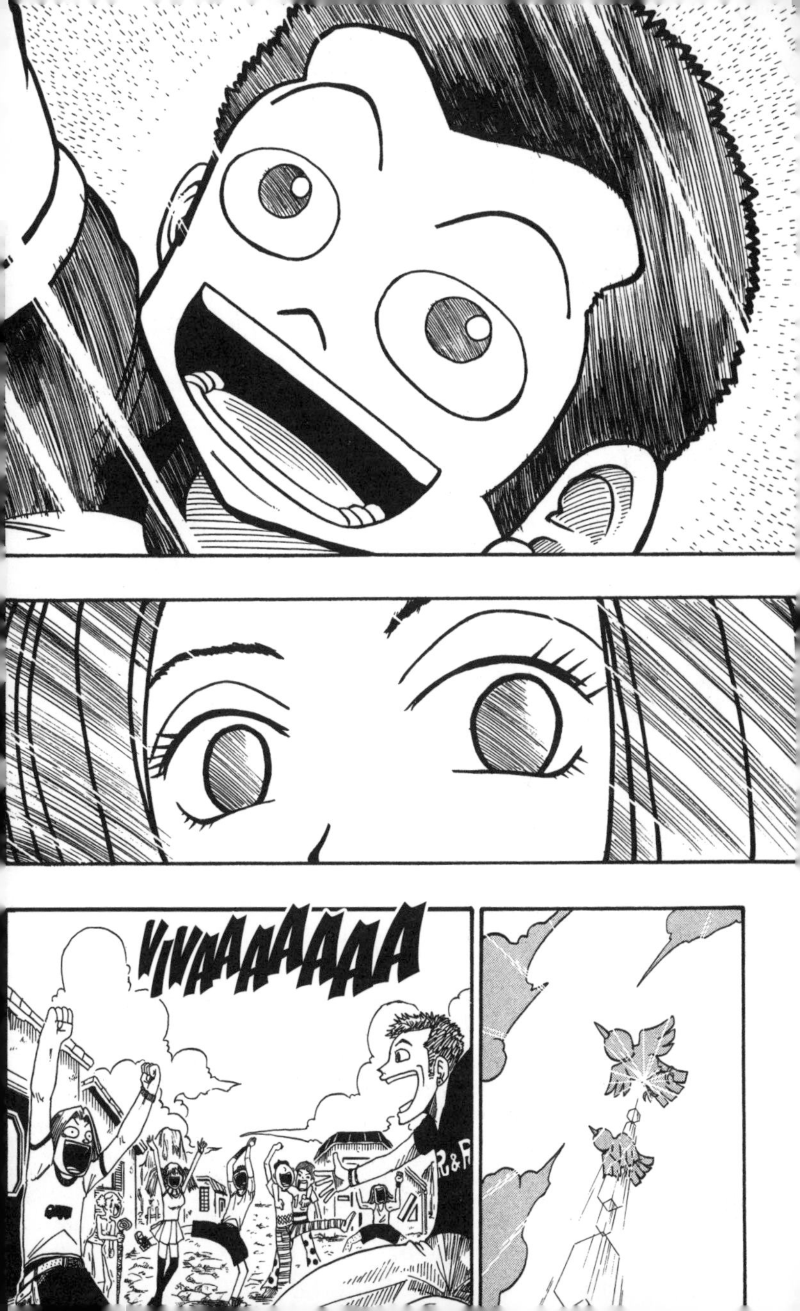
VIVAAAAAAA

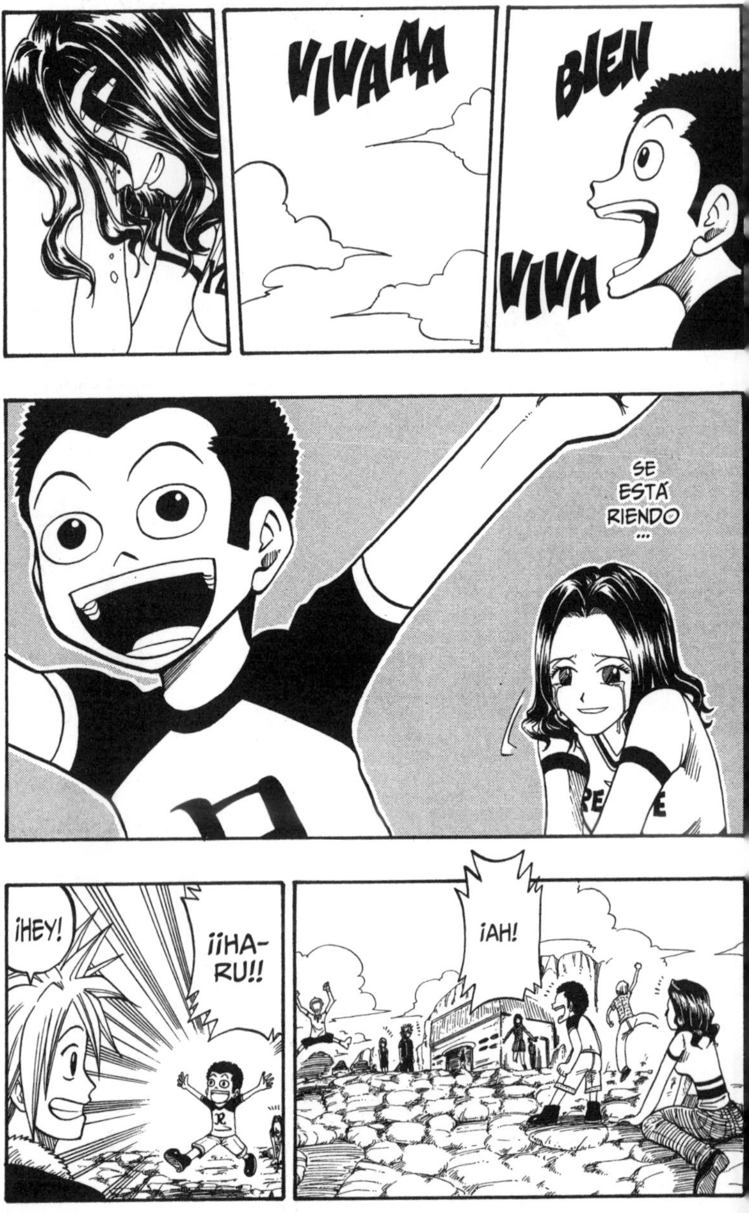
BIEN
VIVA
VIVAAA
SE ESTÁ RIENDO ...
¡AH!
¡HEY!
¡¡HA-RU!!

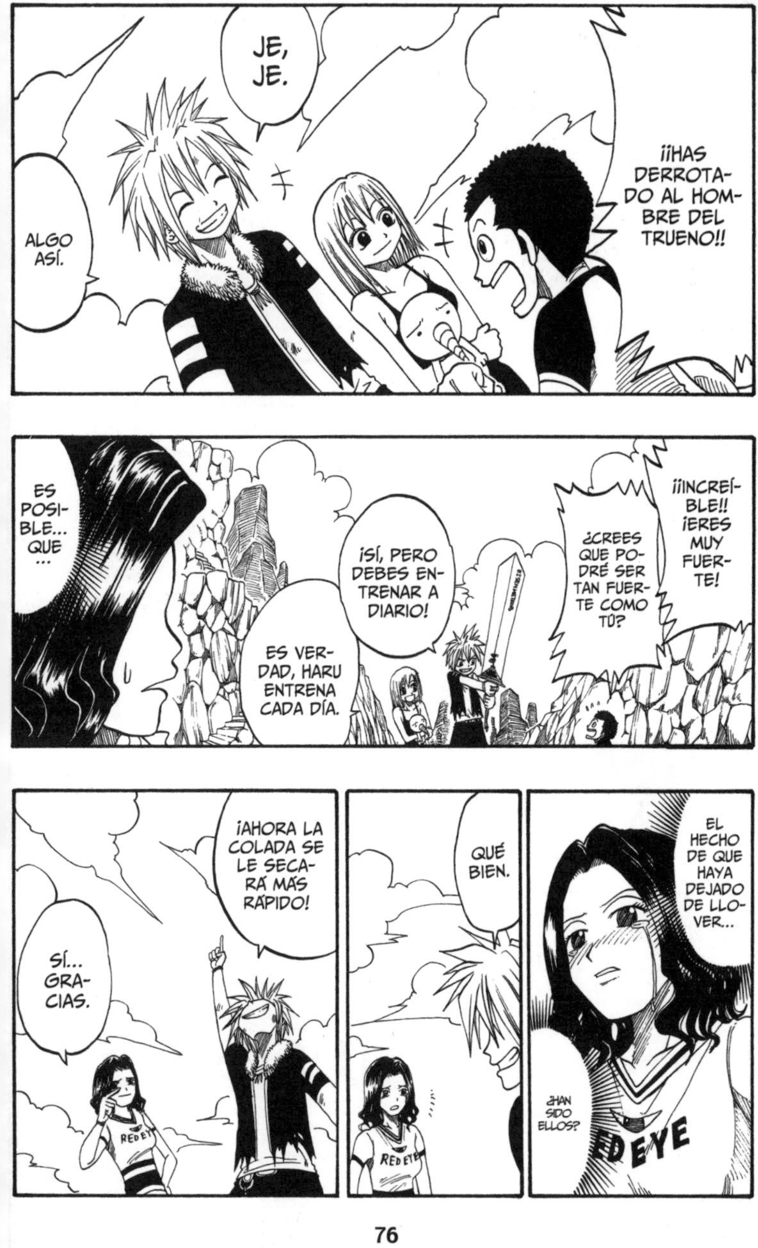
¡¡HAS DERROTADO AL HOMBRE DEL TRUENO!!
JE, JE.
ALGO ASÍ.
¡¡INCREÍBLE!! ¡ERES MUY FUERTE!
¿CREES QUE PODRÉ SER TAN FUERTE COMO TÚ?
¡SÍ, PERO DEBES ENTRENAR A DIARIO!
ES VERDAD, HARU ENTRENA CADA DÍA.
ES POSIBLE... QUE ...
EL HECHO DE QUE HAYA DEJADO DE LLOVER...
¿HAN SIDO ELLOS?
RED EYE
QUÉ BIEN.
RED EYE
¡AHORA LA COLADA SE LE SECARÁ MÁS RÁPIDO!
SÍ... GRACIAS.
RED EYE

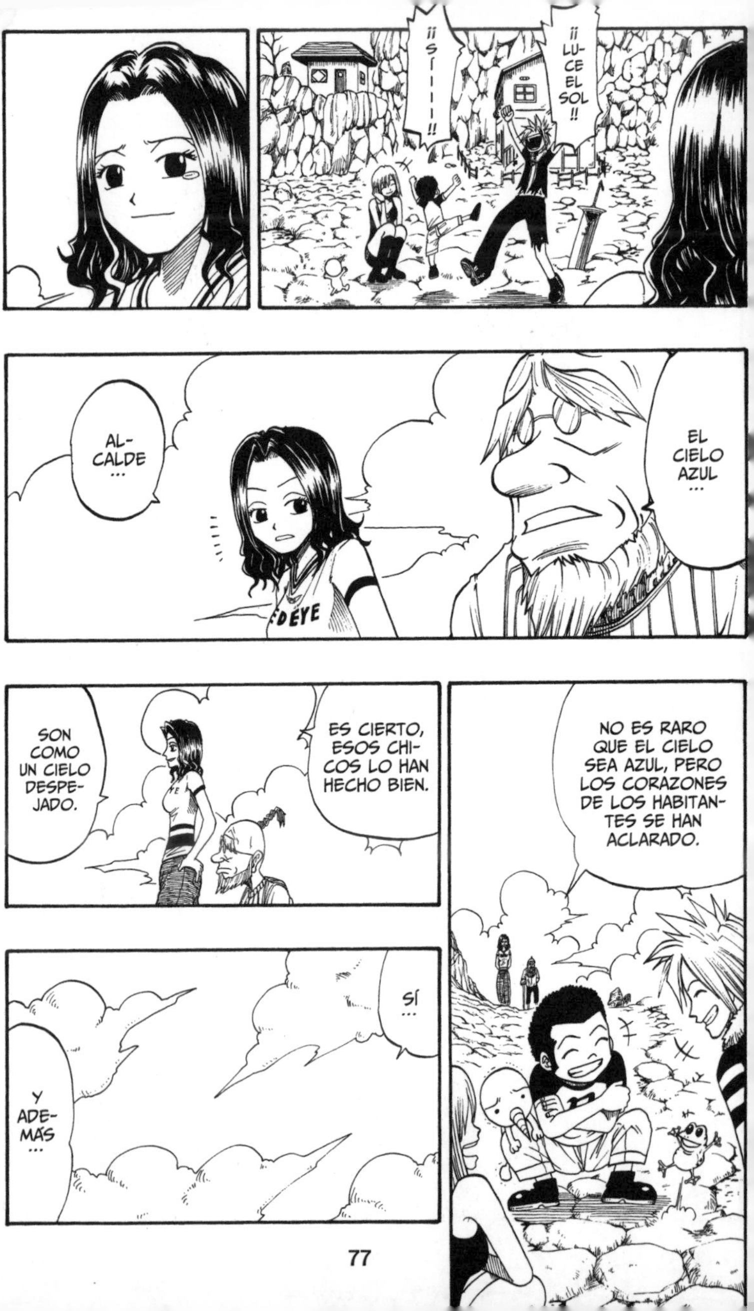
¡¡LUCE EL SOL!!
¡¡SÍ!!
EL CIELO AZUL...
ALCALDE...
NO ES RARO QUE EL CIELO SEA AZUL, PERO LOS CORAZONES DE LOS HABITANTES SE HAN ACLARADO.
ES CIERTO, ESOS CHICOS LO HAN HECHO BIEN.
SON COMO UN CIELO DESPEJADO.
SÍ...
Y ADEMÁS...

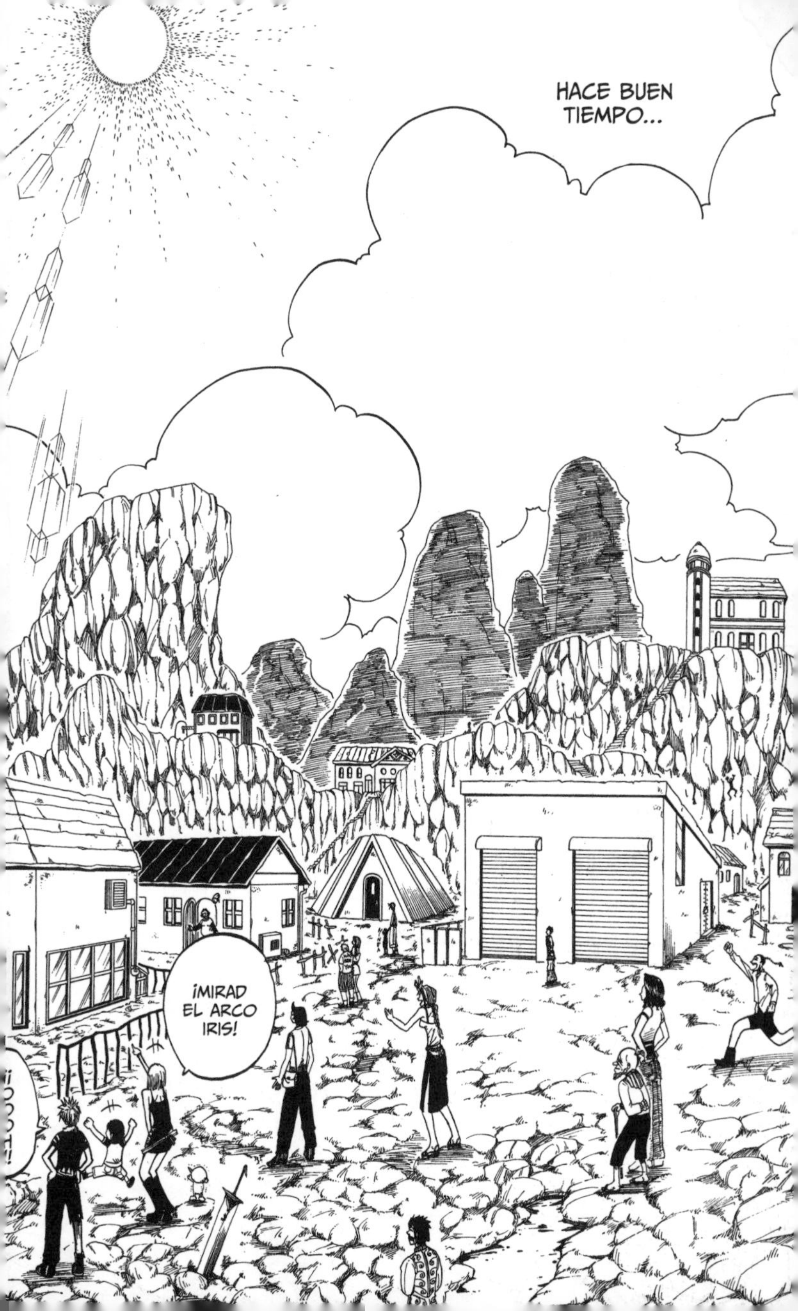
HACE BUEN TIEMPO...
¡MIRAD EL ARCO IRIS!

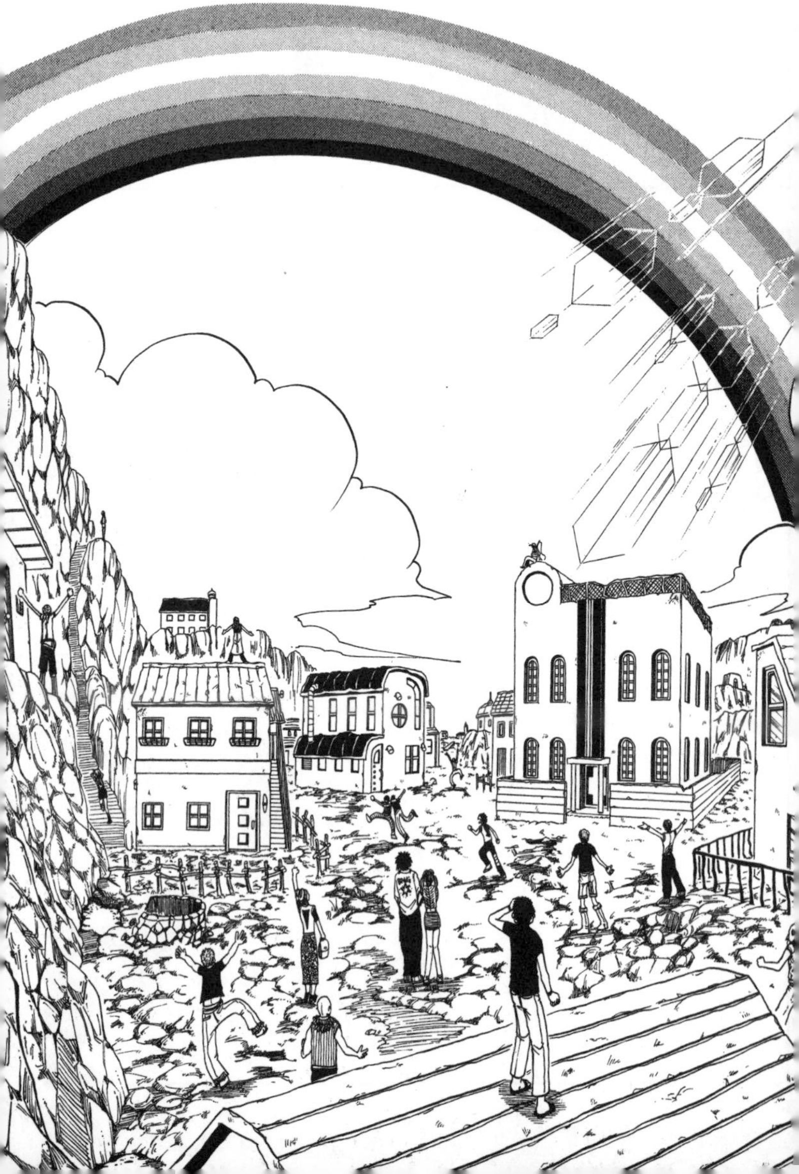

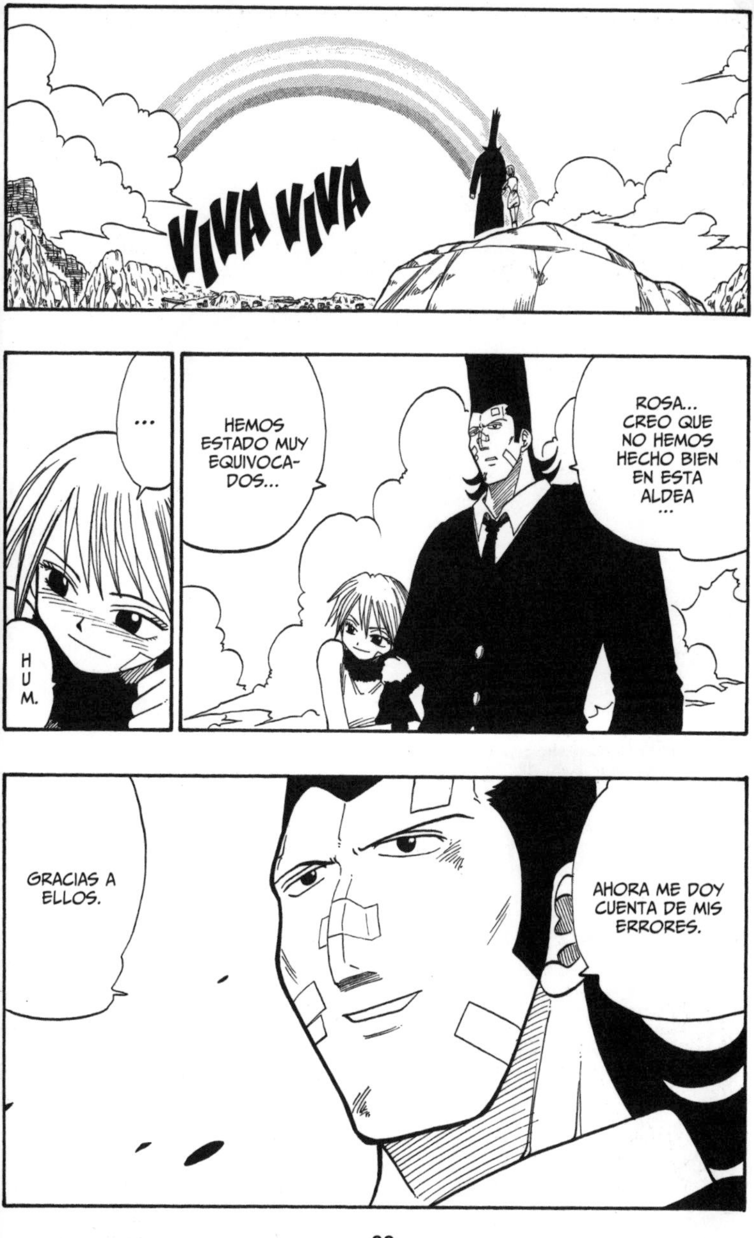
VIVA VIVA
ROSA... CREO QUE NO HEMOS HECHO BIEN EN ESTA ALDEA ...
HEMOS ESTADO MUY EQUIVOCA-DOS...
...
HUM.
AHORA ME DOY CUENTA DE MIS ERRORES.
GRACIAS A ELLOS.

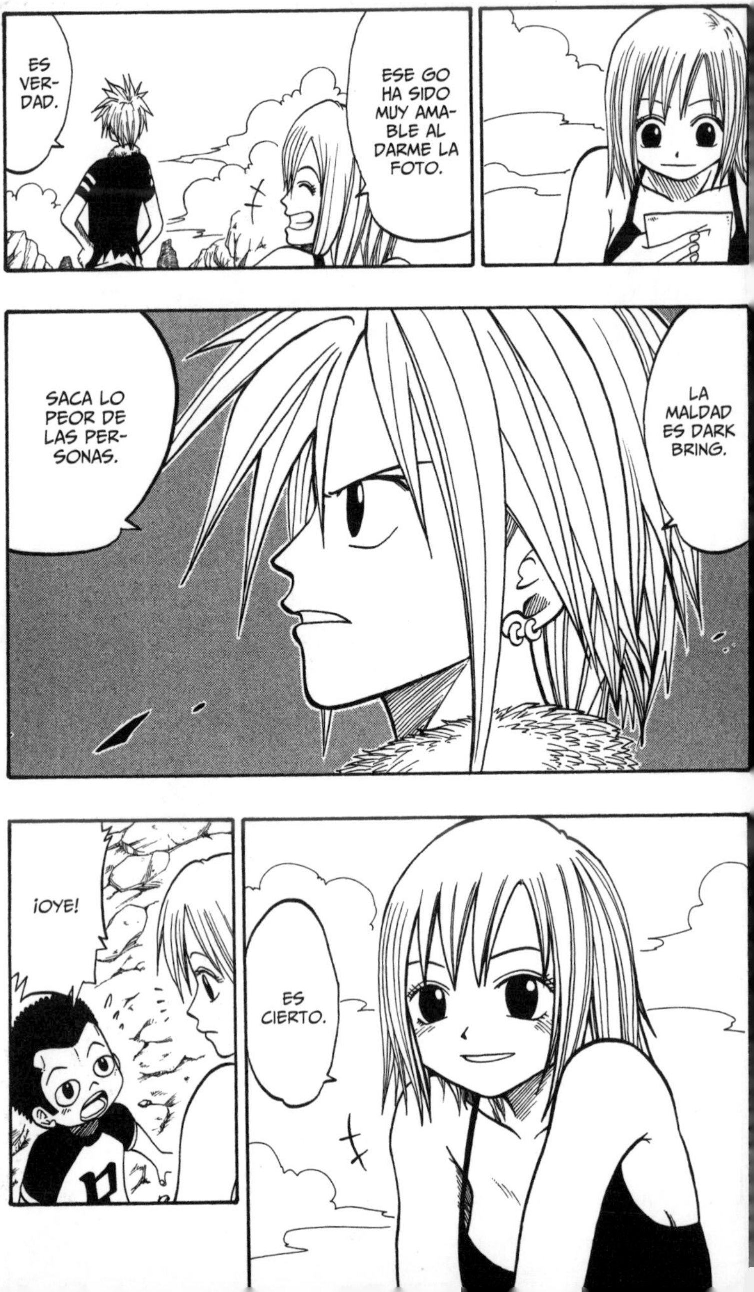
ESE GO HA SIDO MUY AMABLE AL DARME LA FOTO.
ES VERDAD.
LA MALDAD ES DARK BRING.
SACA LO PEOR DE LAS PERSONAS.
ES CIERTO.
¡OYE!

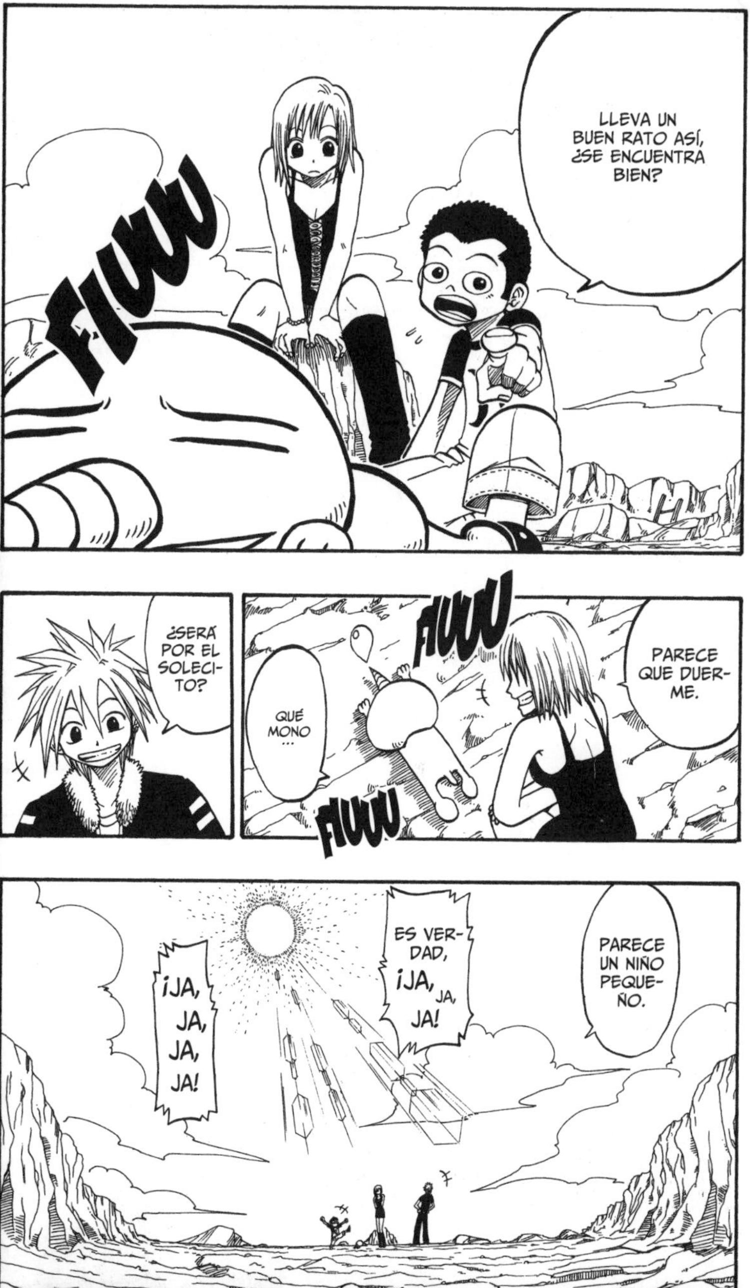
LLEVA UN BUEN RATO ASÍ, ¿SE ENCUENTRA BIEN?
FIUUU
PARECE QUE DUERME.
FIUUU
QUÉ MONO...
FIUUU
¿SERÁ POR EL SOLECITO?
PARECE UN NIÑO PEQUEÑO.
ES VERDAD, ¡JA, JA, JA!
¡JA, JA, JA, JA!

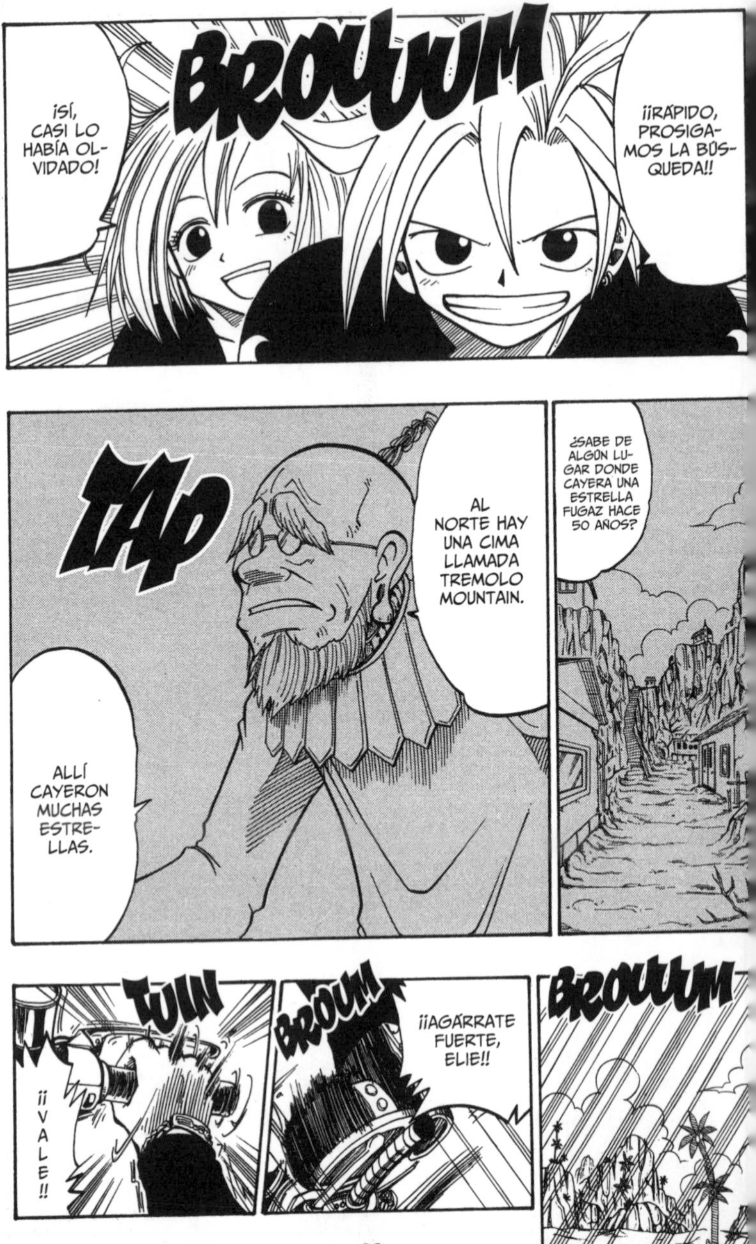
BROUUUM
¡¡RÁPIDO, PROSIGAMOS LA BÚSQUEDA!!
¡SÍ, CASI LO HABÍA OLVIDADO!
¿SABE DE ALGÚN LUGAR DONDE CAYERA UNA ESTRELLA FUGAZ HACE 50 AÑOS?
AL NORTE HAY UNA CIMA LLAMADA TREMOLO MOUNTAIN.
TAP
ALLÍ CAYERON MUCHAS ESTRELLAS.
BROUUUM
BROUM
¡¡AGÁRRATE FUERTE, ELIE!!
TUIN
¡¡VALE!!

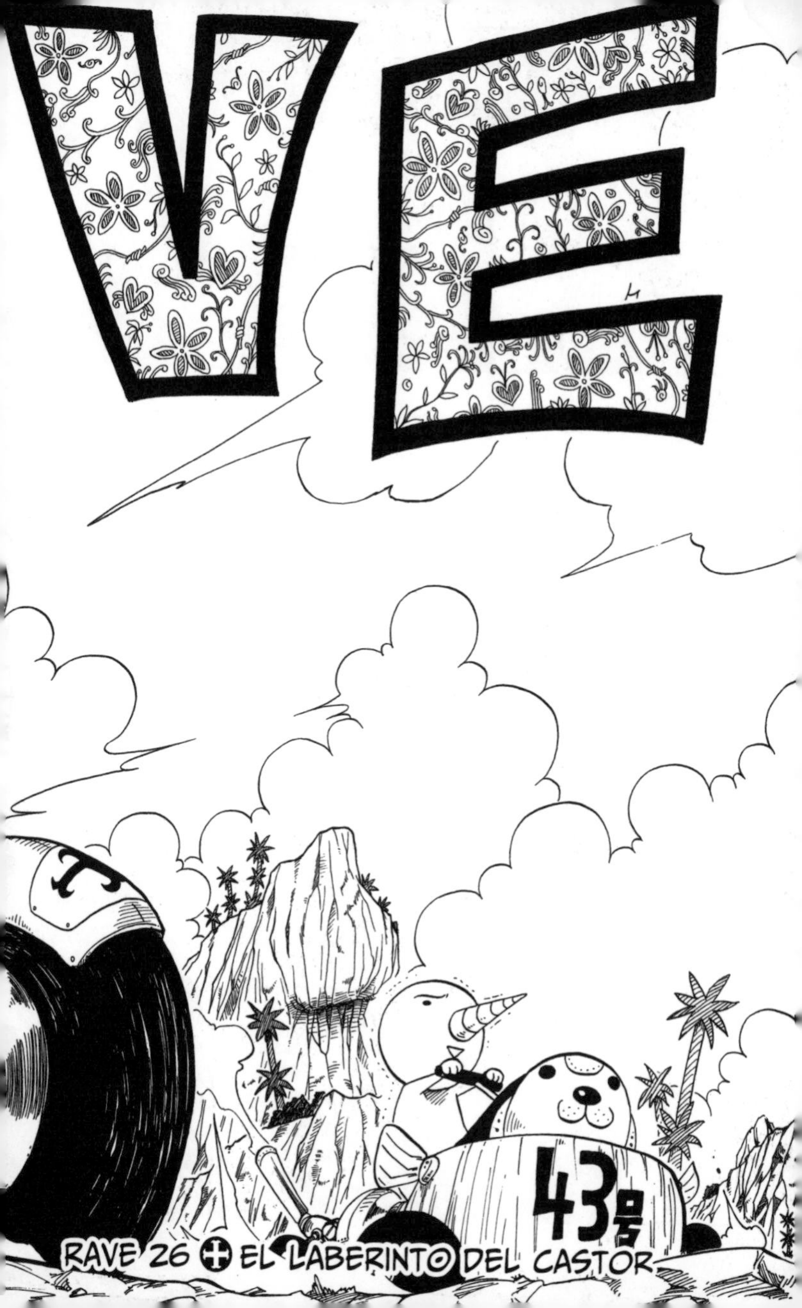
VE
43号
RAVE 26 ✚ EL LABERINTO DEL CASTOR

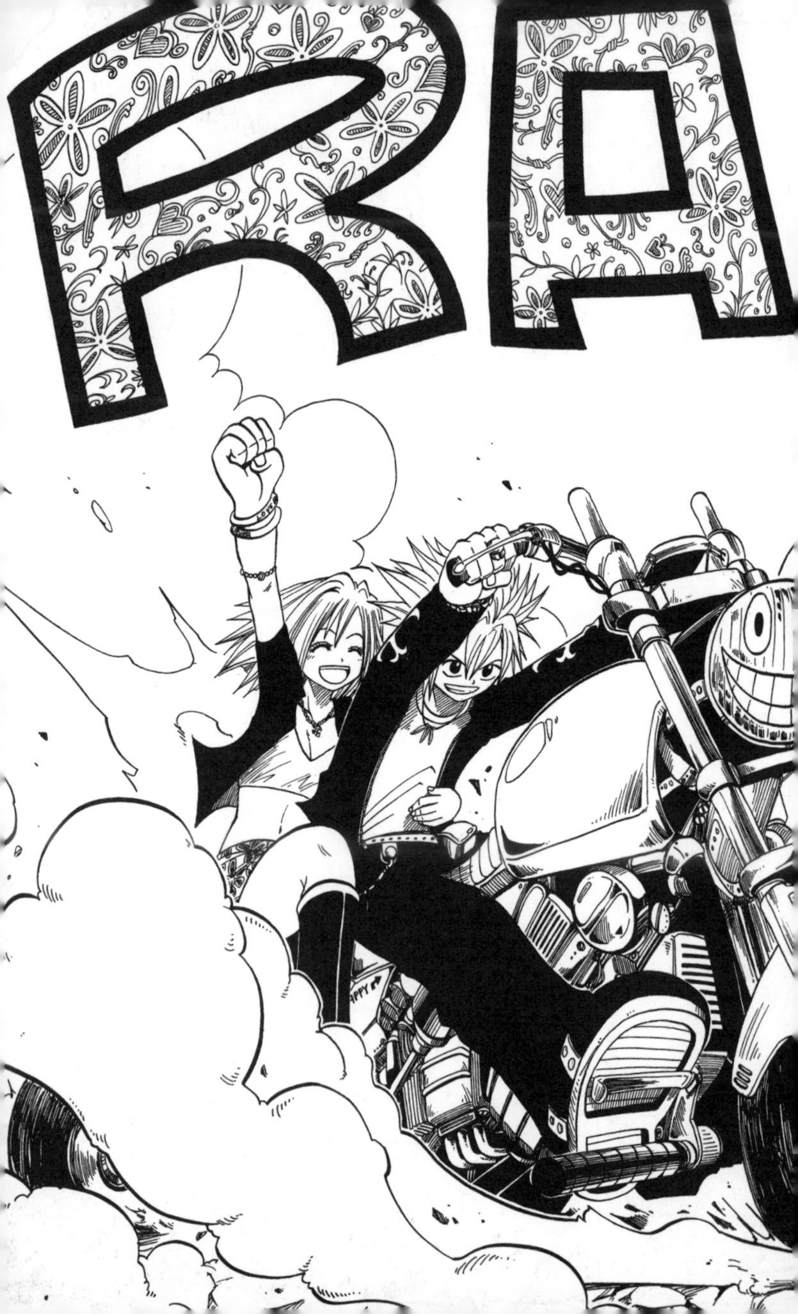
RA

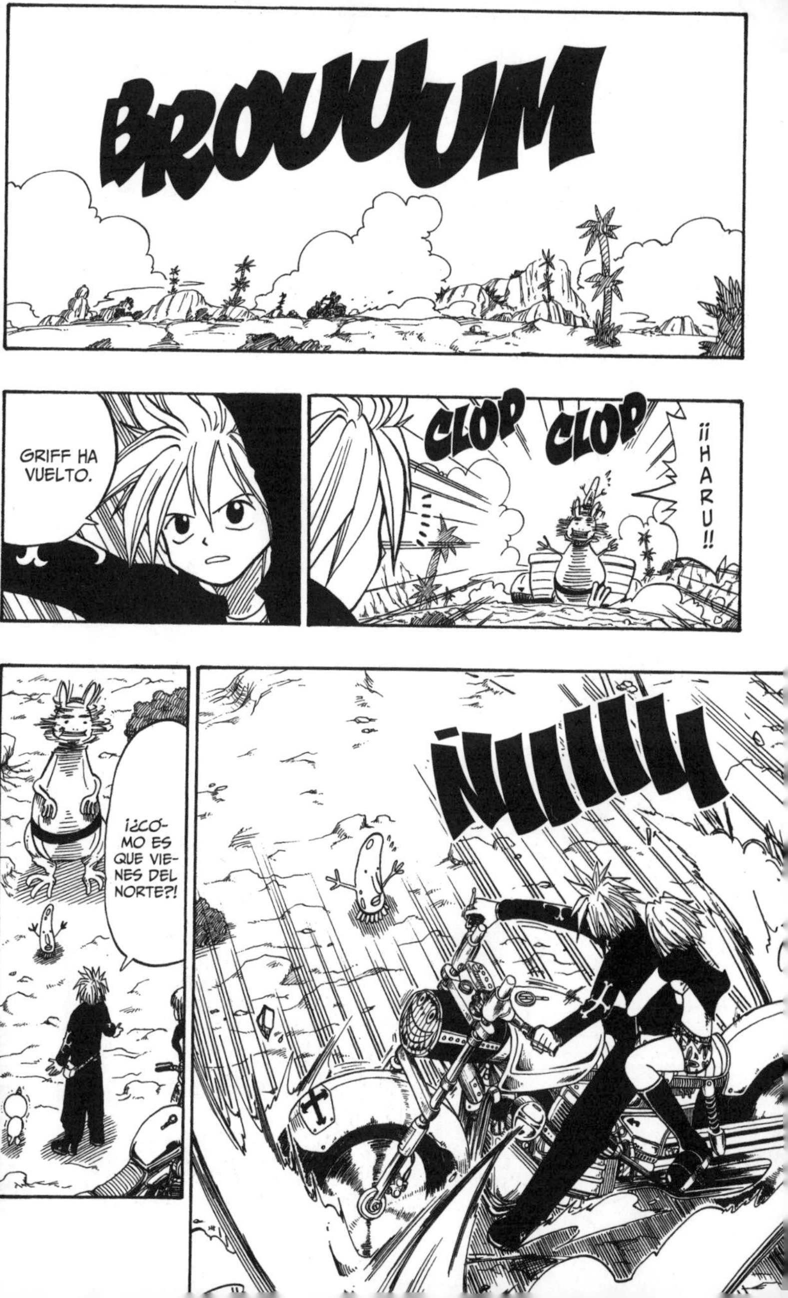
BROUUUM
CLOP CLOP
¡¡HARU!!
GRIFF HA VUELTO.
¡NIIIIII
¡¿CÓMO ES QUE VIENES DEL NORTE?!

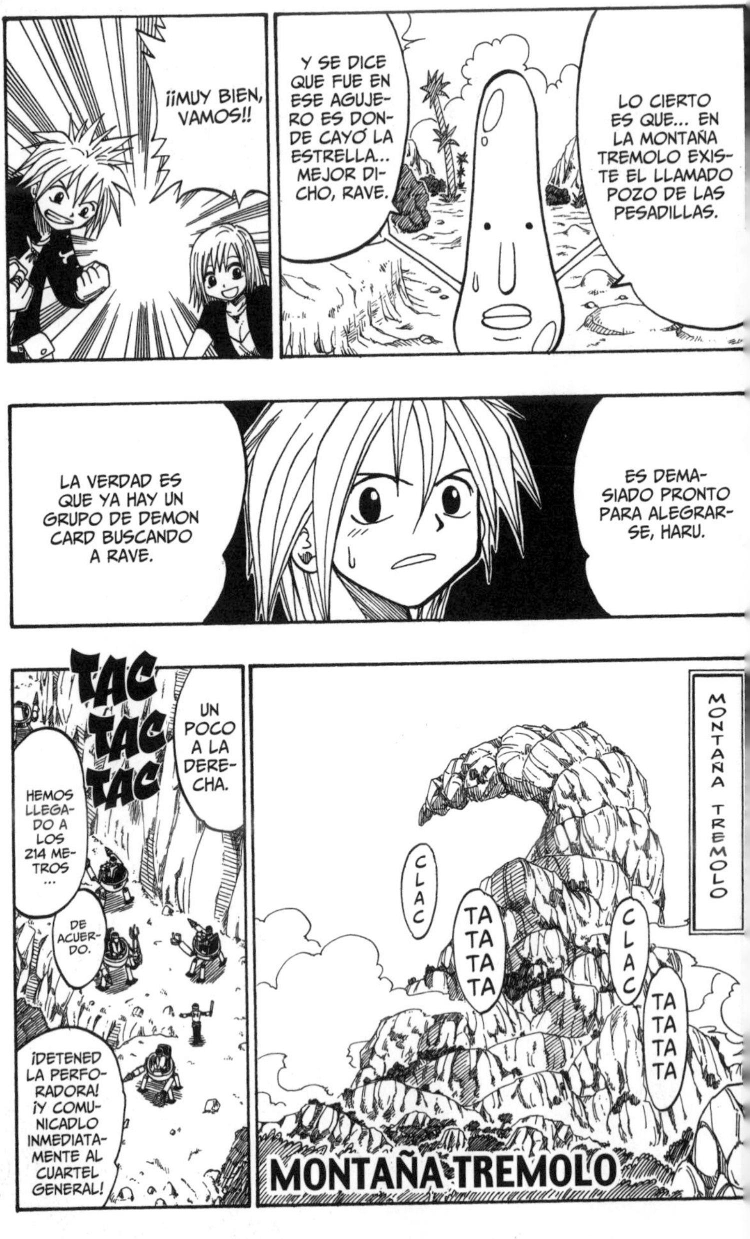
LO CIERTO ES QUE... EN LA MONTAÑA TREMOLO EXISTE EL LLAMADO POZO DE LAS PESADILLAS.
Y SE DICE QUE FUE EN ESE AGUJERO ES DONDE CAYÓ LA ESTRELLA... MEJOR DICHO, RAVE.
¡¡MUY BIEN, VAMOS!!
ES DEMASIADO PRONTO PARA ALEGRARSE, HARU.
LA VERDAD ES QUE YA HAY UN GRUPO DE DEMON CARD BUSCANDO A RAVE.
MONTAÑA TREMOLO
TATATATA
CLAC
TATATATA
CLAC
MONTAÑA TREMOLO
UN POCO A LA DERECHA.
TAC TAC TAC
HEMOS LLEGADO A LOS 214 METROS ...
DE ACUERDO.
¡DETENED LA PERFORADORA! ¡Y COMUNICADLO INMEDIATAMENTE AL CUARTEL GENERAL!

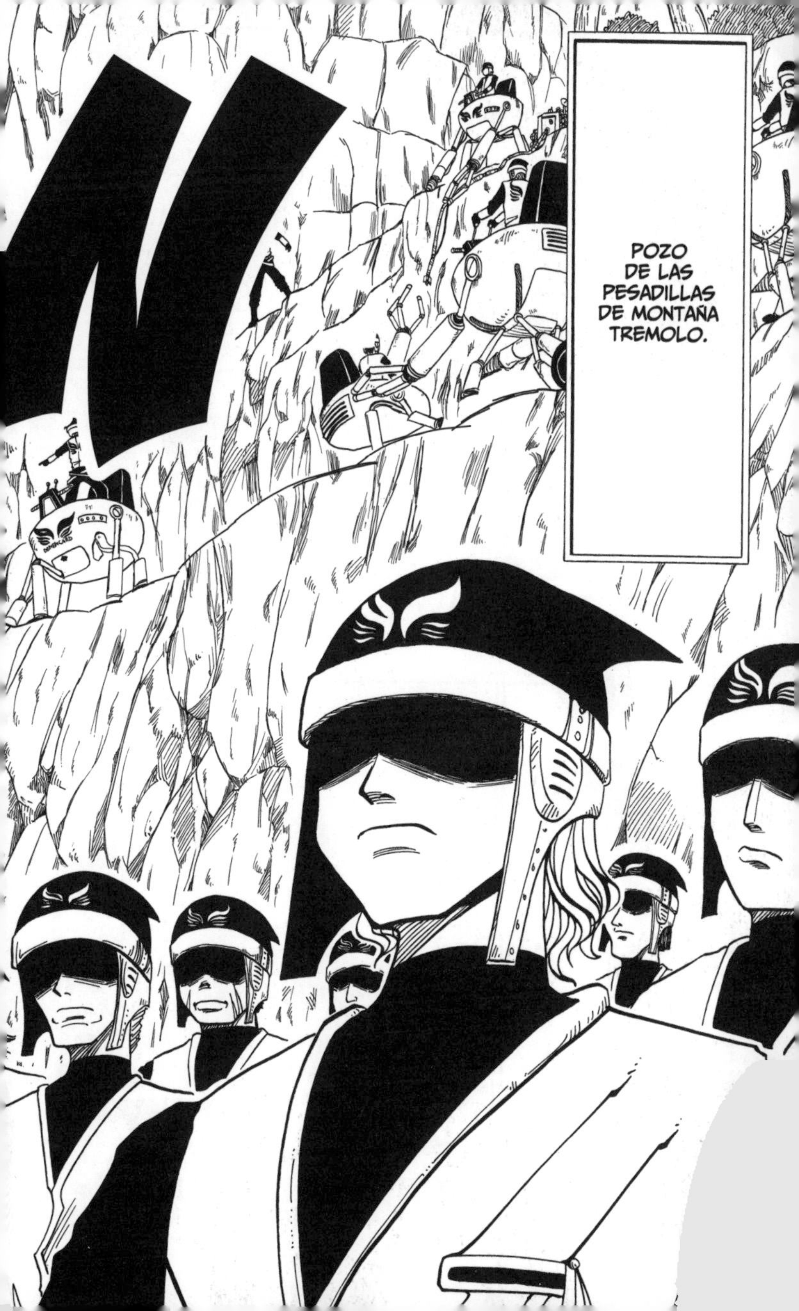
POZO DE LAS PESADILLAS DE MONTAÑA TREMOLO.

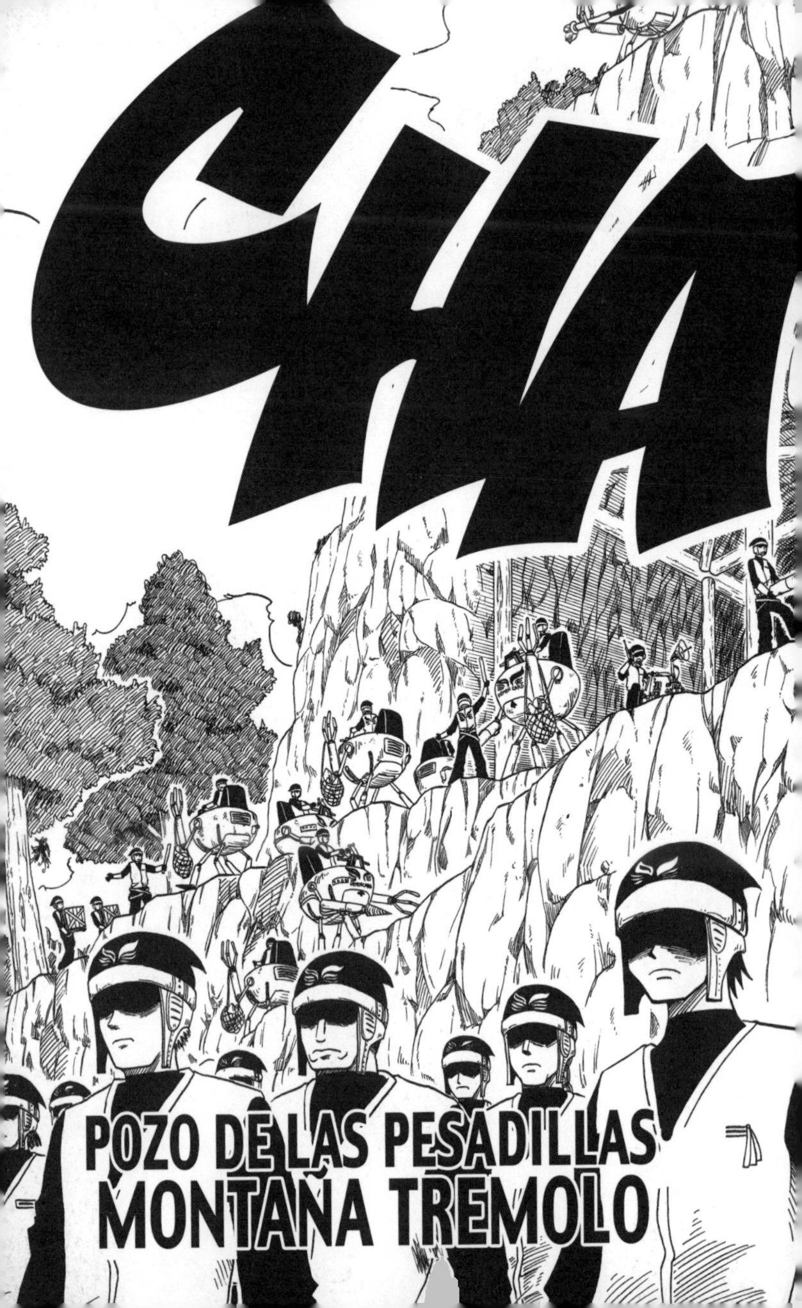
CHA
POZO DE LAS PESADILLAS
MONTAÑA TREMOLO

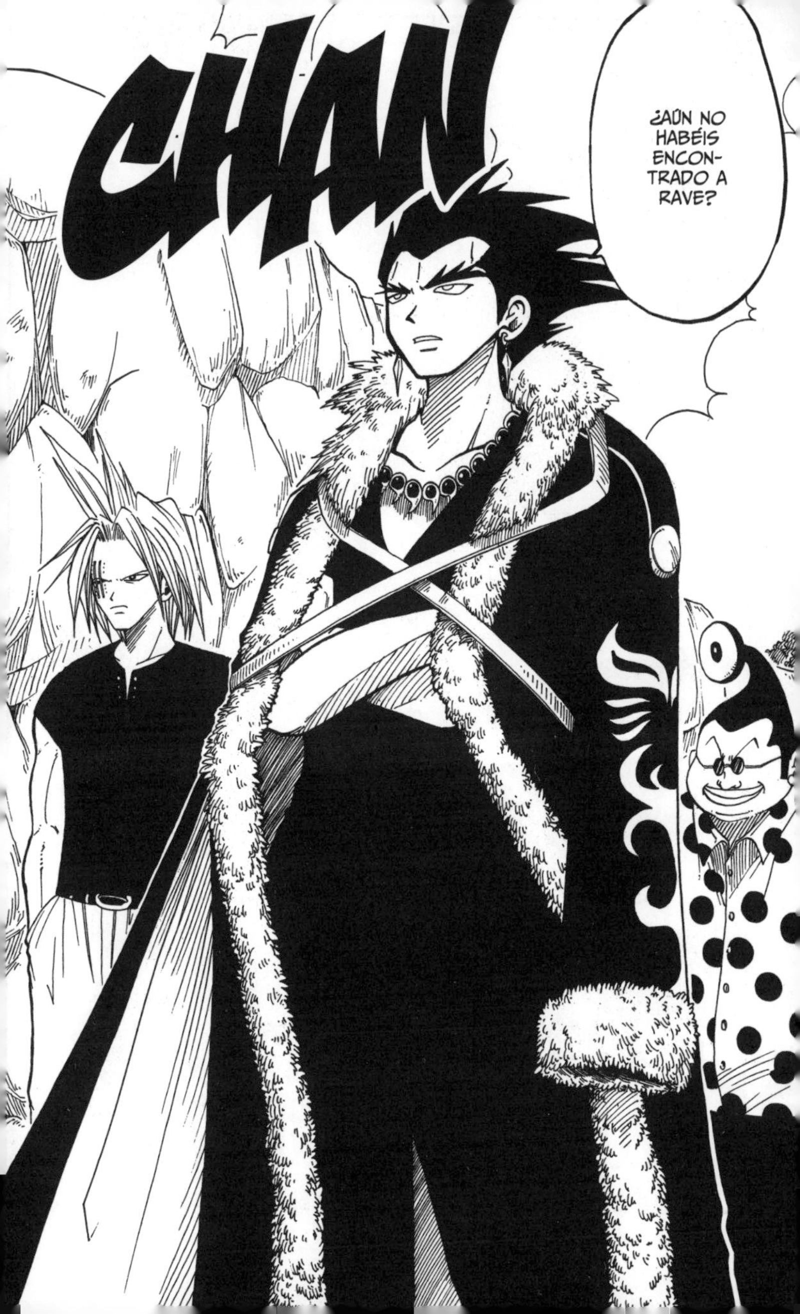
¿AÚN NO HABÉIS ENCONTRADO A RAVE?
CHAN

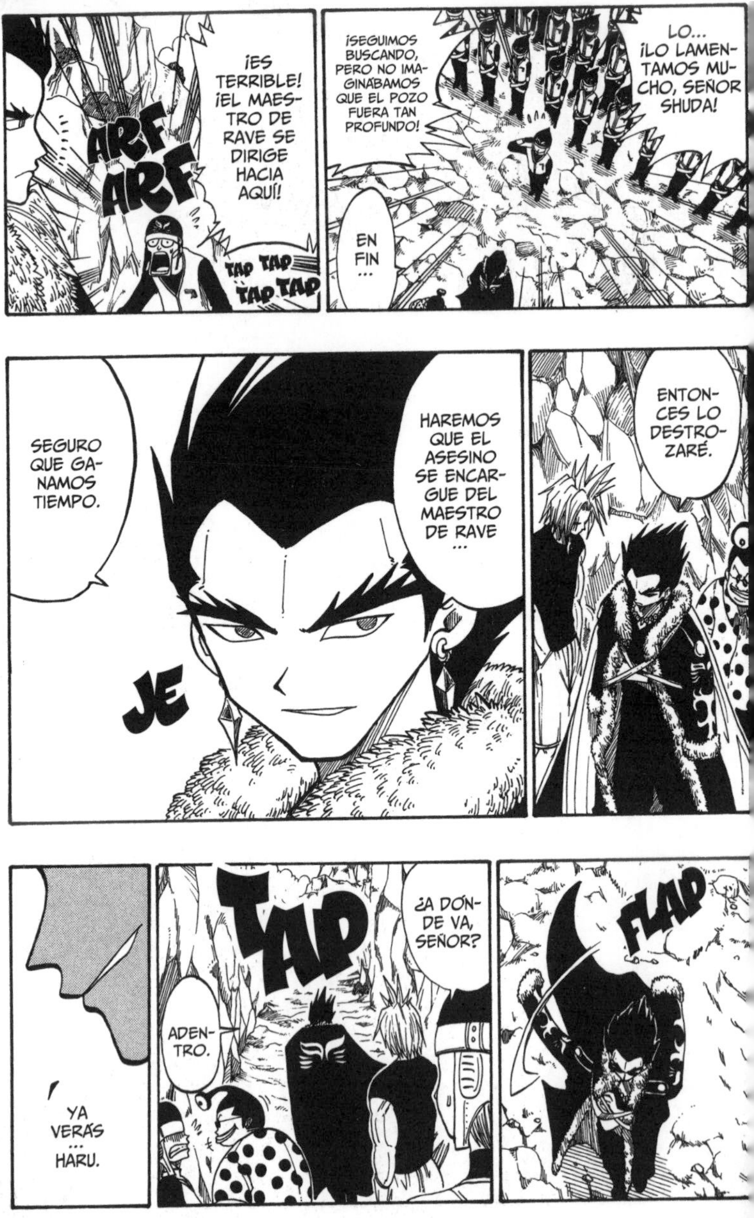
LO... ¡LO LAMENTAMOS MUCHO, SEÑOR SHUDA!
¡SEGUIMOS BUSCANDO, PERO NO IMAGINÁBAMOS QUE EL POZO FUERA TAN PROFUNDO!
EN FIN ...
¡ES TERRIBLE! ¡EL MAESTRO DE RAVE SE DIRIGE HACIA AQUÍ!
ARF ARF
TAP TAP TAP TAP
ENTONCES LO DESTROZARÉ.
HAREMOS QUE EL ASESINO SE ENCARGUE DEL MAESTRO DE RAVE ...
SEGURO QUE GANAMOS TIEMPO.
JE
FLAP
¿A DÓNDE VA, SEÑOR?
TAP
ADENTRO.
YA VERÁS ... HARU.

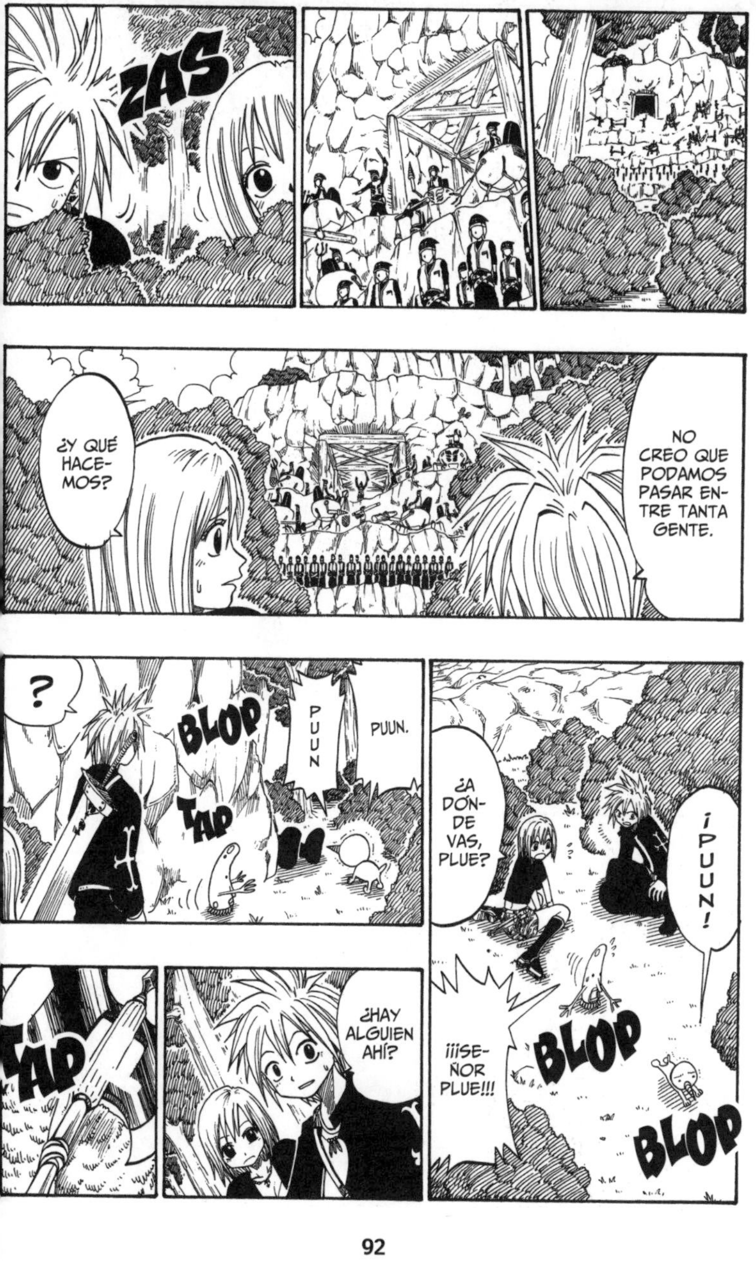
ZAS
NO CREO QUE PODAMOS PASAR ENTRE TANTA GENTE.
¿Y QUÉ HACEMOS?
¡PUUUN!
¿A DÓNDE VAS, PLUE?
¡¡¡SEÑOR PLUE!!!
BLOP
BLOP
PUUUN
PUUN.
BLOP
TAP
?
¿HAY ALGUIEN AHÍ?
TAP

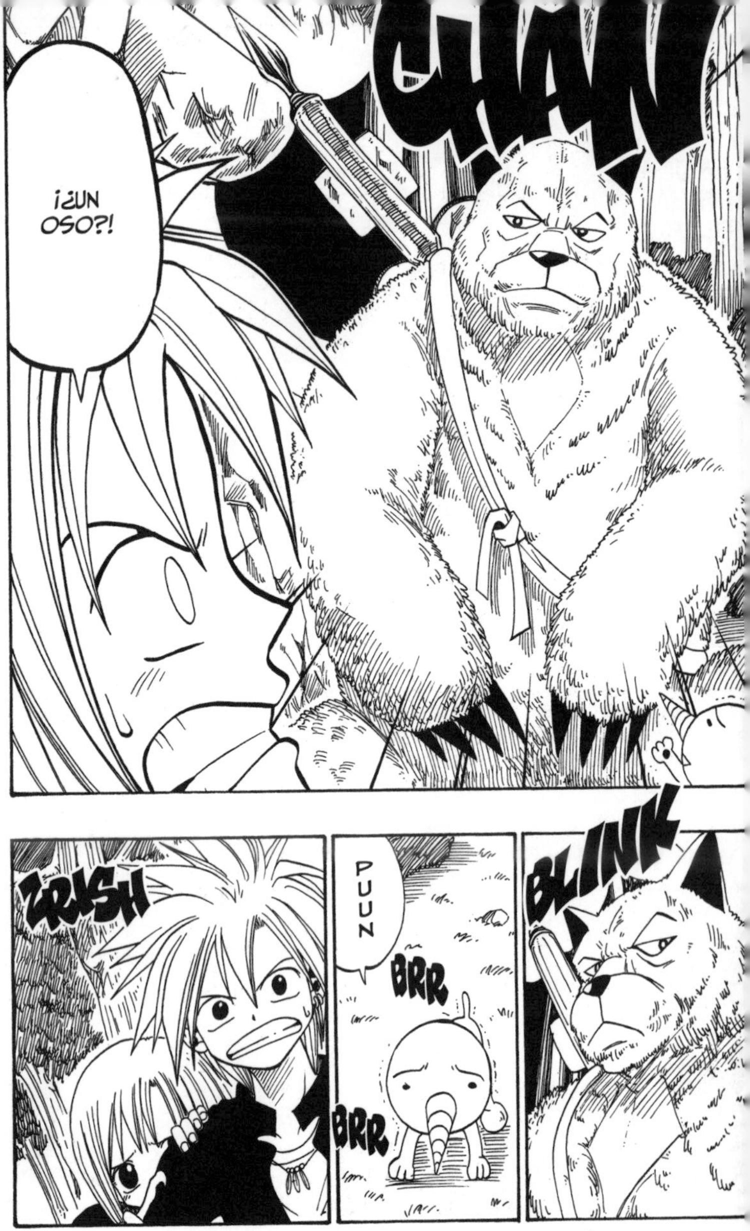
CHAN
¡¿UN OSO?!
BLINK
PUUN
BRR
BRR
ZRISH

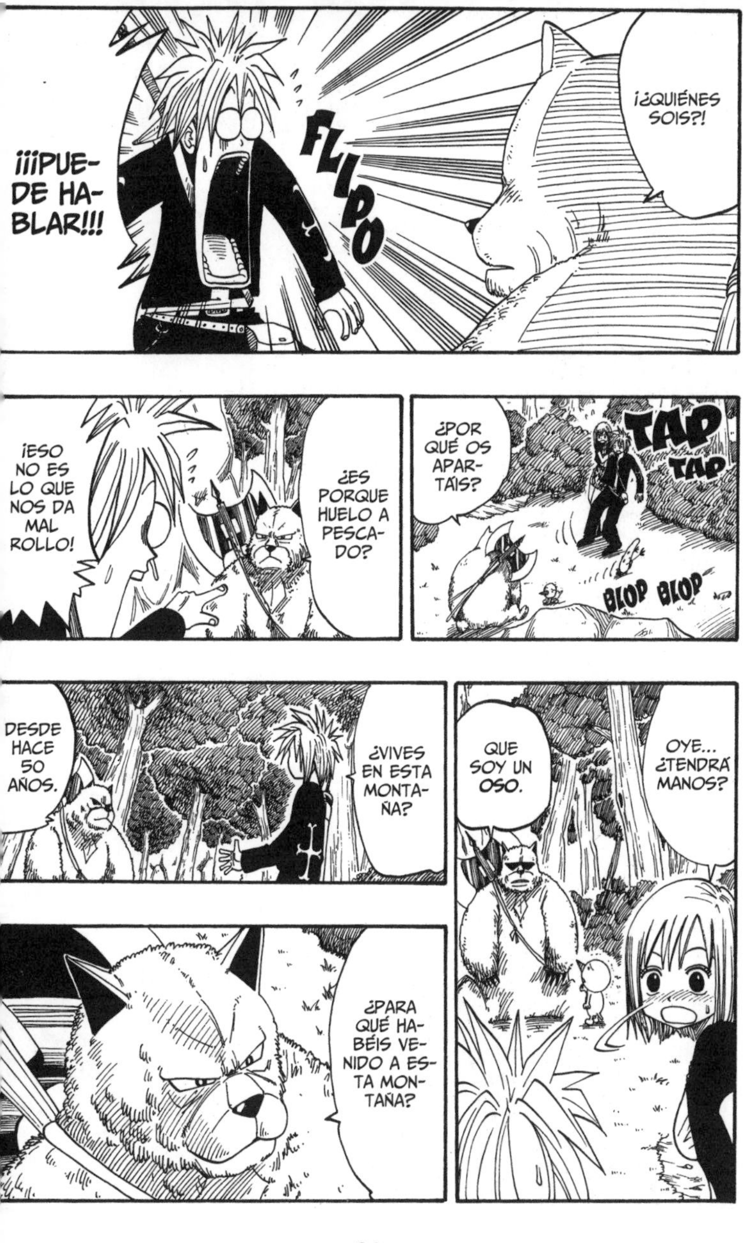

¡¿QUIÉNES SOIS?!
FLIPO
¡¡¡PUEDE HABLAR!!!
¿POR QUÉ OS APARTÁIS?
TAP
TAP
BLOP BLOP
¿ES PORQUE HUELO A PESCADO?
¡ESO NO ES LO QUE NOS DA MAL ROLLO!
OYE... ¿TENDRÁ MANOS?
QUE SOY UN OSO.
¿VIVES EN ESTA MONTAÑA?
DESDE HACE 50 AÑOS.
¿PARA QUÉ HABÉIS VENIDO A ESTA MONTAÑA?

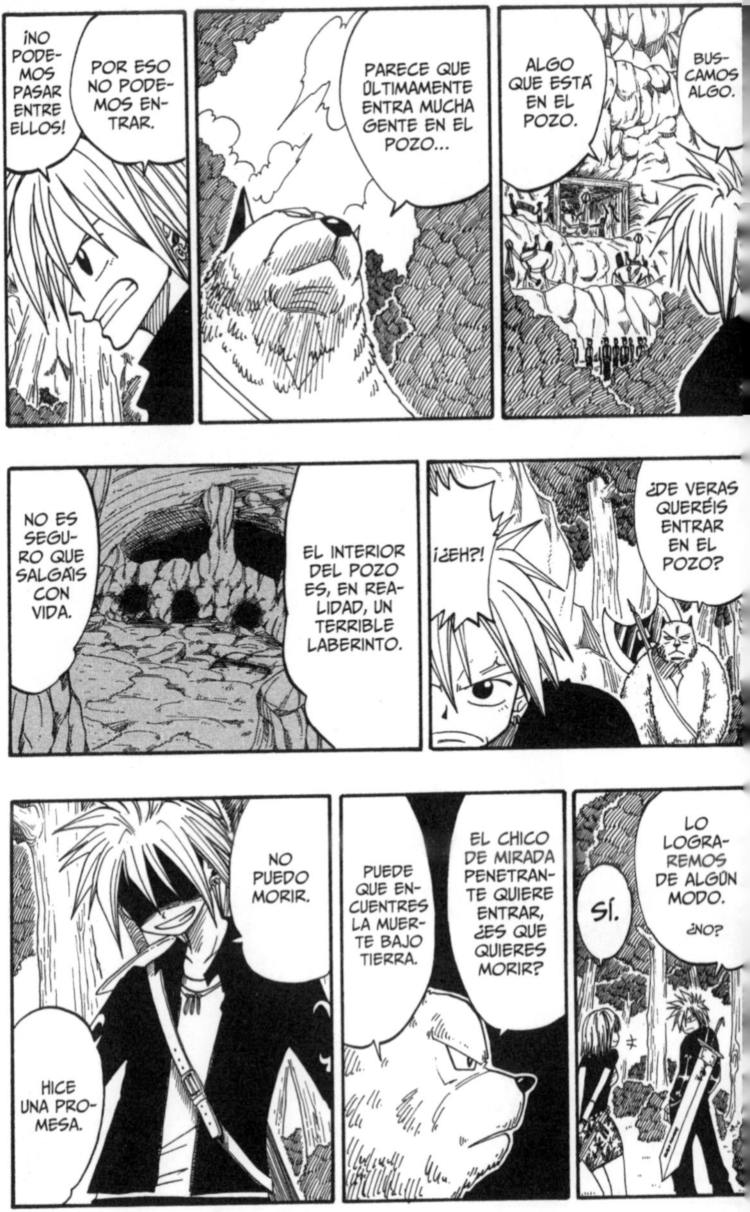
BUSCAMOS ALGO.
ALGO QUE ESTÁ EN EL POZO.
PARECE QUE ÚLTIMAMENTE ENTRA MUCHA GENTE EN EL POZO...
POR ESO NO PODEMOS ENTRAR.
¡NO PODEMOS PASAR ENTRE ELLOS!
¿DE VERAS QUERÉIS ENTRAR EN EL POZO?
¡¿EH?!
EL INTERIOR DEL POZO ES, EN REALIDAD, UN TERRIBLE LABERINTO.
NO ES SEGURO QUE SALGÁIS CON VIDA.
LO LOGRAREMOS DE ALGÚN MODO.
¿NO?
SÍ.
EL CHICO DE MIRADA PENETRANTE QUIERE ENTRAR, ¿ES QUE QUIERES MORIR?
PUEDE QUE ENCUENTRES LA MUERTE BAJO TIERRA.
NO PUEDO MORIR.
HICE UNA PROMESA.

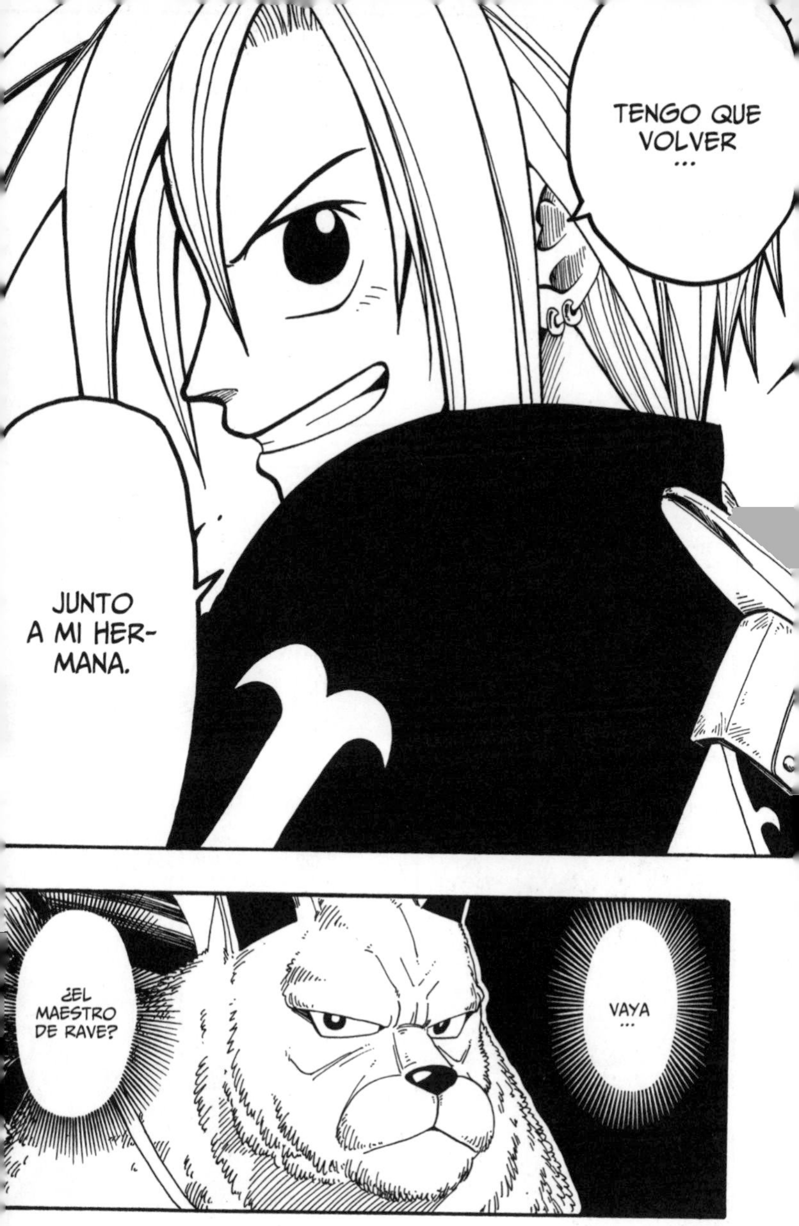
TENGO QUE VOLVER ...
JUNTO A MI HERMANA.
VAYA ...
¿EL MAESTRO DE RAVE?

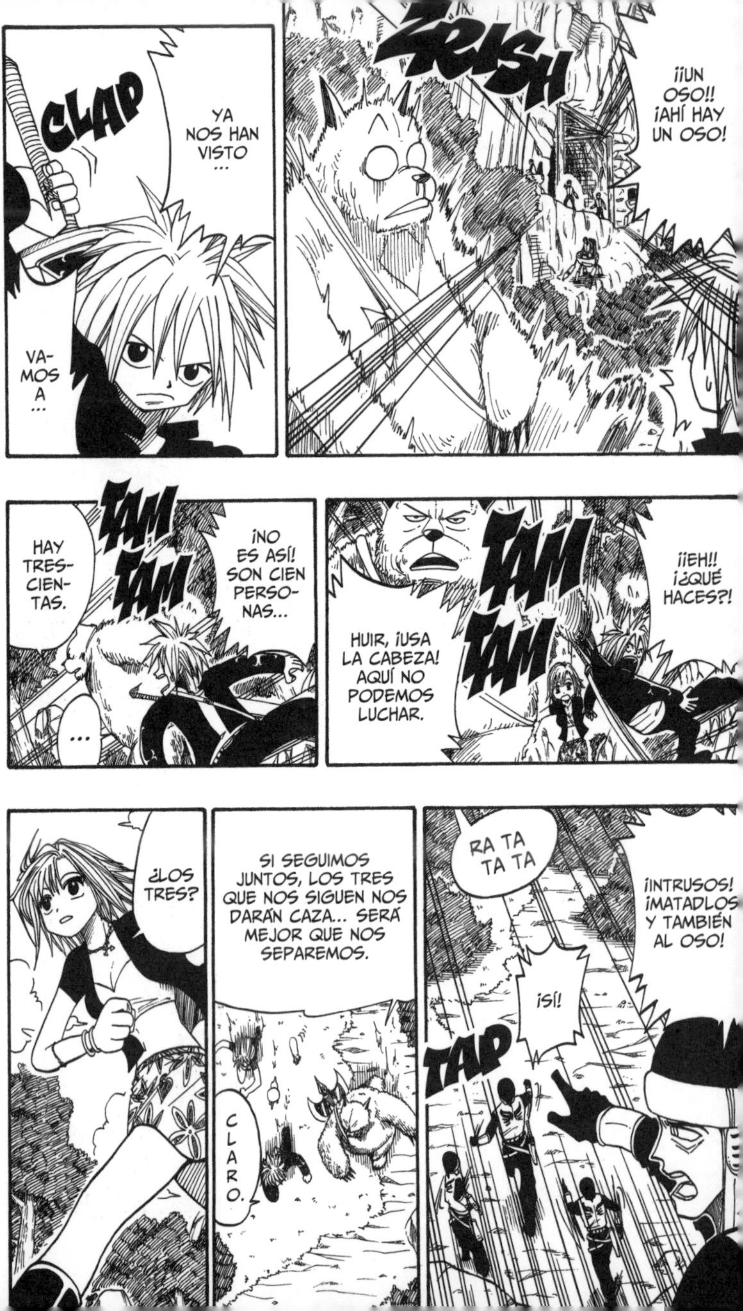
ZRISH
¡¡UN OSO!! ¡AHÍ HAY UN OSO!
CLAP
YA NOS HAN VISTO...
VAMOS A...
¡¡EH!! ¿¡QUÉ HACES?!
TAM TAM
HUIR, ¡USA LA CABEZA! AQUÍ NO PODEMOS LUCHAR.
¡NO ES ASÍ! SON CIEN PERSONAS...
TAM TAM
HAY TRESCIENTAS.
...
RA TA TA TA
¡INTRUSOS! ¡MATADLOS Y TAMBIÉN AL OSO!
¡SÍ!
TAP
SI SEGUIMOS JUNTOS, LOS TRES QUE NOS SIGUEN NOS DARÁN CAZA... SERÁ MEJOR QUE NOS SEPAREMOS.
CLARO.
¿LOS TRES?

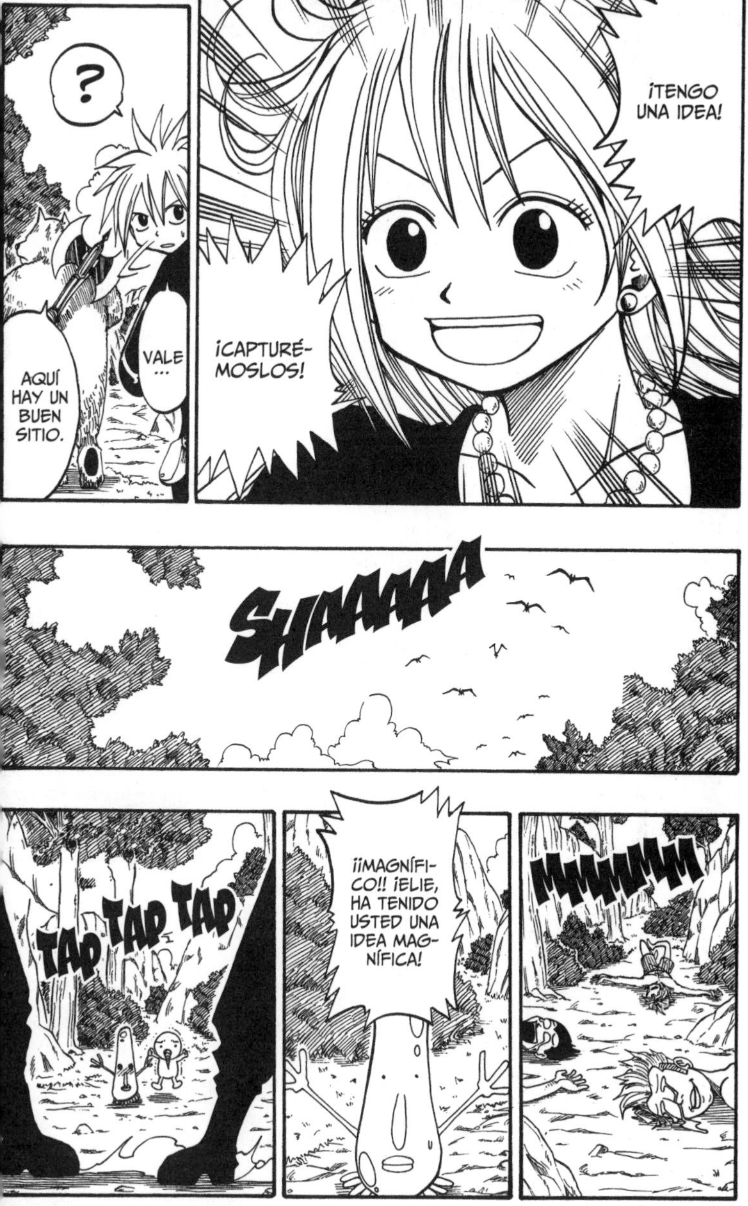
¡TENGO UNA IDEA!
¡CAPTURÉ-MOSLOS!
?
VALE ...
AQUÍ HAY UN BUEN SITIO.
SHAAAAAA
MMMMMM
¡¡MAGNÍFI-CO!! ¡ELIE, HA TENIDO USTED UNA IDEA MAG-NÍFICA!
TAP TAP TAP

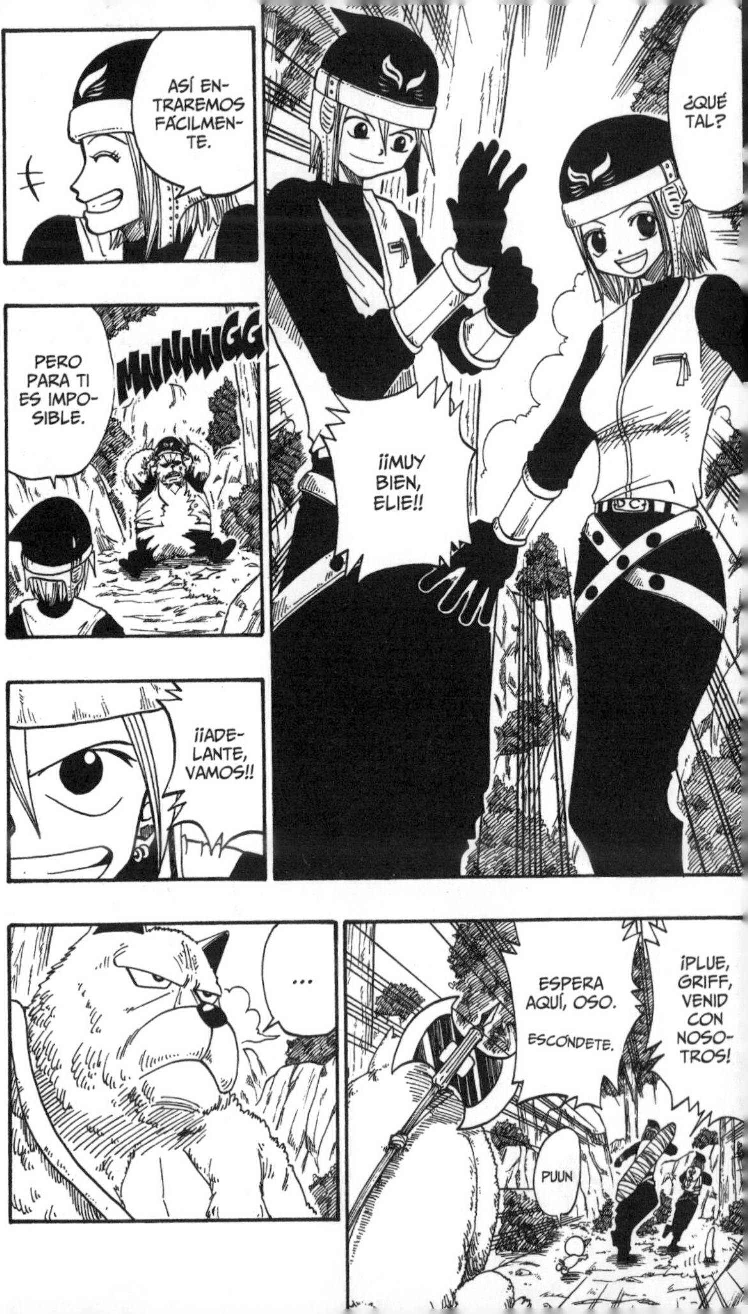
¿QUÉ TAL?
¡¡MUY BIEN, ELIE!!
ASÍ EN-TRAREMOS FÁCILMEN-TE.
PERO PARA TI ES IMPO-SIBLE.
MNNNNGG
¡¡ADE-LANTE, VAMOS!!
¡PLUE, GRIFF, VENID CON NOSO-TROS!
ESPERA AQUÍ, OSO.
ESCÓNDETE.
PUUN
...

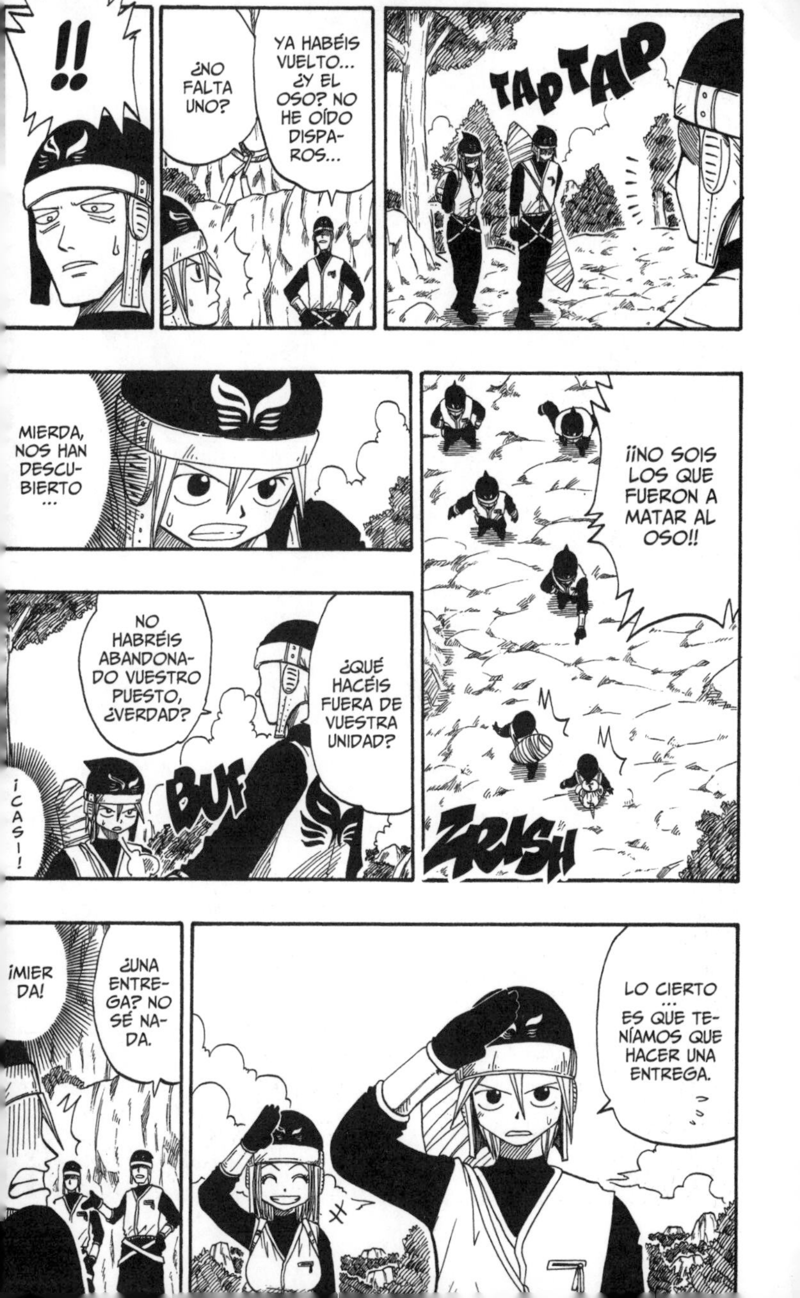
TAPTAP
YA HABÉIS VUELTO... ¿Y EL OSO? NO HE OÍDO DISPAROS...
¿NO FALTA UNO?
!!
¡¡NO SOIS LOS QUE FUERON A MATAR AL OSO!!
ZRISH
MIERDA, NOS HAN DESCUBIERTO ...
¿QUÉ HACÉIS FUERA DE VUESTRA UNIDAD?
NO HABRÉIS ABANDONADO VUESTRO PUESTO, ¿VERDAD?
BUF
¡CASI!
LO CIERTO ... ES QUE TENÍAMOS QUE HACER UNA ENTREGA.
¿UNA ENTREGA? NO SÉ NADA.
¡MIERDA!

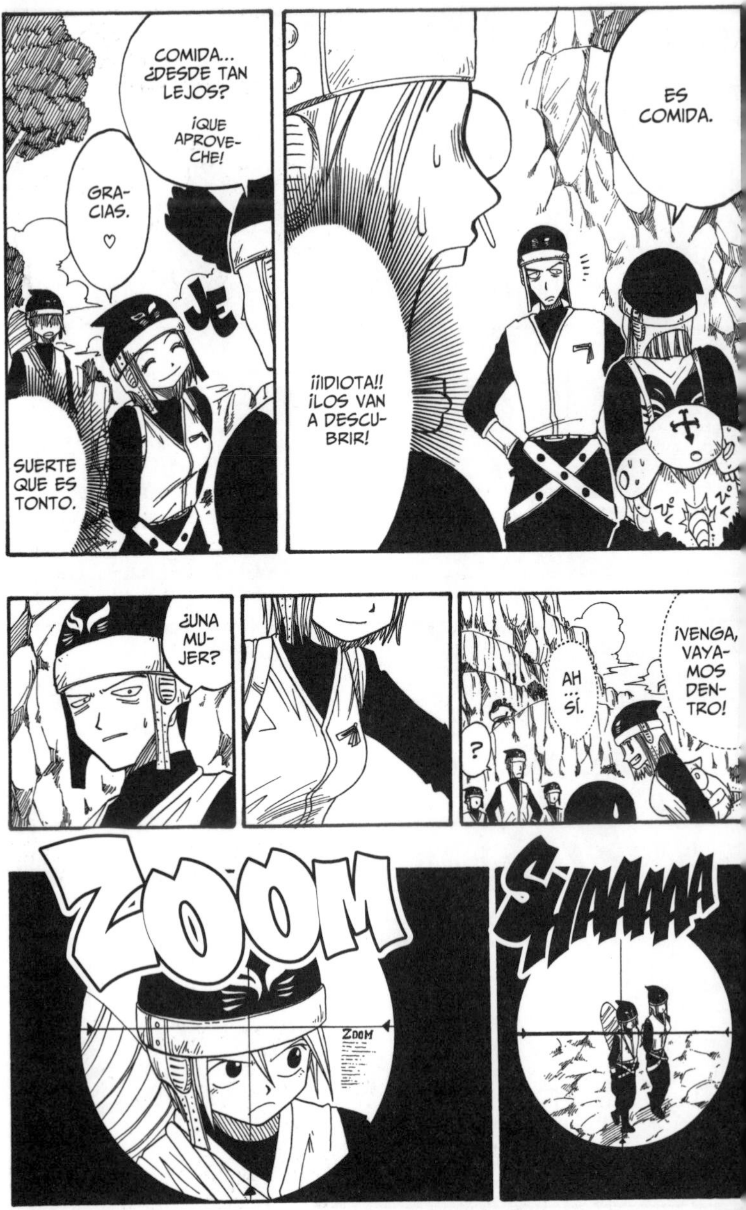
ES COMIDA.
¡¡IDIOTA!! ¡LOS VAN A DESCUBRIR!
COMIDA... ¿DESDE TAN LEJOS?
¡QUE APROVECHE!
GRACIAS. ♡
JE
SUERTE QUE ES TONTO.
¡VENGA, VAYAMOS DENTRO!
AH... SÍ.
?
¿UNA MUJER?
SHAAAAA
ZOOM
ZOOM

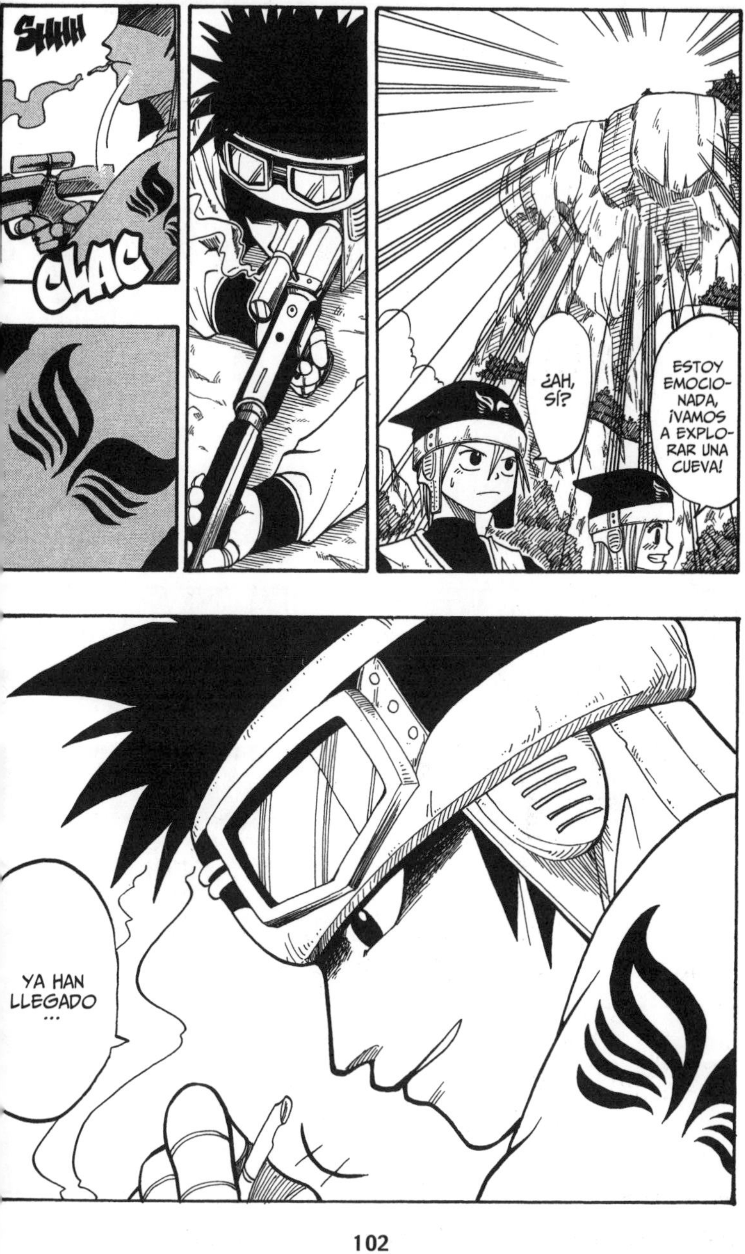

ESTOY EMOCIONADA, ¡VAMOS A EXPLORAR UNA CUEVA!
¿AH, SÍ?
SHHH
CLAC
YA HAN LLEGADO ...

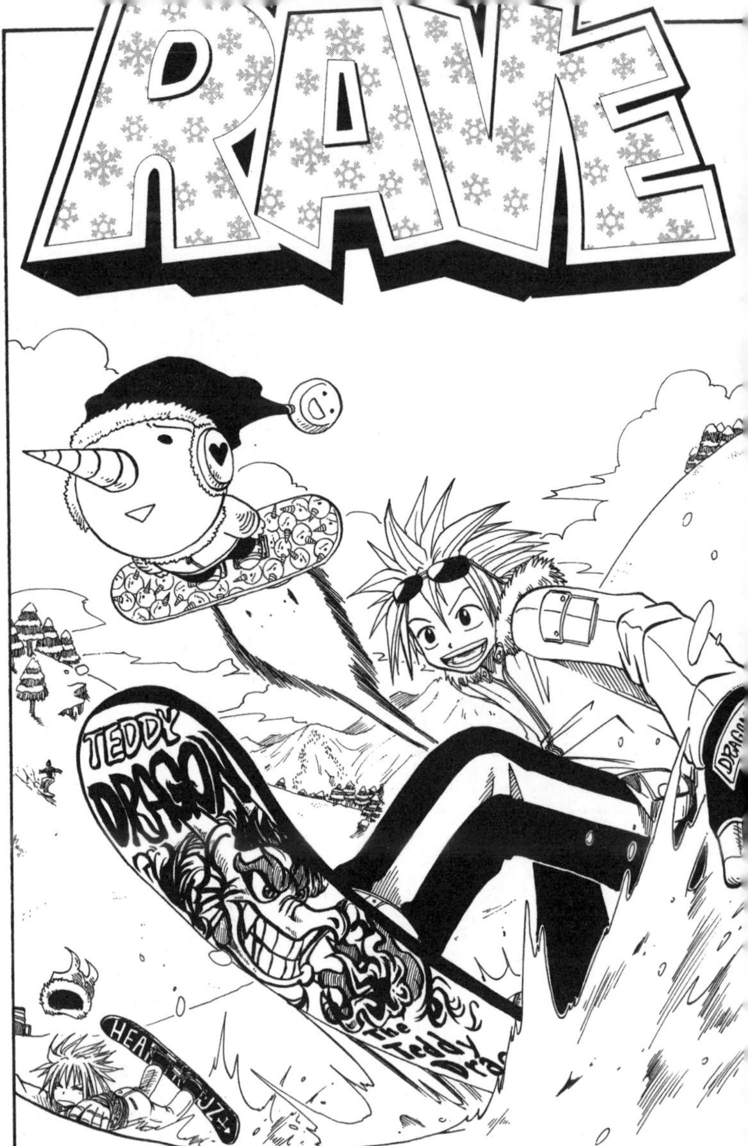
RAVE
TEDDY DRAGON

RAVE 27 ✚ INFILTRÁNDOSE EN LA OSCURA CUEVA

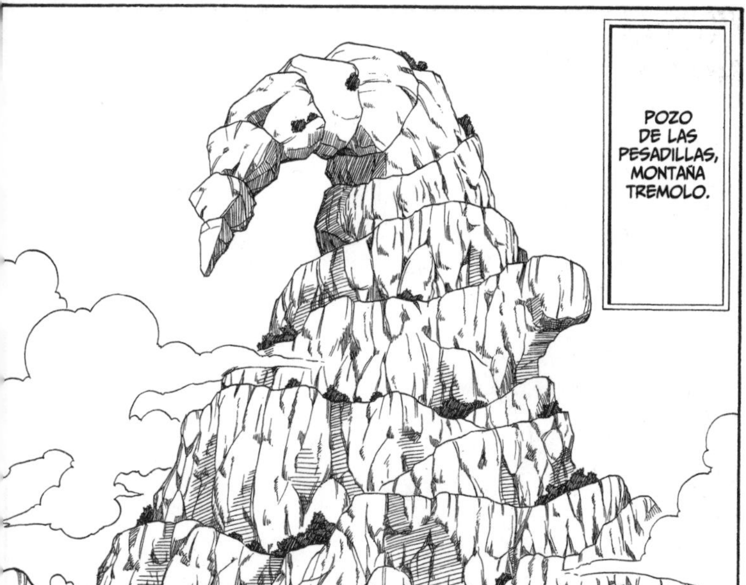
POZO DE LAS PESADILLAS, MONTAÑA TREMOLO.
POZO DE LAS PESADILLAS

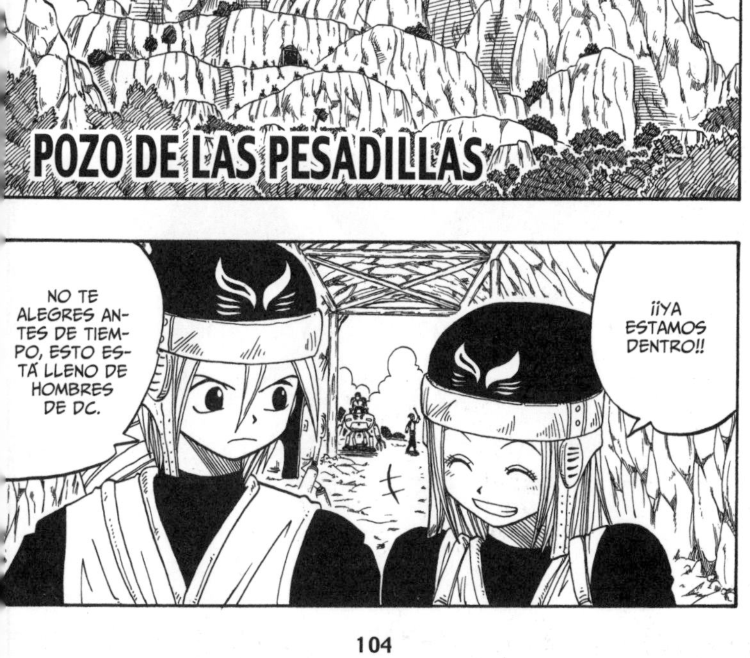
¡¡YA ESTAMOS DENTRO!!
NO TE ALEGRES AN-TES DE TIEM-PO, ESTO ES-TÁ LLENO DE HOMBRES DE DC.

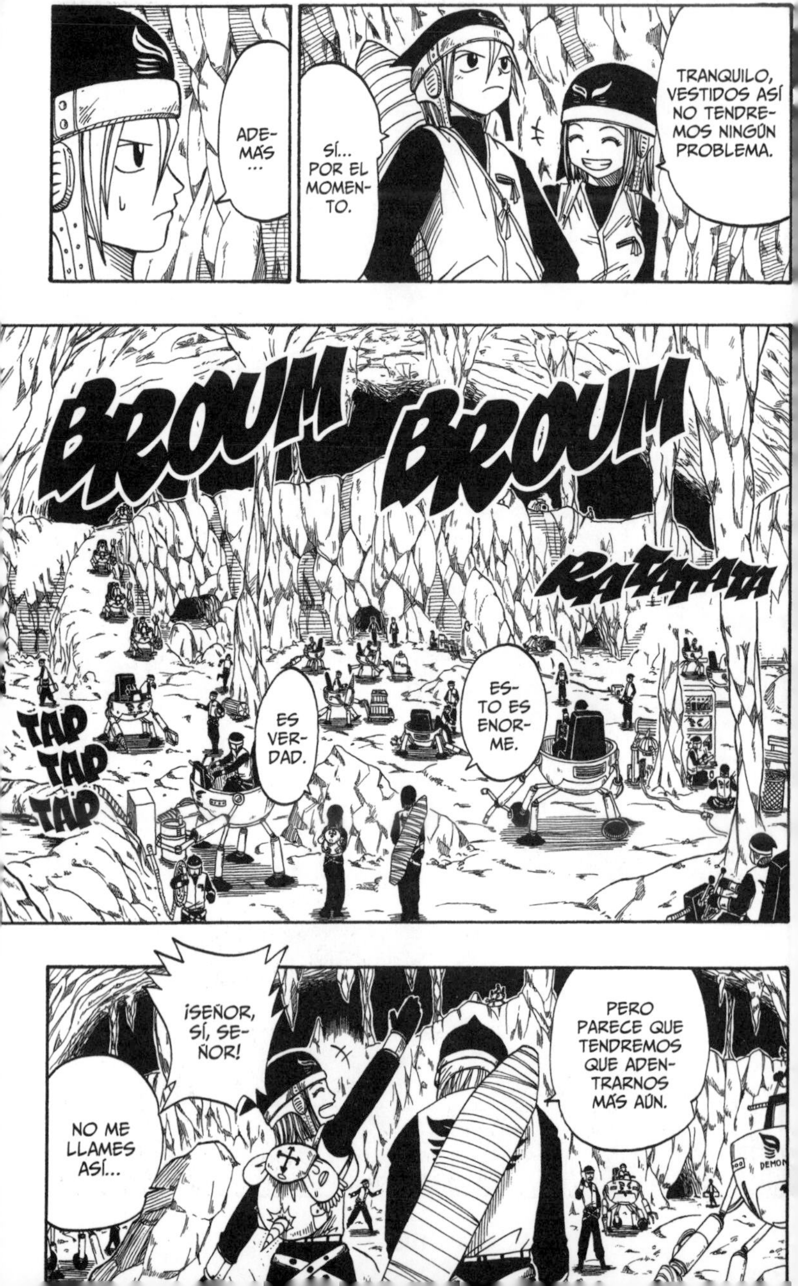
TRANQUILO, VESTIDOS ASÍ NO TENDREMOS NINGÚN PROBLEMA.
SÍ... POR EL MOMENTO.
ADEMÁS...
BROUM BROUM
RATATATA
ESTO ES ENORME.
ES VERDAD.
TAP TAP TAP
PERO PARECE QUE TENDREMOS QUE ADENTRARNOS MÁS AÚN.
¡SEÑOR, SÍ, SEÑOR!
NO ME LLAMES ASÍ...
DEMON

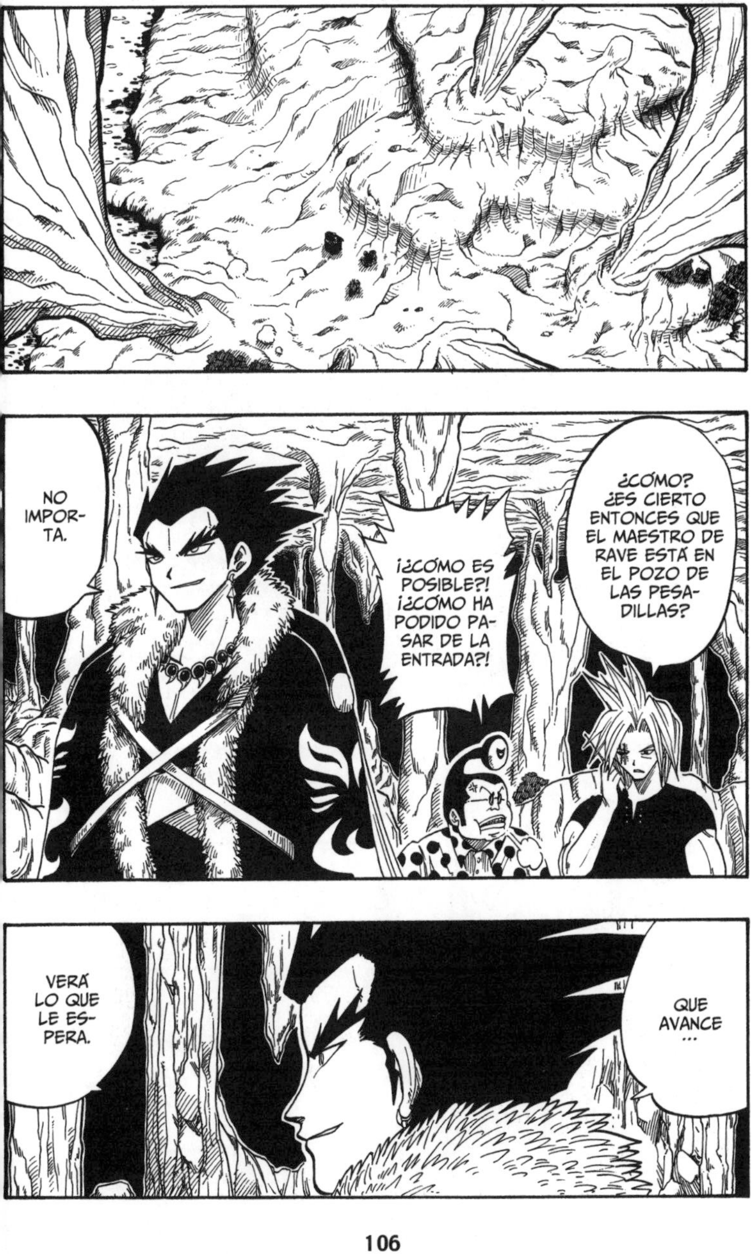
¿CÓMO? ¿ES CIERTO ENTONCES QUE EL MAESTRO DE RAVE ESTÁ EN EL POZO DE LAS PESADILLAS?
¡¿CÓMO ES POSIBLE?! ¡¿CÓMO HA PODIDO PASAR DE LA ENTRADA?!
NO IMPORTA.
QUE AVANCE...
VERÁ LO QUE LE ESPERA.

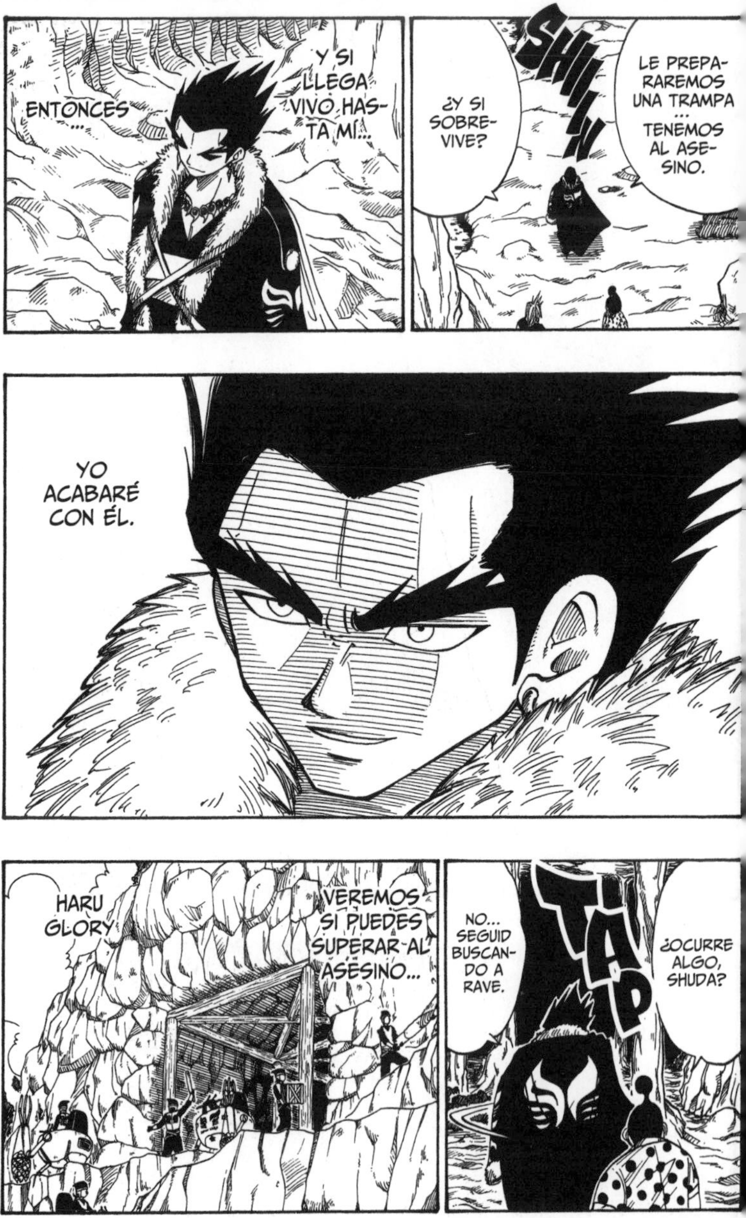
LE PREPARAREMOS UNA TRAMPA ... TENEMOS AL ASESINO.
SHIIIN
¿Y SI SOBREVIVE?
Y SI LLEGA VIVO HASTA MÍ...
ENTONCES...
YO ACABARÉ CON ÉL.
¿OCURRE ALGO, SHUDA?
TAP
NO... SEGUID BUSCANDO A RAVE.
VEREMOS SI PUEDES SUPERAR AL ASESINO...
HARU GLORY

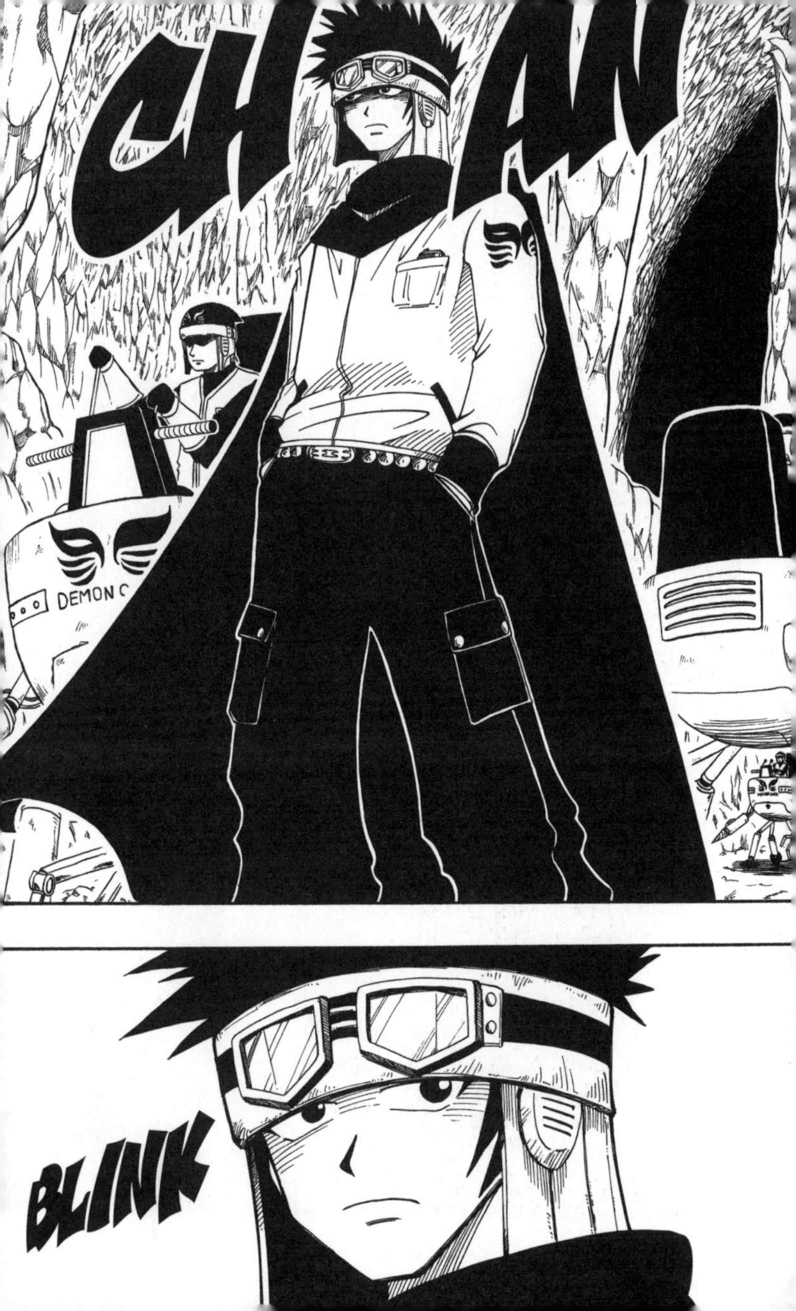
CHAN
DEMON C
BLINK

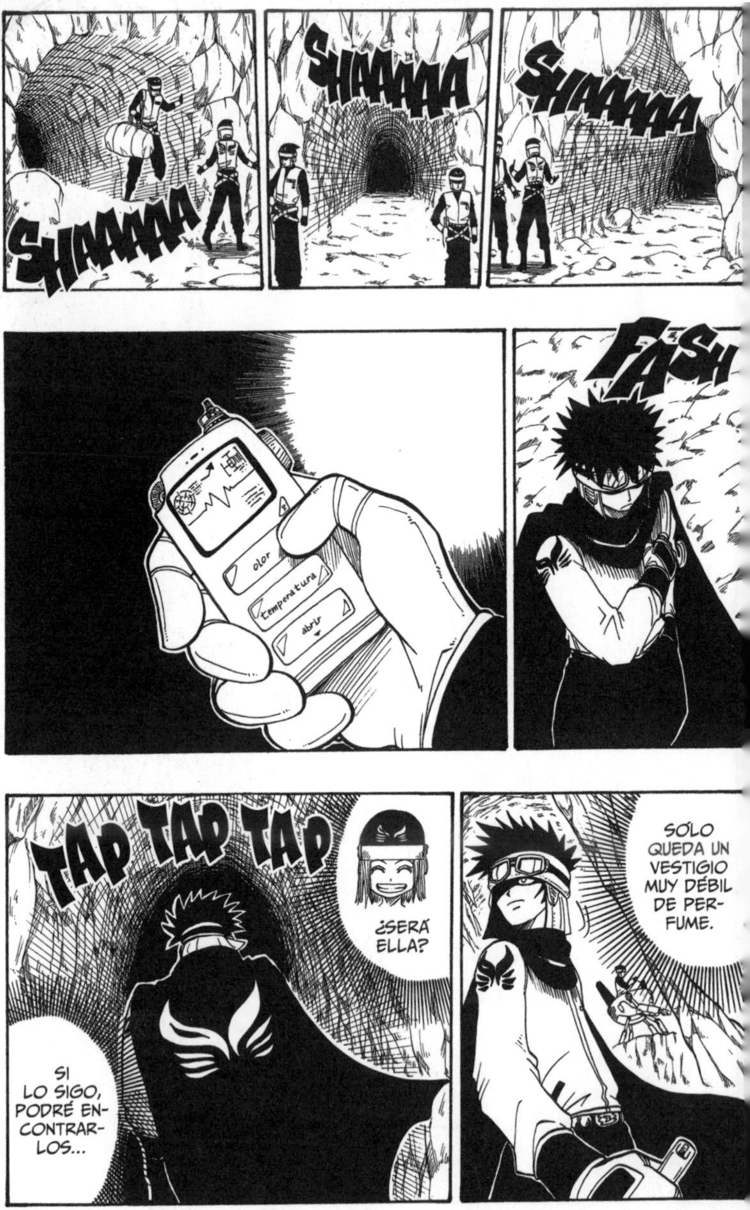
SHAAAAA
SHAAAAA
SHAAAAA
FASH
olor
temperatura
abrir
SÓLO QUEDA UN VESTIGIO MUY DÉBIL DE PERFUME.
¿SERÁ ELLA?
TAP TAP TAP
SI LO SIGO, PODRÉ ENCONTRARLOS...

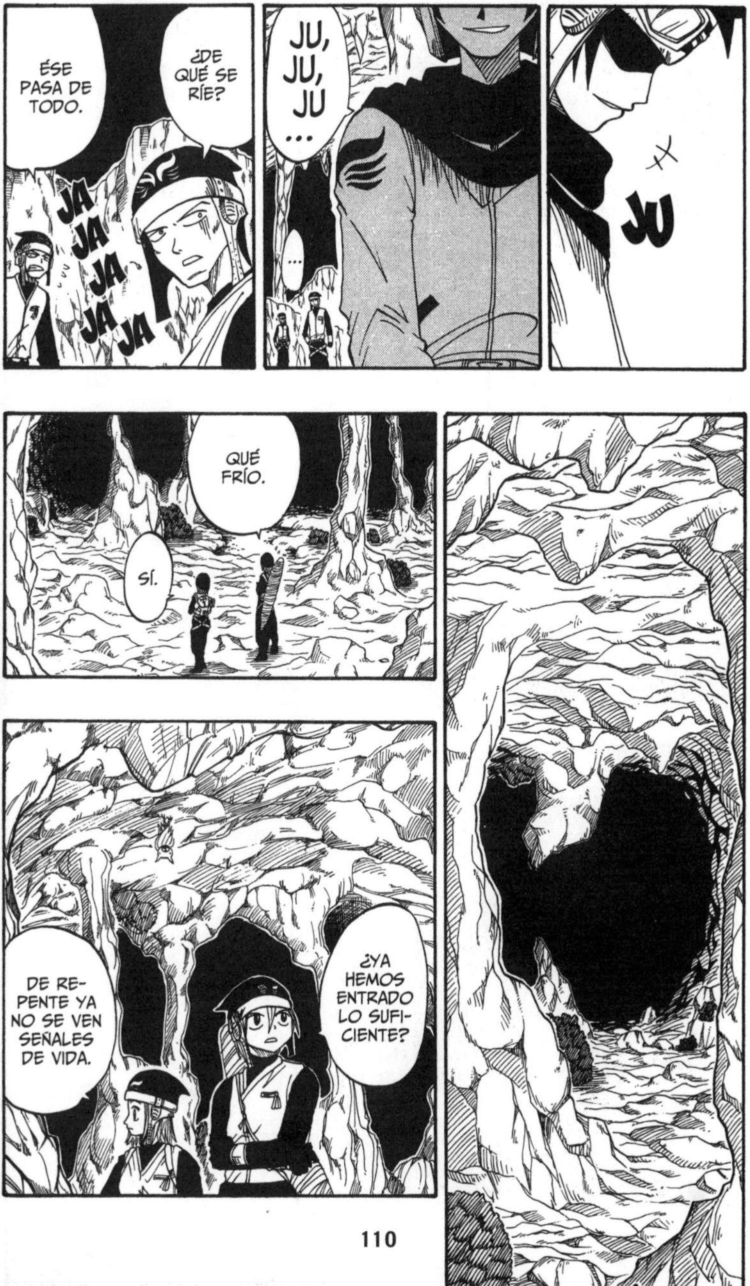
JU
JU, JU, JU...
...
¿DE QUÉ SE RÍE?
ÉSE PASA DE TODO.
JA JA JA JA JA
QUÉ FRÍO.
SÍ.
¿YA HEMOS ENTRADO LO SUFICIENTE?
DE REPENTE YA NO SE VEN SEÑALES DE VIDA.

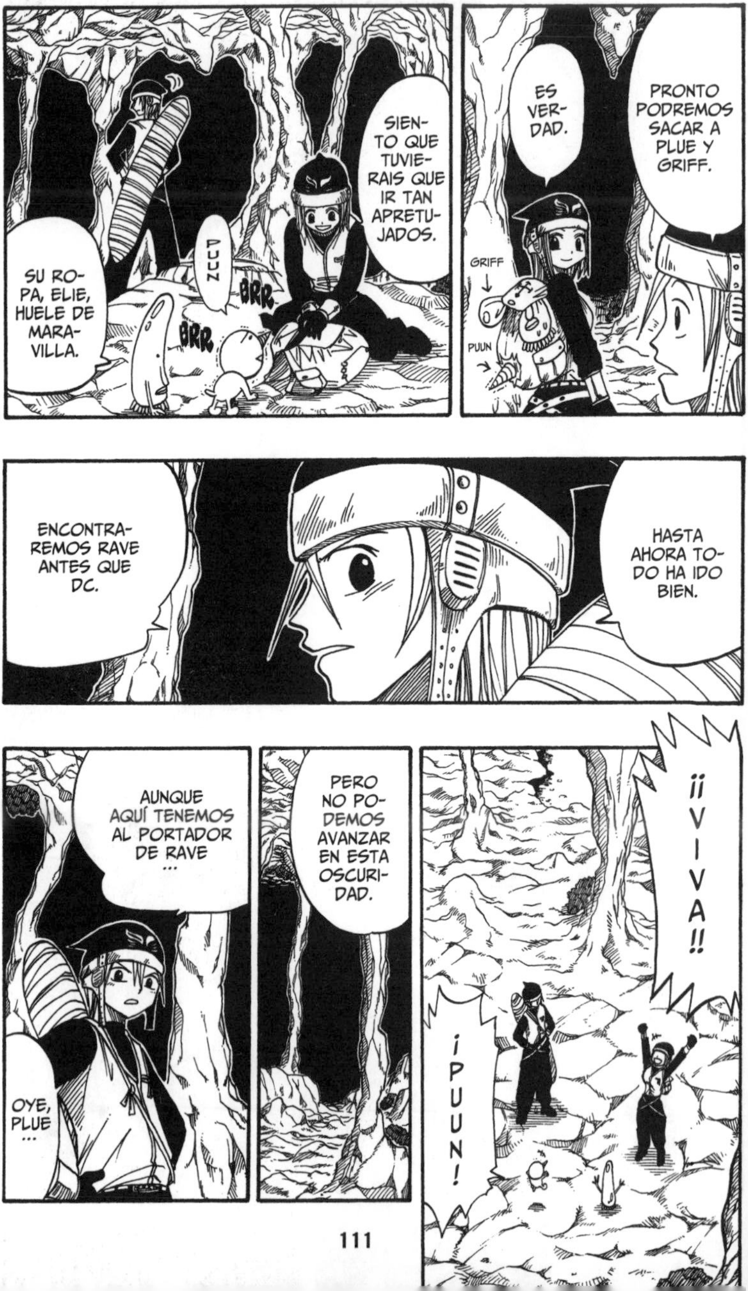
PRONTO PODREMOS SACAR A PLUE Y GRIFF.
ES VERDAD.
GRIFF
PUUN
SIENTO QUE TUVIERAIS QUE IR TAN APRETUJADOS.
PUUN
BRR
BRR
SU ROPA, ELIE, HUELE DE MARAVILLA.
HASTA AHORA TODO HA IDO BIEN.
ENCONTRAREMOS RAVE ANTES QUE DC.
¡¡VIVA!!
¡PUUN!
PERO NO PODEMOS AVANZAR EN ESTA OSCURIDAD.
AUNQUE AQUÍ TENEMOS AL PORTADOR DE RAVE...
OYE, PLUE...

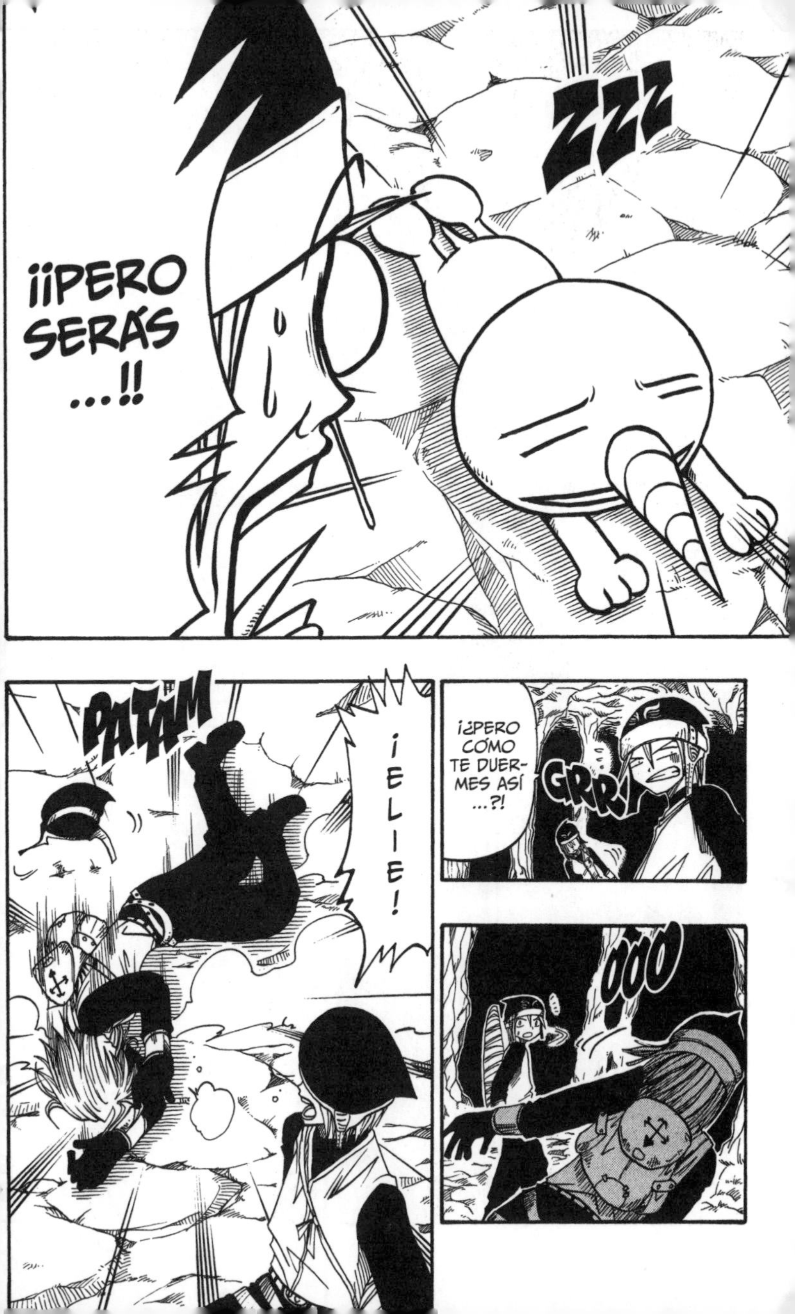
ZZZ
¡¡PERO SERÁS ...!!
¡¿PERO CÓMO TE DUERMES ASÍ ...?!
GRR
OOO
PATAM
¡ELIE!

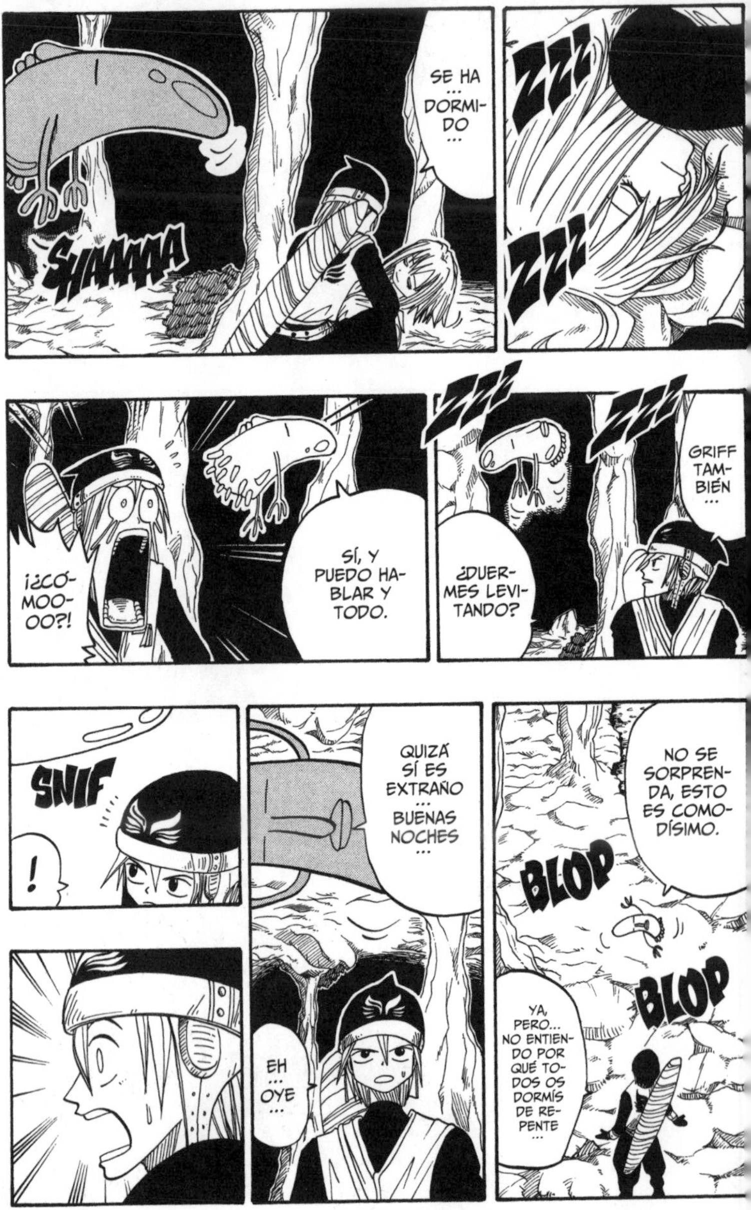
ZZZ
ZZZ
SE HA... DORMIDO...
SHAAAAA
ZZZ
GRIFF TAMBIÉN...
ZZZ
¿DUERMES LEVITANDO?
SÍ, Y PUEDO HABLAR Y TODO.
¡¿CÓMOOOOO?!
NO SE SORPRENDA, ESTO ES COMODÍSIMO.
BLOP
BLOP
YA, PERO... NO ENTIENDO POR QUÉ TODOS OS DORMÍS DE REPENTE...
QUIZÁ SÍ ES EXTRAÑO... BUENAS NOCHES...
EH... OYE...
SNIF
!

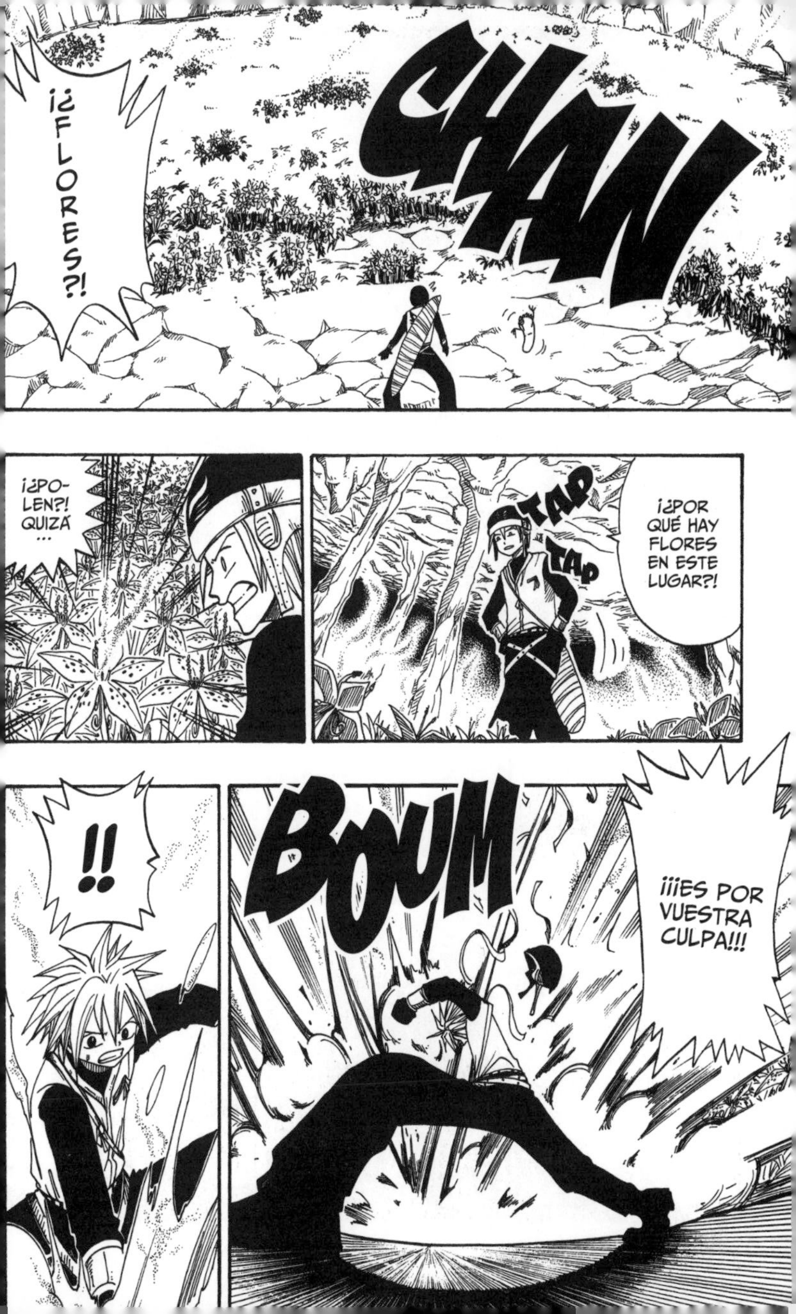
CHAN
¡¿FLORES?!
¡¿POR QUÉ HAY FLORES EN ESTE LUGAR?!
TAP TAP
¡¿PO-LEN?! QUIZÁ ...
¡¡¡ES POR VUESTRA CULPA!!!
BOUM
!!

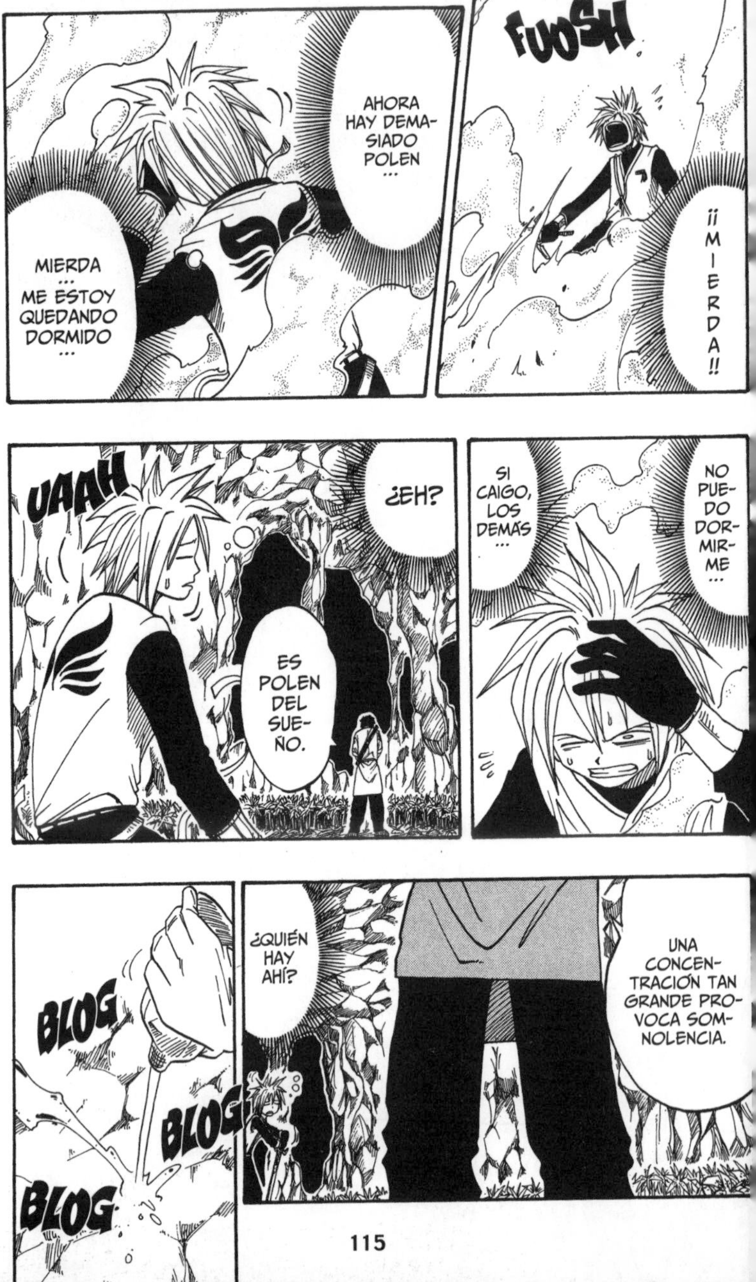
FUOSH
¡¡MIERDA!!
AHORA HAY DEMASIADO POLEN...
MIERDA... ME ESTOY QUEDANDO DORMIDO...
NO PUEDO DORMIRME...
SI CAIGO, LOS DEMÁS...
¿EH?
UAAH
ES POLEN DEL SUEÑO.
UNA CONCENTRACIÓN TAN GRANDE PROVOCA SOMNOLENCIA.
¿QUIÉN HAY AHÍ?
BLOG
BLOG
BLOG

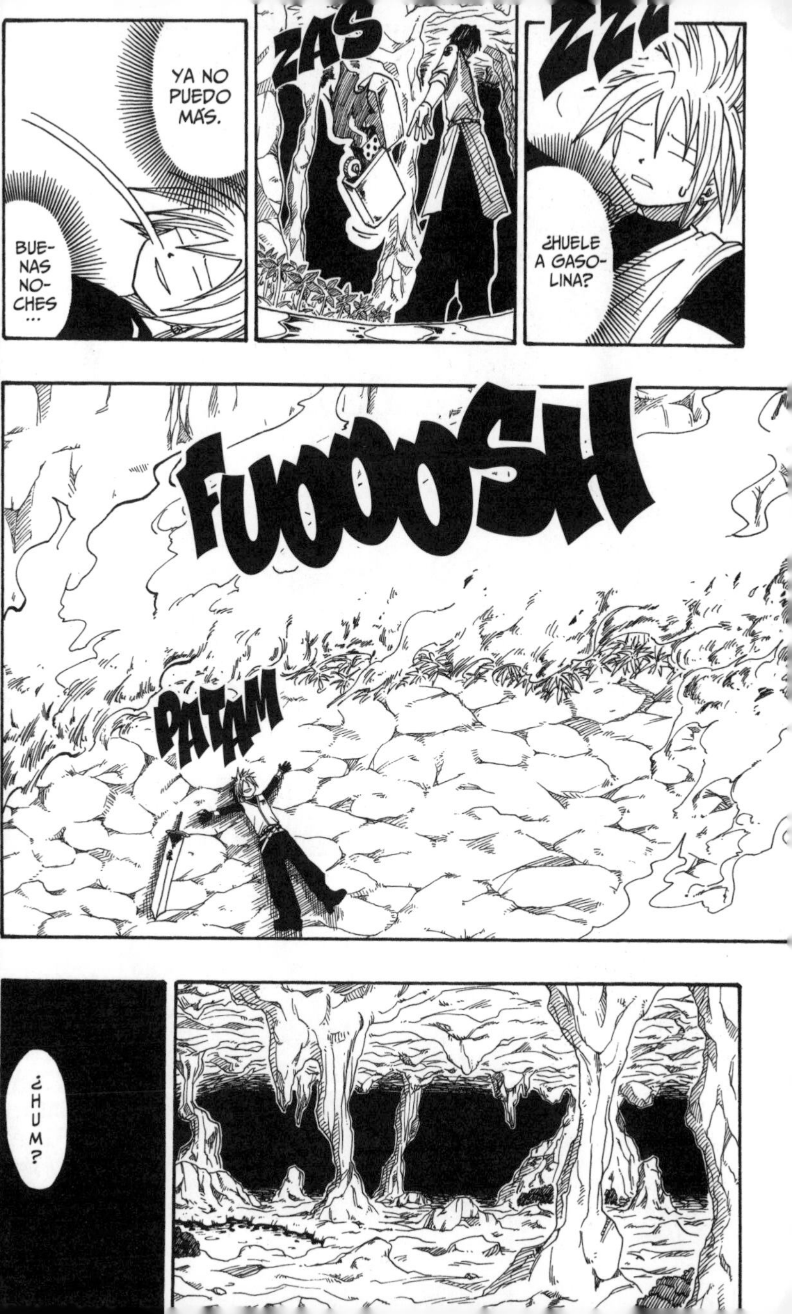
ZZZ
¿HUELE A GASOLINA?
ZAS
YA NO PUEDO MÁS.
BUENAS NOCHES...
FUOOOSH
PATAM
¿HUM?

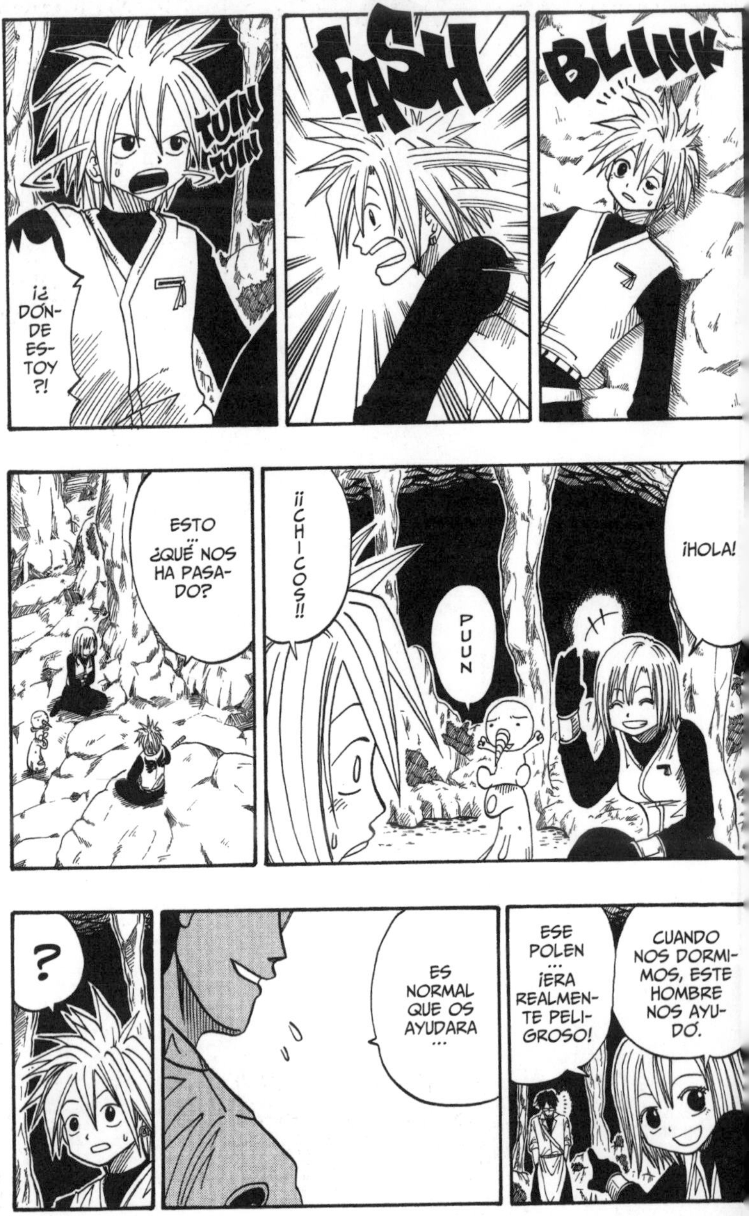
BLINK
FASH
TUIN TUIN
¡¿DÓNDE ESTOY?!
¡HOLA!
PUUN
¡¡CHICOS!!
ESTO... ¿QUÉ NOS HA PASADO?
CUANDO NOS DORMIMOS, ESTE HOMBRE NOS AYUDÓ.
ESE POLEN... ¡ERA REALMENTE PELIGROSO!
ES NORMAL QUE OS AYUDARA...
?

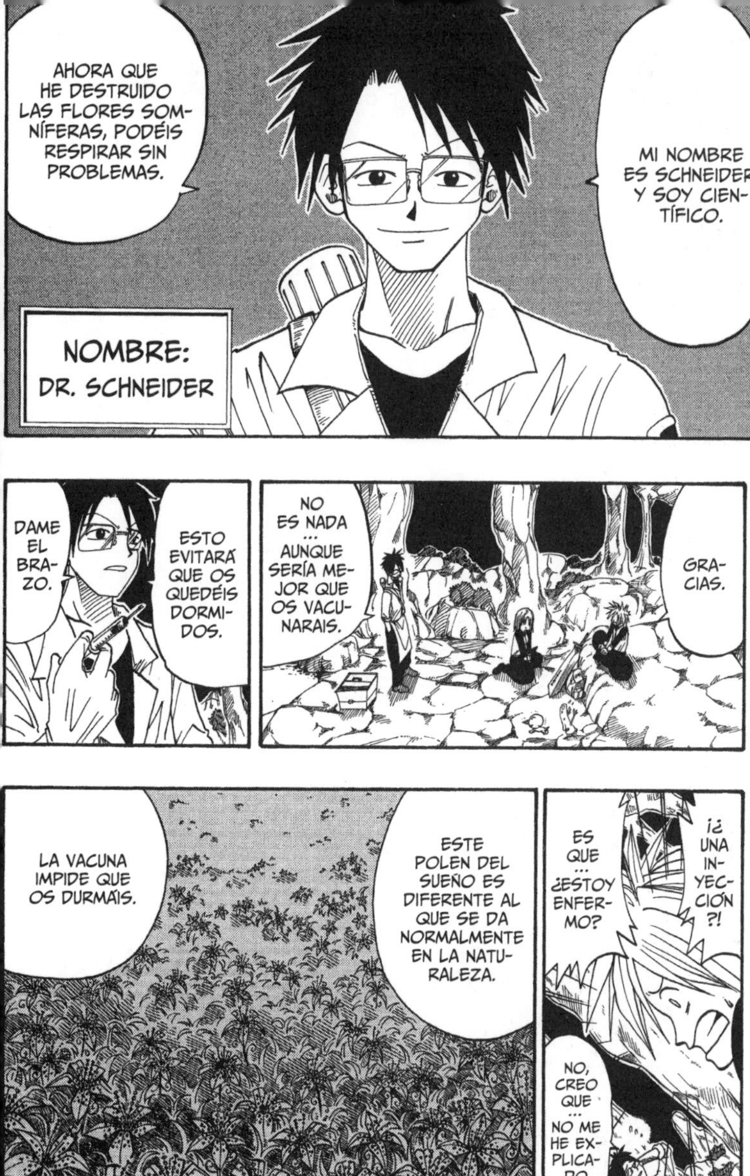
MI NOMBRE ES SCHNEIDER, Y SOY CIENTÍFICO.
AHORA QUE HE DESTRUIDO LAS FLORES SOMNÍFERAS, PODÉIS RESPIRAR SIN PROBLEMAS.
NOMBRE: DR. SCHNEIDER
GRACIAS.
NO ES NADA ... AUNQUE SERÍA MEJOR QUE OS VACUNARAIS.
ESTO EVITARÁ QUE OS QUEDÉIS DORMIDOS.
DAME EL BRAZO.
¡¿UNA INYECCIÓN?!
ES QUE ... ¿ESTOY ENFERMO?
NO, CREO QUE ... NO ME HE EXPLICADO BIEN ...
ESTE POLEN DEL SUEÑO ES DIFERENTE AL QUE SE DA NORMALMENTE EN LA NATURALEZA.
LA VACUNA IMPIDE QUE OS DURMÁIS.

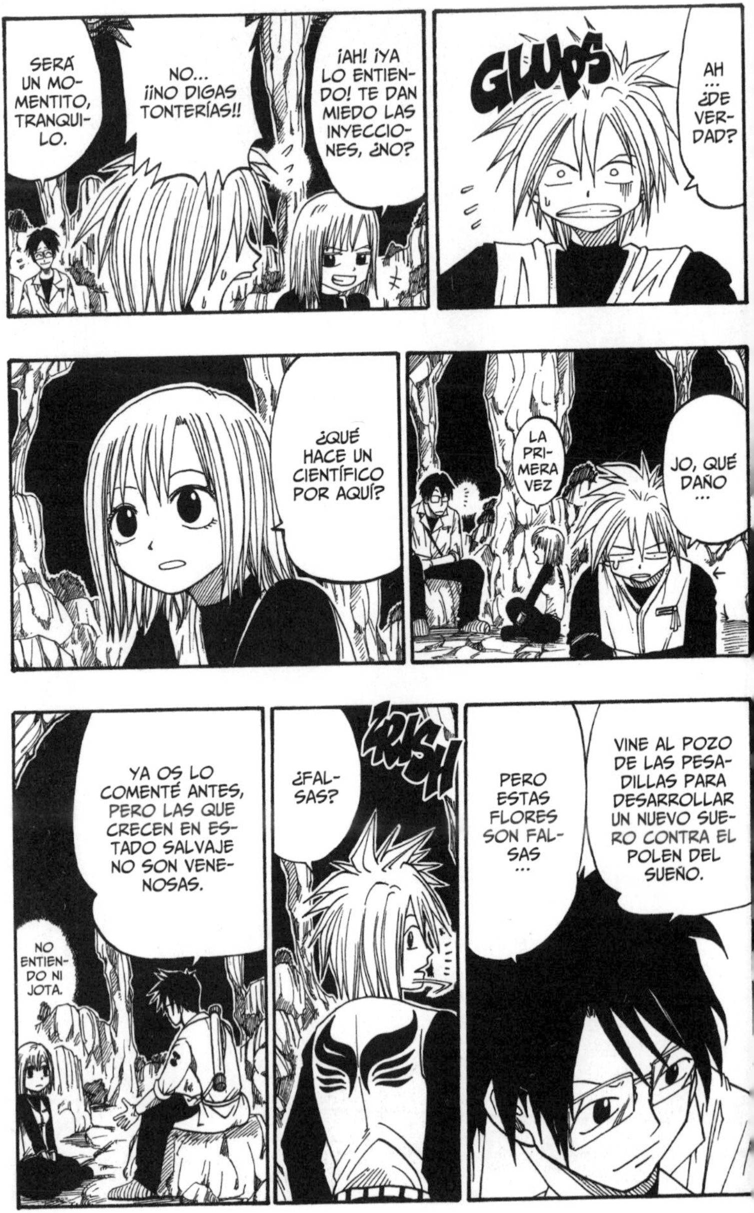
GLUPS
AH ... ¿DE VERDAD?
¡AH! ¡YA LO ENTIENDO! TE DAN MIEDO LAS INYECCIONES, ¿NO?
NO... ¡¡NO DIGAS TONTERÍAS!!
SERÁ UN MOMENTITO, TRANQUILO.
JO, QUÉ DAÑO ...
LA PRIMERA VEZ
¿QUÉ HACE UN CIENTÍFICO POR AQUÍ?
VINE AL POZO DE LAS PESADILLAS PARA DESARROLLAR UN NUEVO SUERO CONTRA EL POLEN DEL SUEÑO.
PERO ESTAS FLORES SON FALSAS ...
KRASH
¿FALSAS?
YA OS LO COMENTÉ ANTES, PERO LAS QUE CRECEN EN ESTADO SALVAJE NO SON VENENOSAS.
NO ENTIENDO NI JOTA.

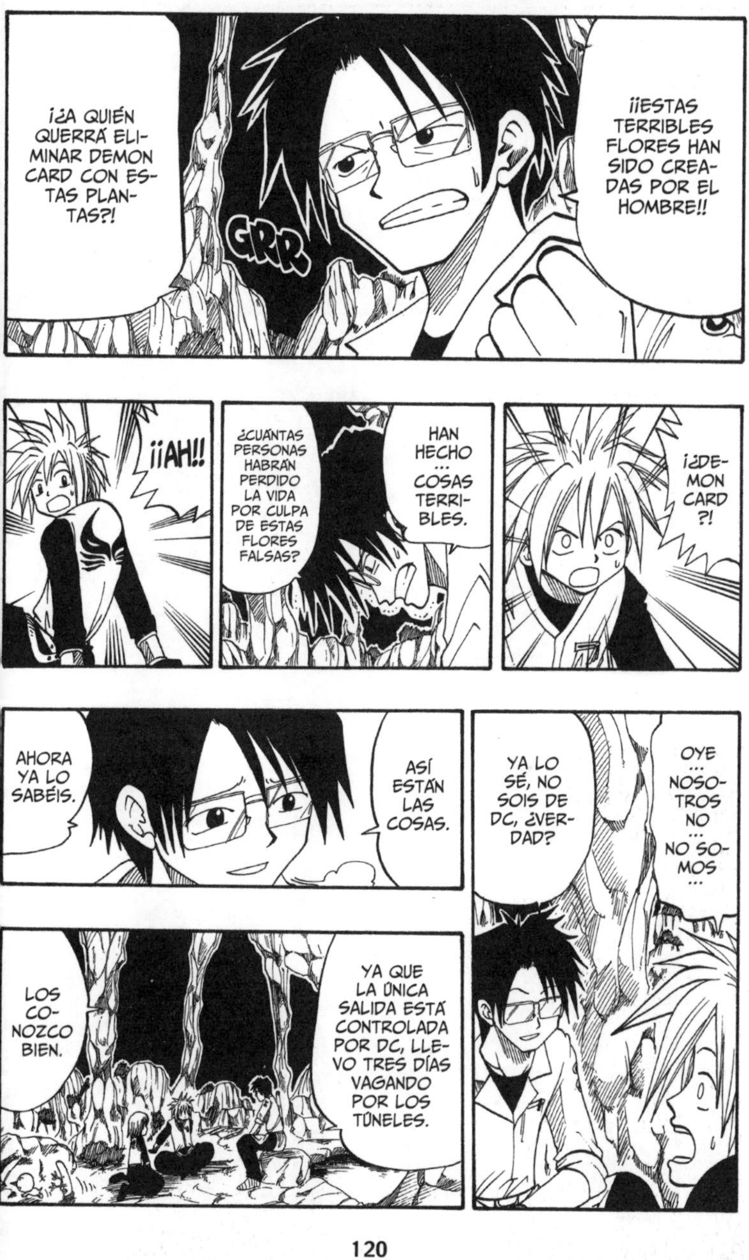
¡¡ESTAS TERRIBLES FLORES HAN SIDO CREADAS POR EL HOMBRE!!
GRR
¡¿A QUIÉN QUERRÁ ELIMINAR DEMON CARD CON ESTAS PLANTAS?!
¡¿DEMON CARD?!
HAN HECHO... COSAS TERRIBLES.
¿CUÁNTAS PERSONAS HABRÁN PERDIDO LA VIDA POR CULPA DE ESTAS FLORES FALSAS?
¡¡AH!!
OYE... NOSOTROS NO... NO SOMOS...
YA LO SÉ, NO SOIS DE DC, ¿VERDAD?
ASÍ ESTÁN LAS COSAS.
AHORA YA LO SABÉIS.
YA QUE LA ÚNICA SALIDA ESTÁ CONTROLADA POR DC, LLEVO TRES DÍAS VAGANDO POR LOS TÚNELES.
LOS CONOZCO BIEN.

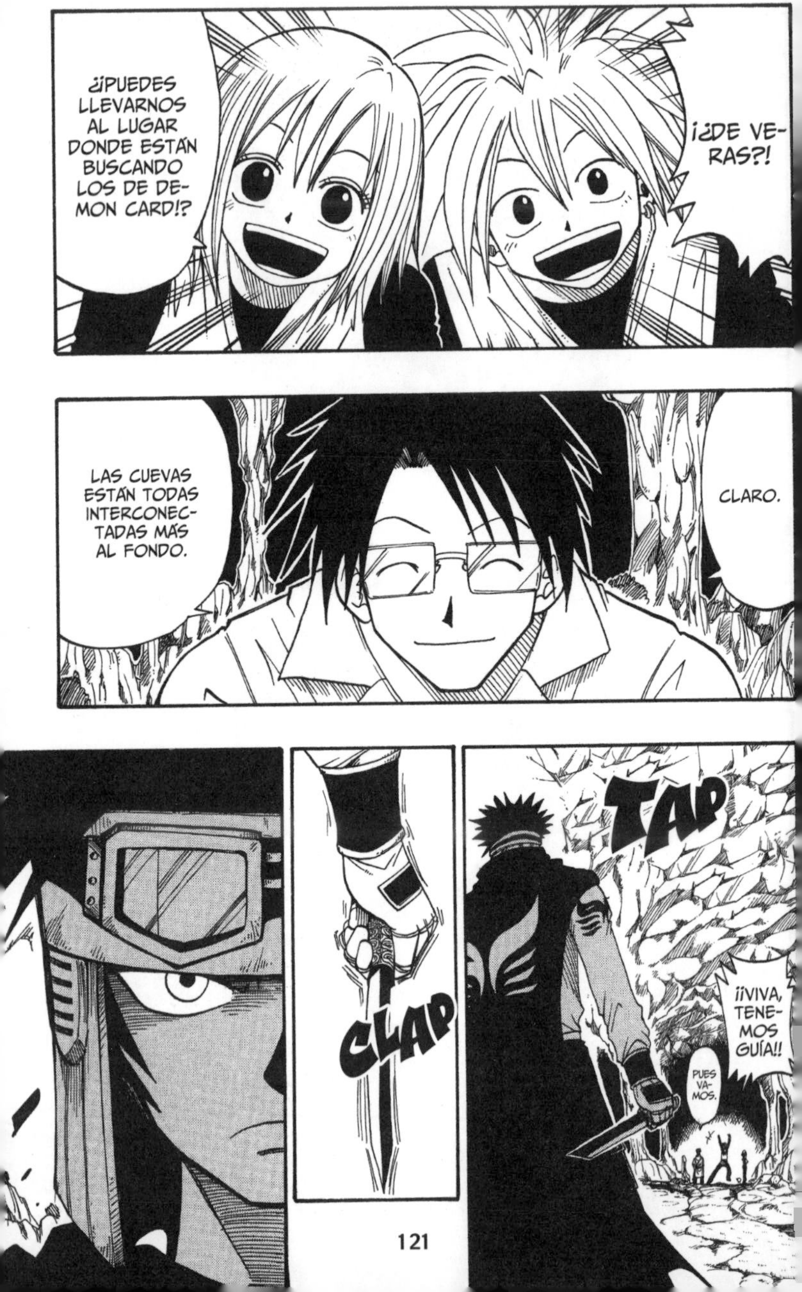
¡¿DE VERAS?!
¿¡PUEDES LLEVARNOS AL LUGAR DONDE ESTÁN BUSCANDO LOS DE DEMON CARD!?
CLARO.
LAS CUEVAS ESTÁN TODAS INTERCONECTADAS MÁS AL FONDO.
TAP
¡¡VIVA, TENEMOS GUÍA!!
PUES VAMOS.
CLAP

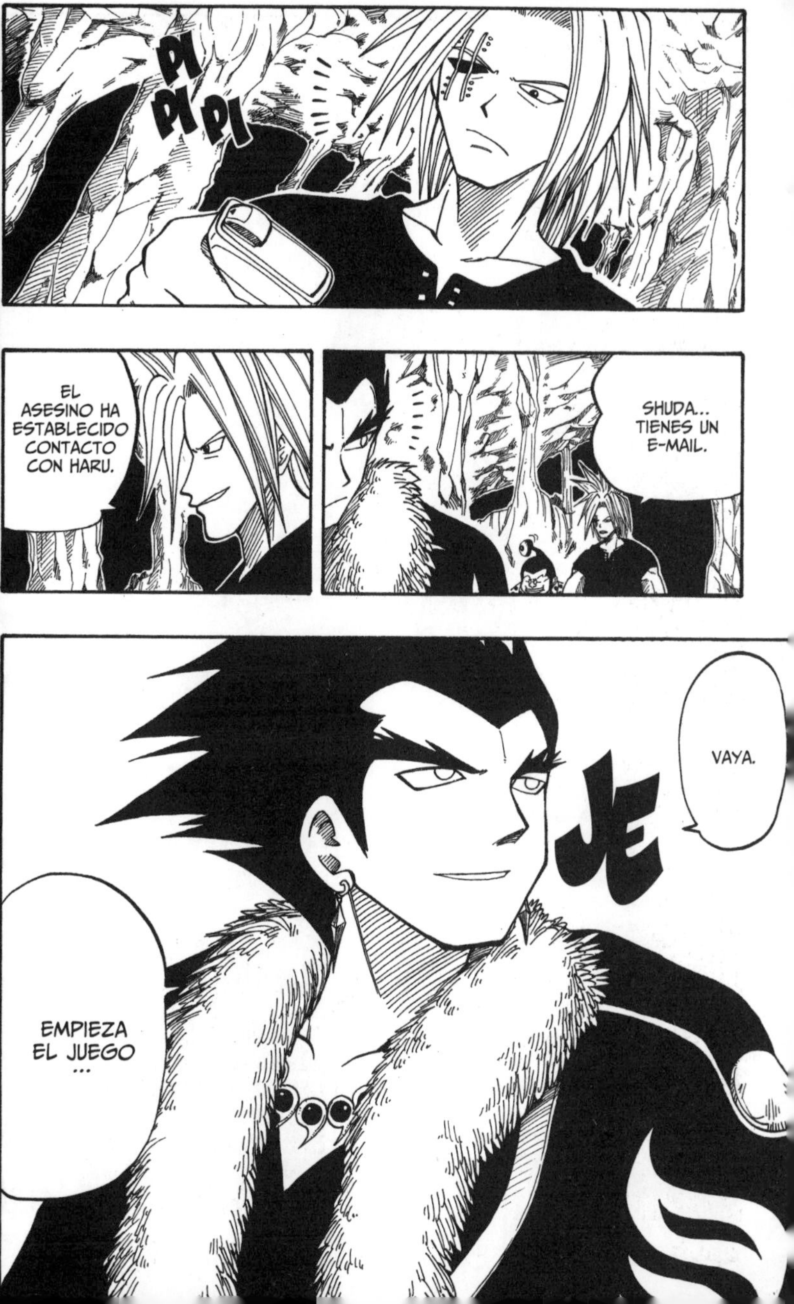
PI PI PI
SHUDA.. TIENES UN E-MAIL.
EL ASESINO HA ESTABLECIDO CONTACTO CON HARU.
VAYA.
JE
EMPIEZA EL JUEGO ...

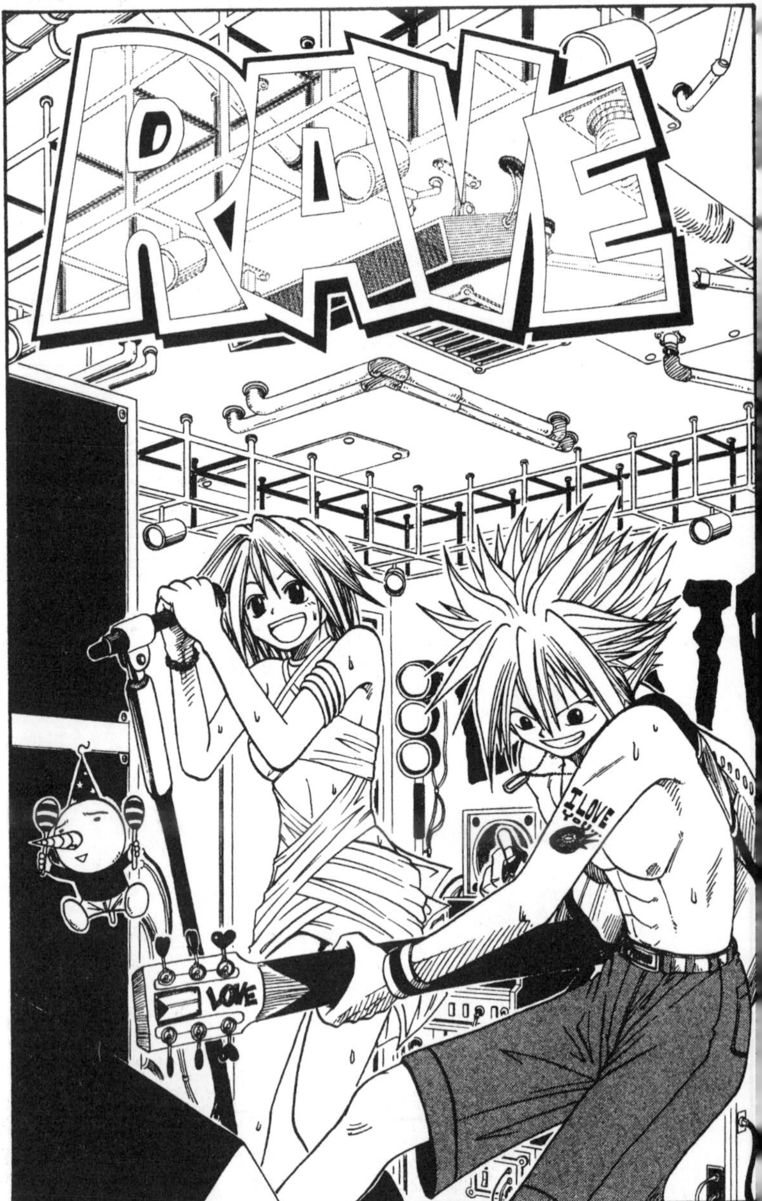
RAVE
I LOVE YOU
LOVE

RAVE 28 ✚ ¡¿EL PÁNICO DEL CAMALEÓN?!

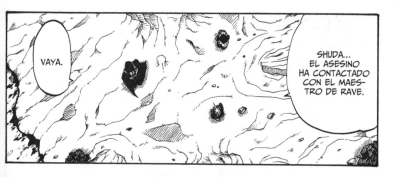

VAYA.

SHUDA...
EL ASESINO
HA CONTACTADO
CON EL MAES-
TRO DE RAVE.

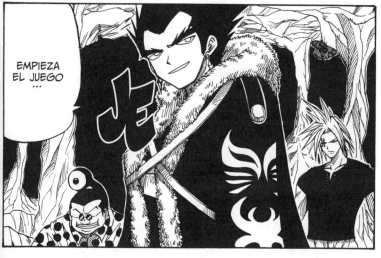

EMPIEZA
EL JUEGO
...

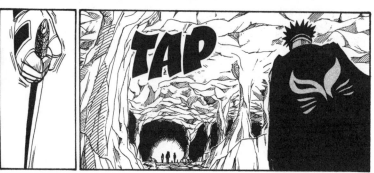

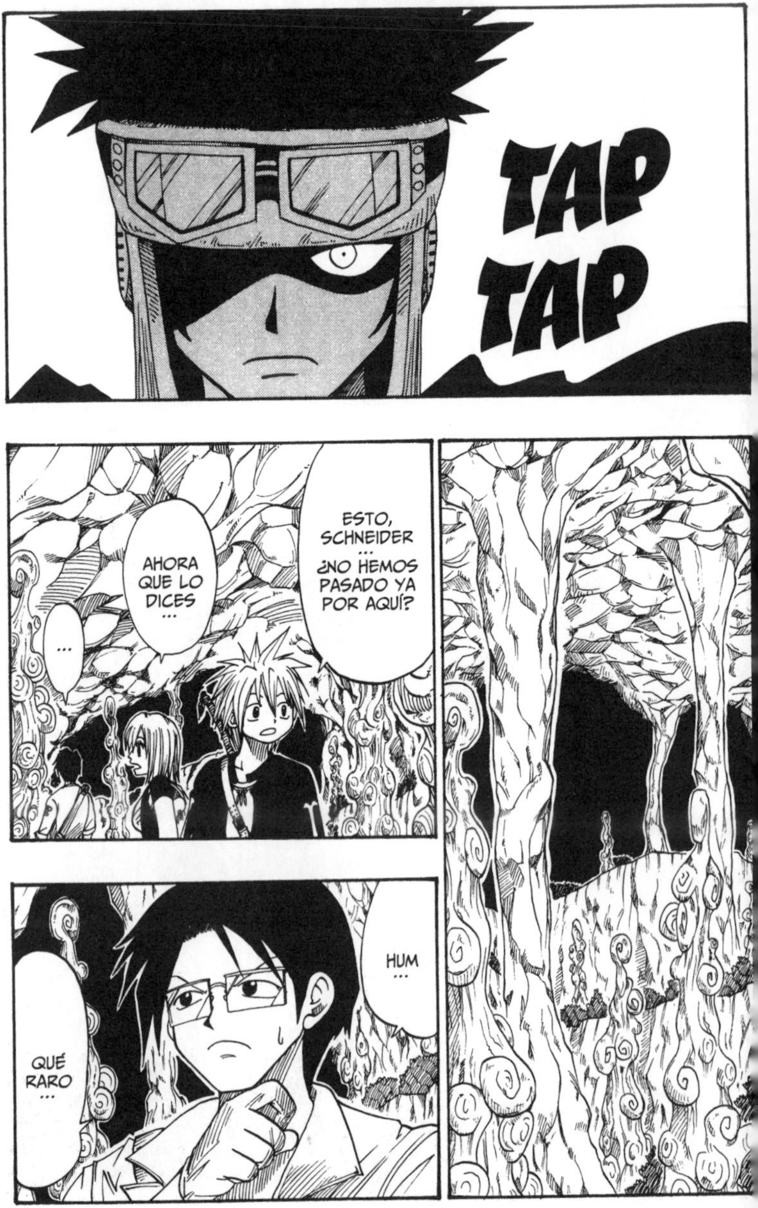
TAP TAP
ESTO, SCHNEIDER ... ¿NO HEMOS PASADO YA POR AQUÍ?
AHORA QUE LO DICES ...
...
HUM ...
QUÉ RARO ...

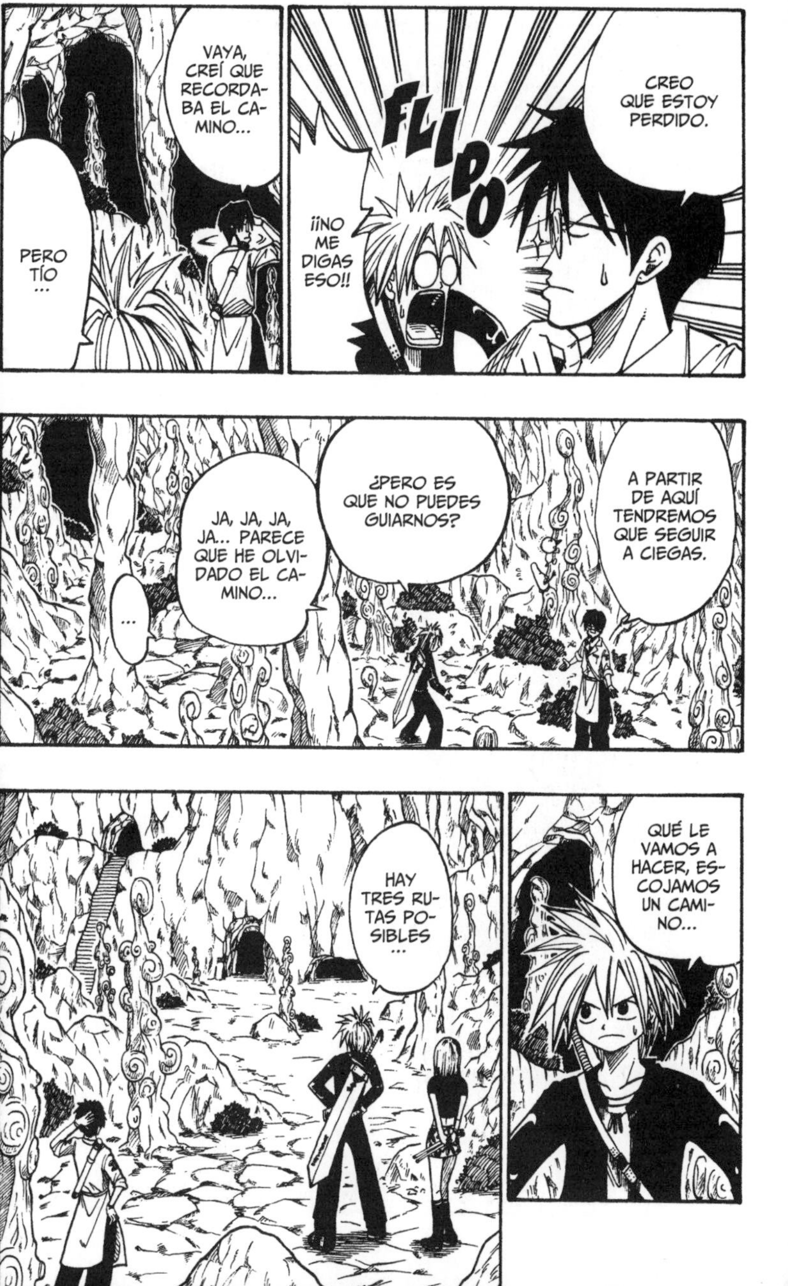
CREO QUE ESTOY PERDIDO.
FLIPO
¡¡NO ME DIGAS ESO!!
VAYA, CREÍ QUE RECORDABA EL CAMINO...
PERO TÍO ...
A PARTIR DE AQUÍ TENDREMOS QUE SEGUIR A CIEGAS.
¿PERO ES QUE NO PUEDES GUIARNOS?
JA, JA, JA, JA... PARECE QUE HE OLVIDADO EL CAMINO...
...
QUÉ LE VAMOS A HACER, ESCOJAMOS UN CAMINO...
HAY TRES RUTAS POSIBLES ...

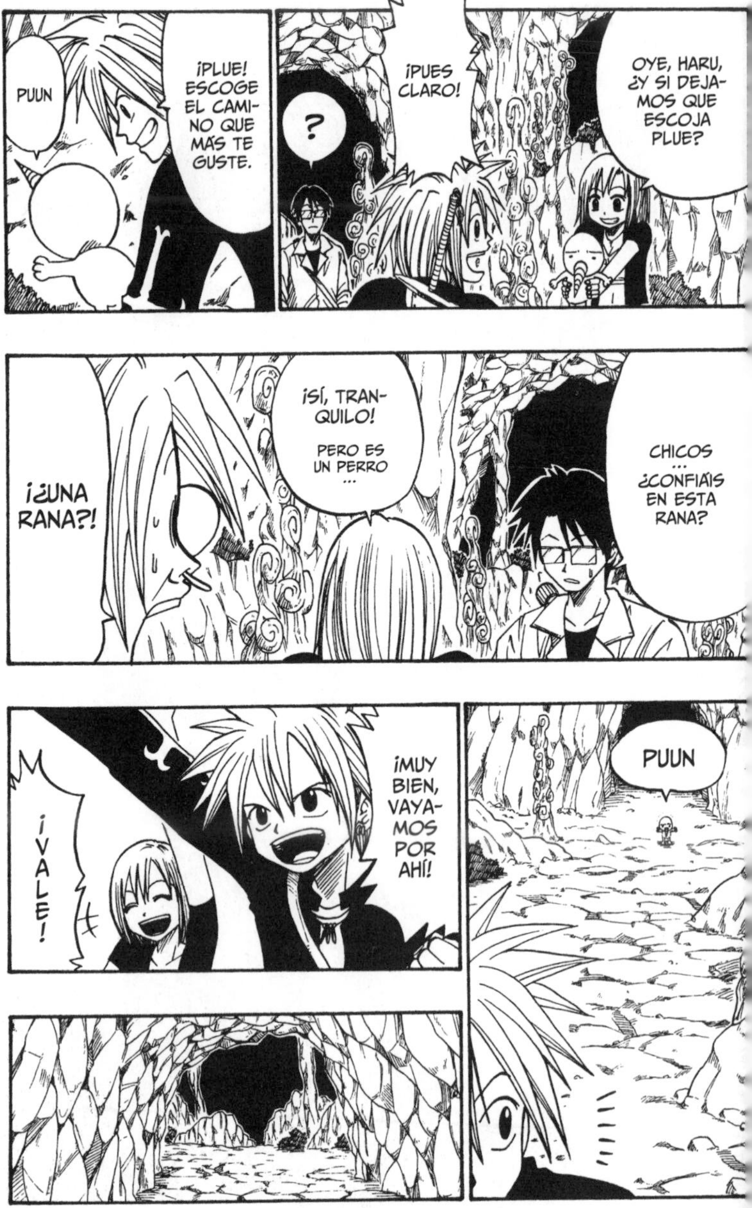
OYE, HARU, ¿Y SI DEJAMOS QUE ESCOJA PLUE?
¡PUES CLARO!
?
¡PLUE! ESCOGE EL CAMINO QUE MÁS TE GUSTE.
PUUN
CHICOS... ¿CONFIÁIS EN ESTA RANA?
¡SÍ, TRANQUILO!
PERO ES UN PERRO...
¡¿UNA RANA?!
PUUN
¡MUY BIEN, VAYAMOS POR AHÍ!
¡VALE!

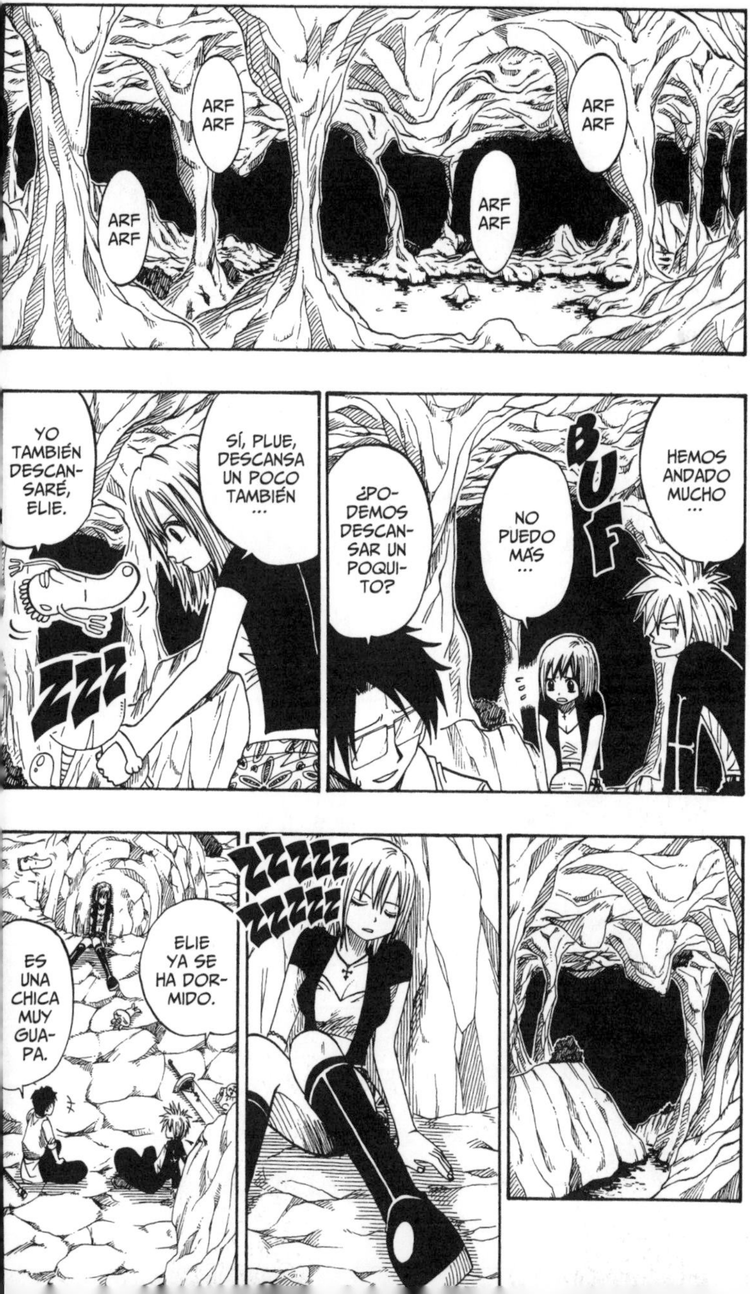
ARF ARF
ARF ARF
ARF ARF
ARF ARF
HEMOS ANDADO MUCHO ...
BUF
NO PUEDO MÁS ...
¿PODEMOS DESCANSAR UN POQUITO?
SÍ, PLUE, DESCANSA UN POCO TAMBIÉN ...
YO TAMBIÉN DESCANSARÉ, ELIE.
ZZZ
ZZZZZZ ZZZZZZ
ELIE YA SE HA DORMIDO.
ES UNA CHICA MUY GUAPA.

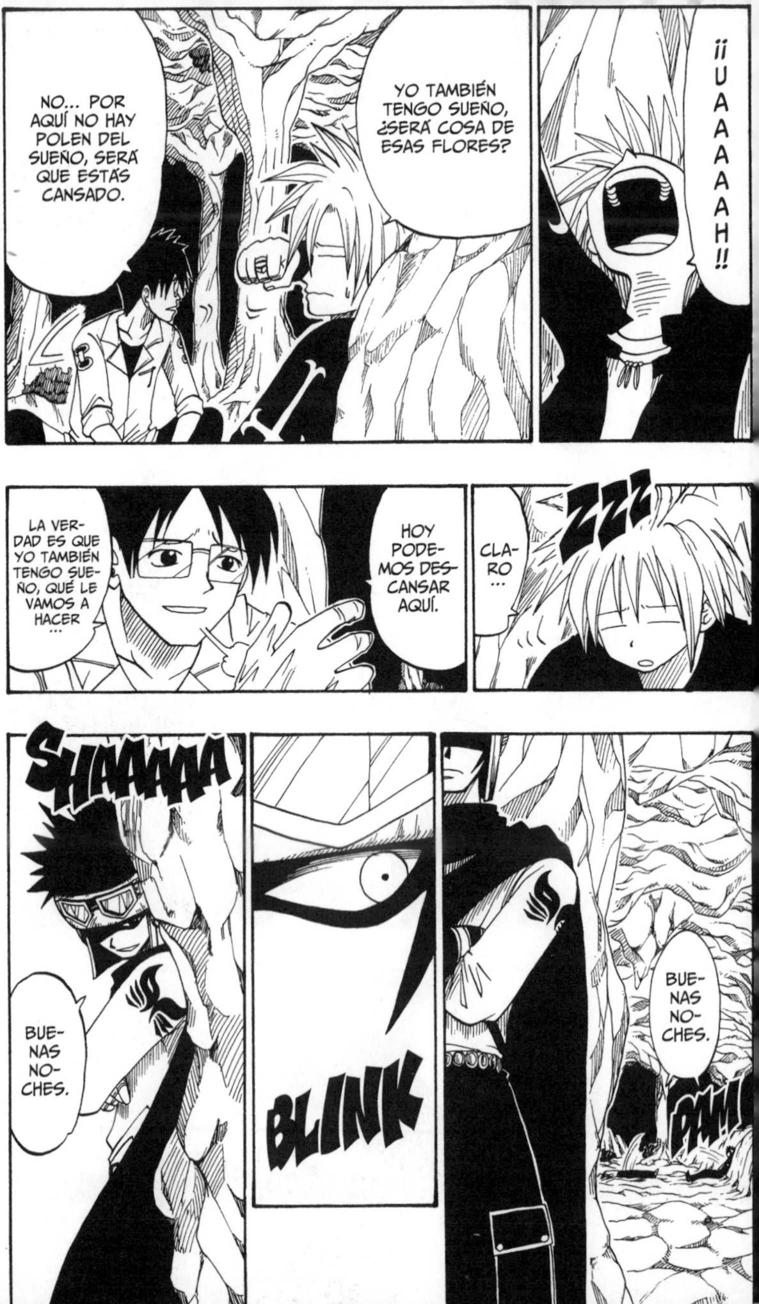
¡¡UAAAAAAAH!!
YO TAMBIÉN TENGO SUEÑO, ¿SERÁ COSA DE ESAS FLORES?
NO... POR AQUÍ NO HAY POLEN DEL SUEÑO, SERÁ QUE ESTÁS CANSADO.
ZZZ
CLARO ...
HOY PODEMOS DESCANSAR AQUÍ.
LA VERDAD ES QUE YO TAMBIÉN TENGO SUEÑO, QUÉ LE VAMOS A HACER ...
BUENAS NOCHES.
DAM
BLINK
SHAAAAAA
BUENAS NOCHES.

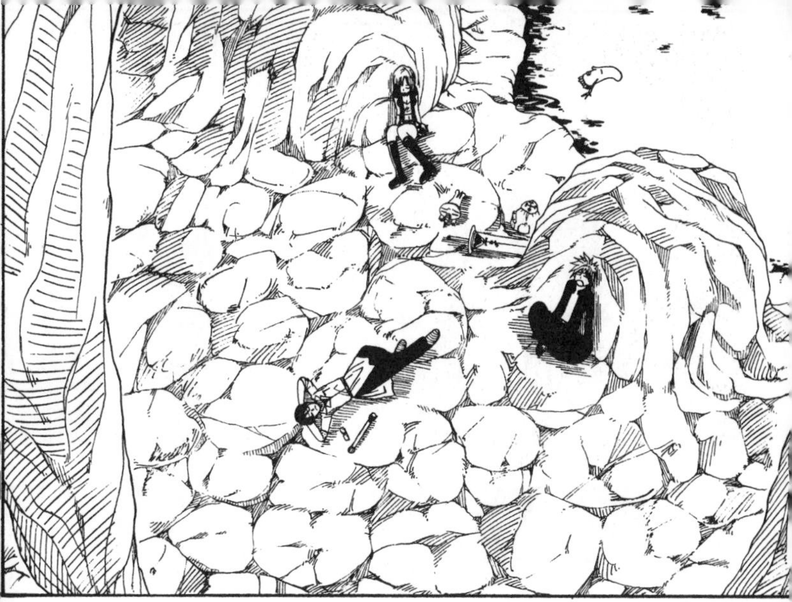

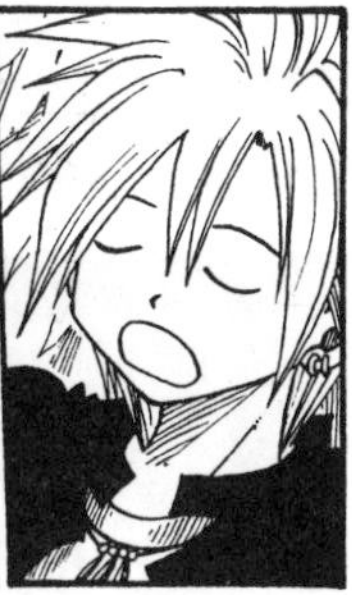

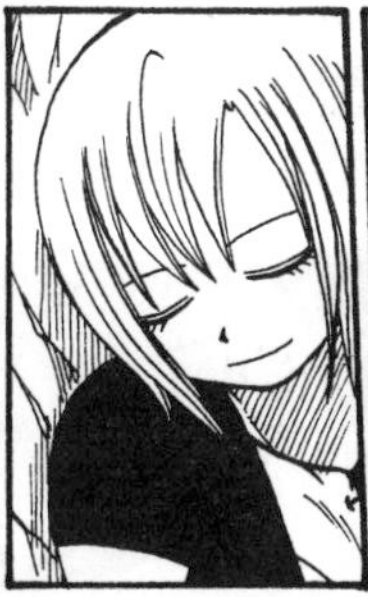

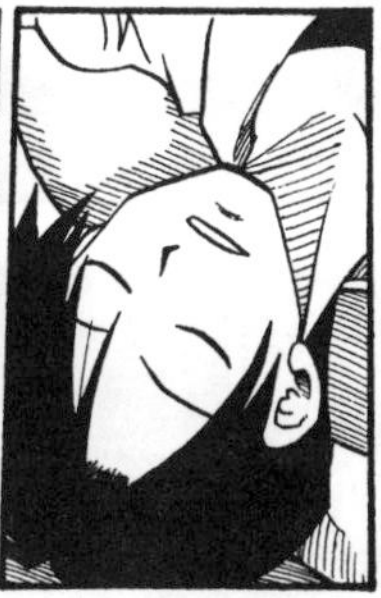

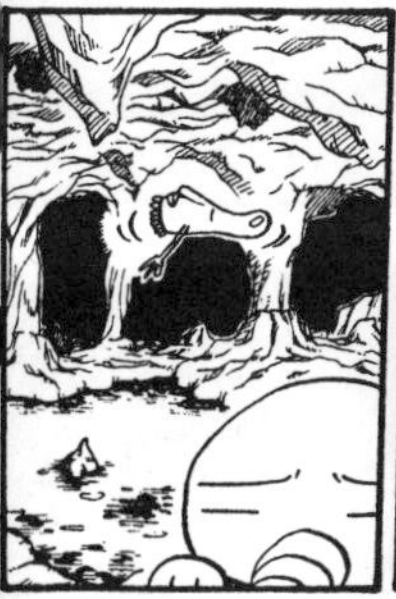

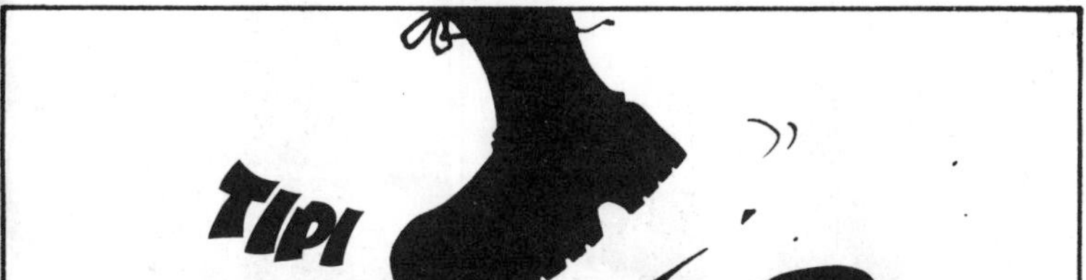
TIPI

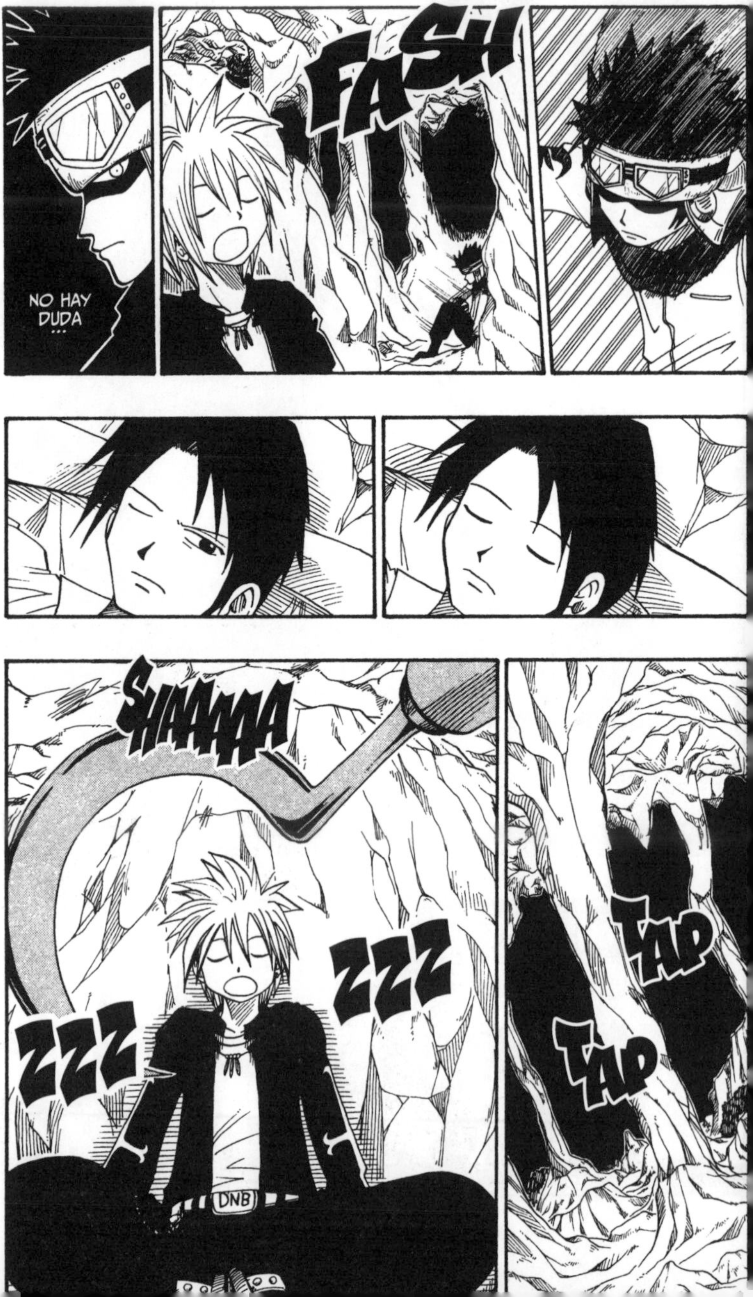
FASH!
NO HAY DUDA ...
TAP
TAP
SHAAAAA
ZZZ
ZZZ
DNB

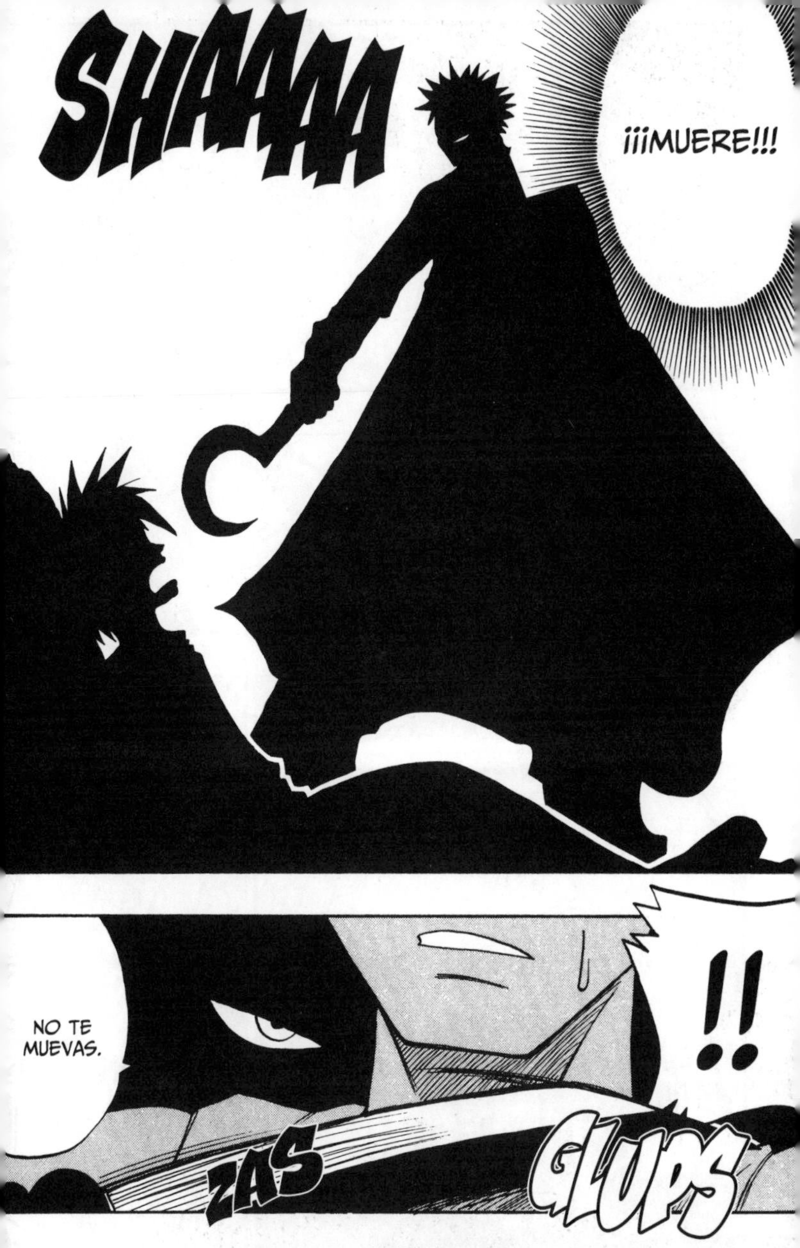
¡¡¡MUERE!!!
SHAAAAA
!!
NO TE MUEVAS.
GLUPS
ZAS

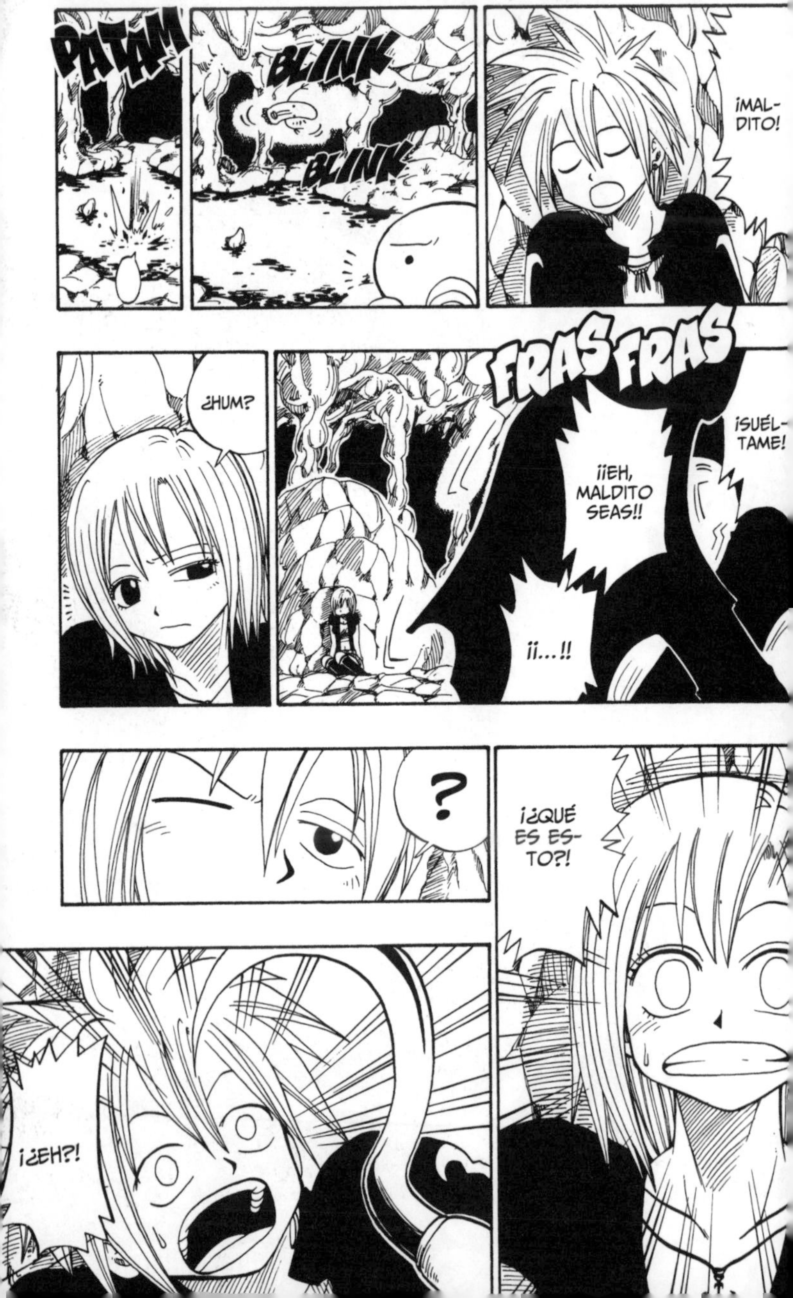
¡MAL-
DITO!
BLINK
BLINK
PATAM
FRAS FRAS
¡SUÉL-
TAME!
¡¡EH,
MALDITO
SEAS!!
¡¡...!!
¿HUM?
¡¿QUÉ
ES ES-
TO?!
?
¡¿EH?!

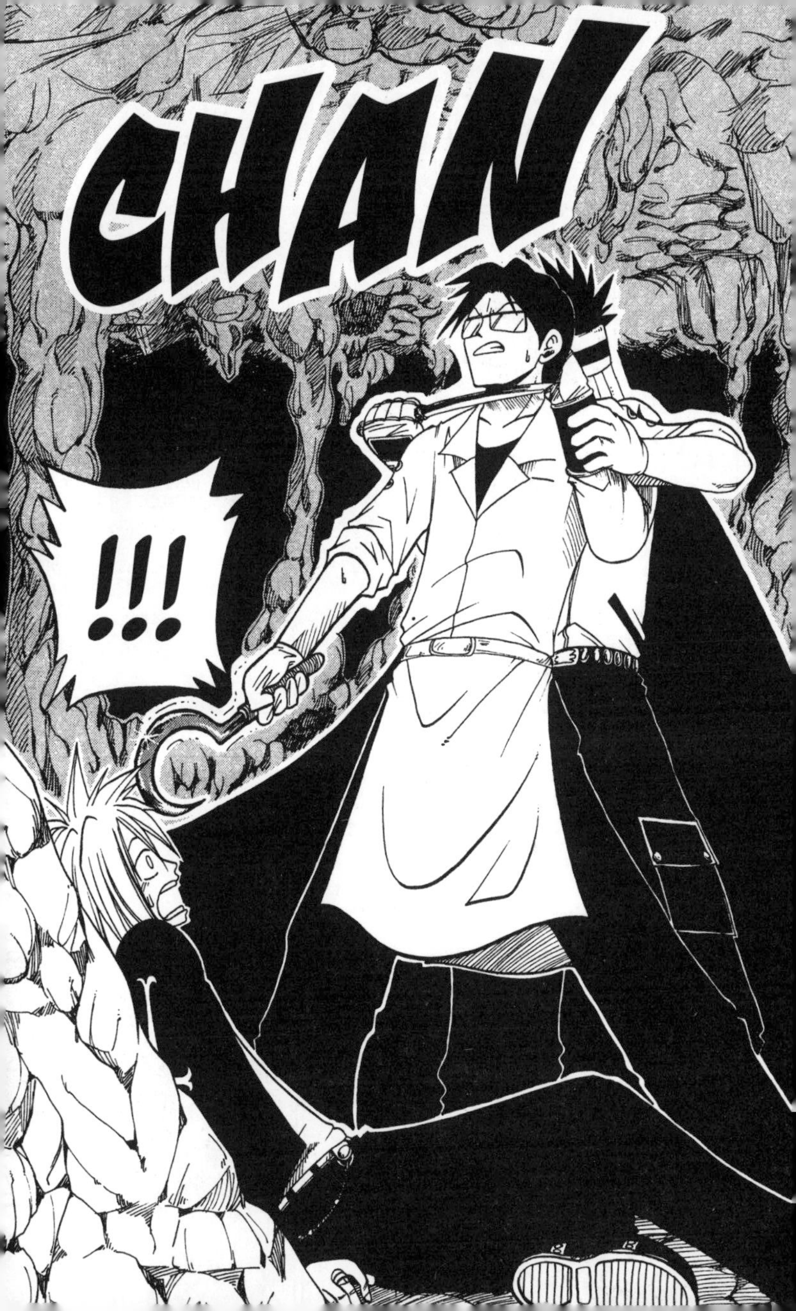
CHAN
!!!

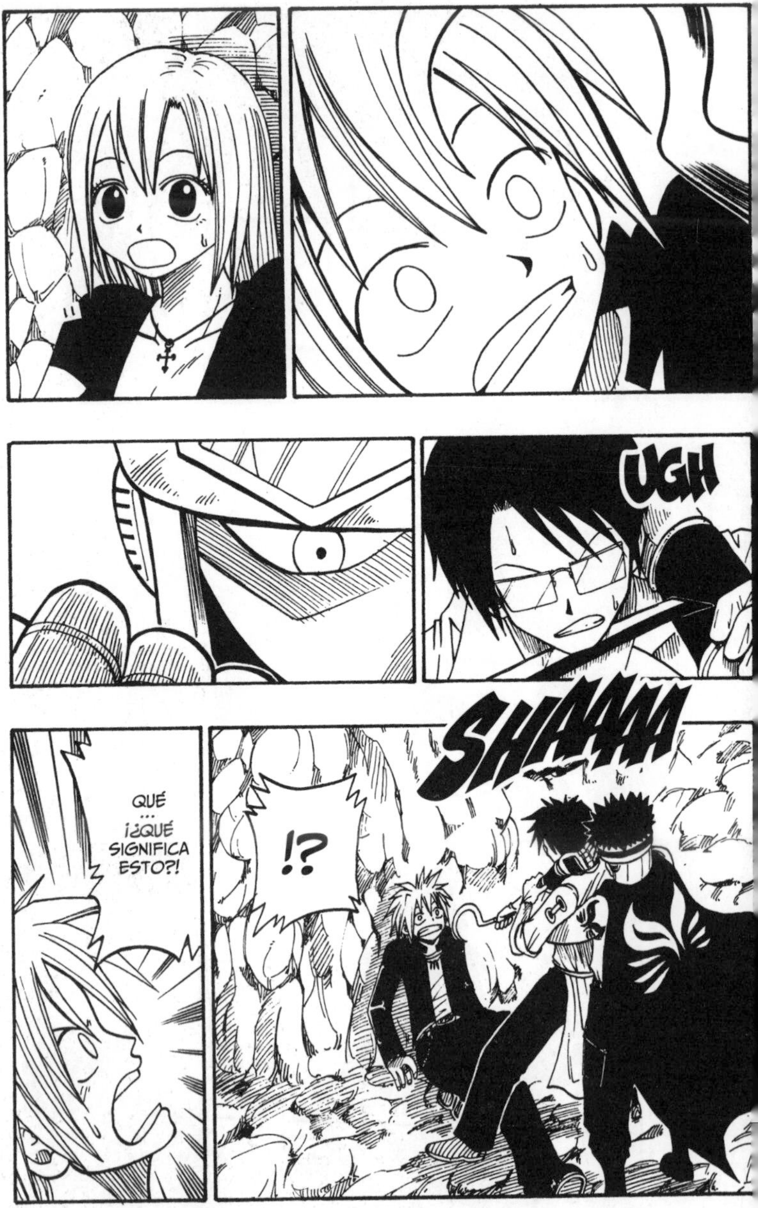
UGH
SHAAAA
!?
QUÉ ... ¡¿QUÉ SIGNIFICA ESTO?!

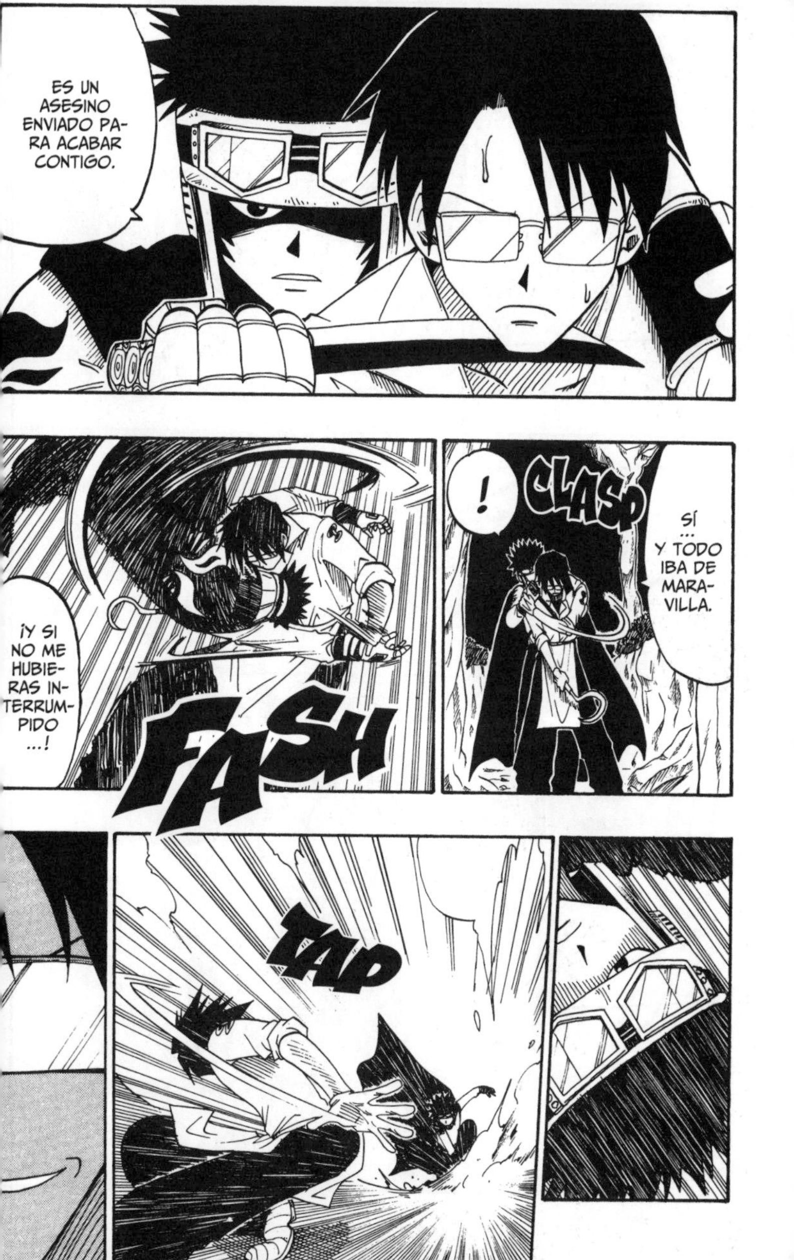

ES UN ASESINO ENVIADO PARA ACABAR CONTIGO.
SÍ ... Y TODO IBA DE MARAVILLA.
CLASP
!
¡Y SI NO ME HUBIERAS INTERRUMPIDO ...!
FASH
TAP

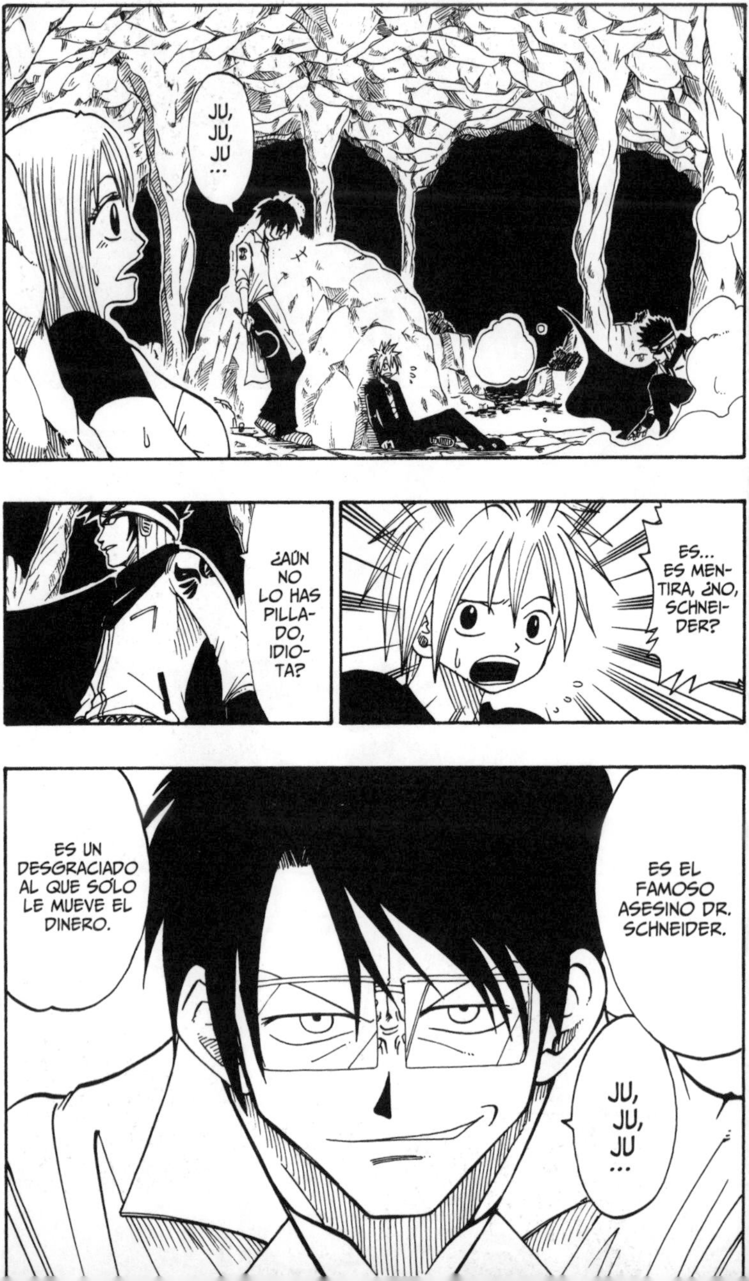

JU, JU, JU...
ES... ES MENTIRA, ¿NO, SCHNEIDER?
¿AÚN NO LO HAS PILLADO, IDIOTA?
ES EL FAMOSO ASESINO DR. SCHNEIDER.
ES UN DESGRACIADO AL QUE SÓLO LE MUEVE EL DINERO.
JU, JU, JU...

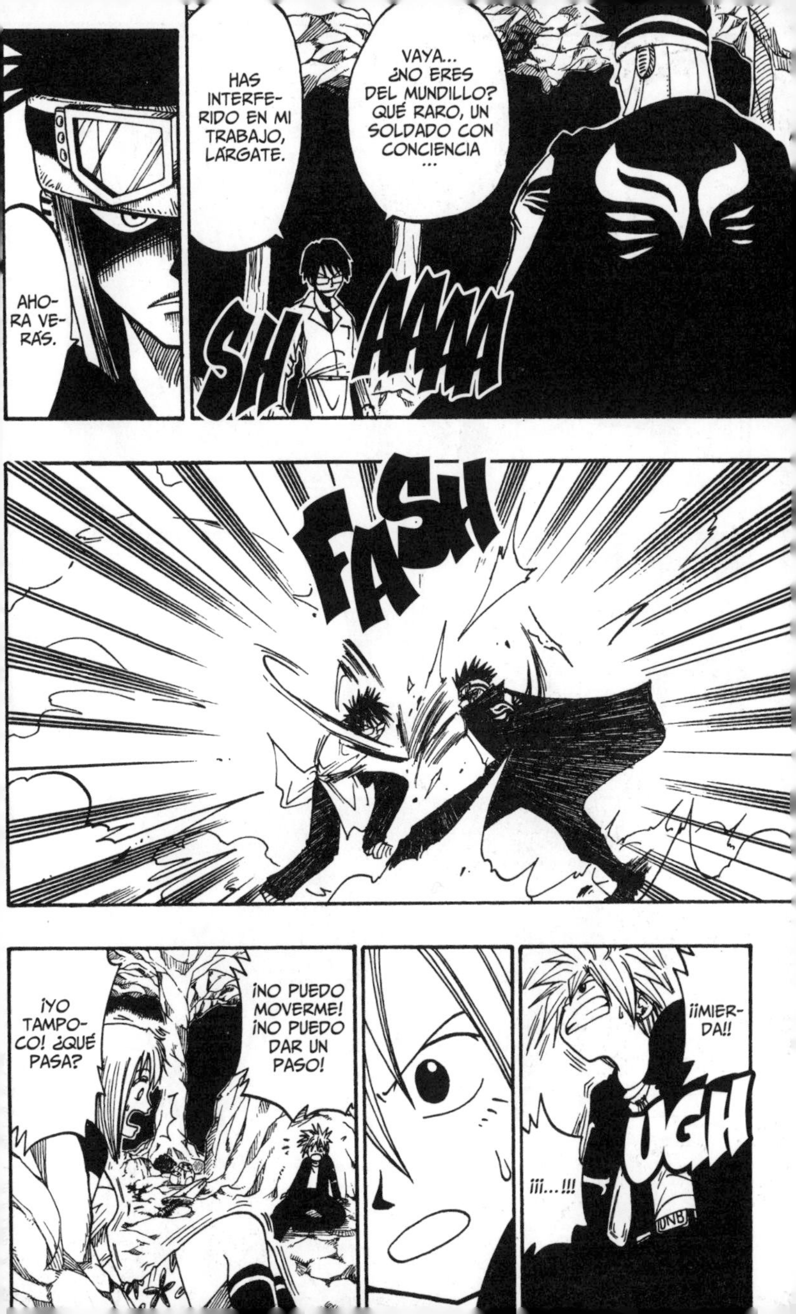
VAYA... ¿NO ERES DEL MUNDILLO? QUÉ RARO, UN SOLDADO CON CONCIENCIA...
HAS INTERFERIDO EN MI TRABAJO, LÁRGATE.
SHAAAA
AHORA VERÁS.
FASH
¡¡MIERDA!!
UGH
¡¡¡...!!!
¡NO PUEDO MOVERME! ¡NO PUEDO DAR UN PASO!
¡YO TAMPOCO! ¿QUÉ PASA?

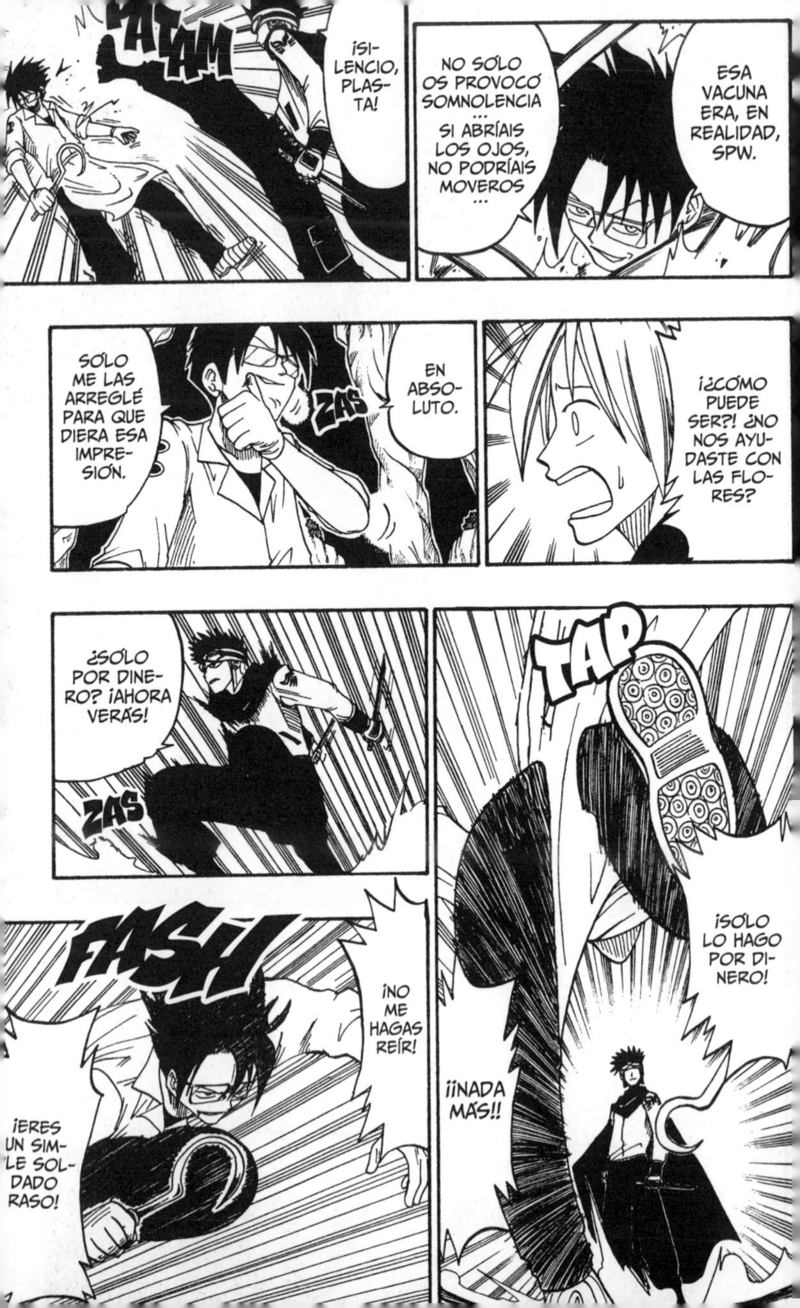
ESA VACUNA ERA, EN REALIDAD, SPW.
NO SÓLO OS PROVOCÓ SOMNOLENCIA... SI ABRÍAIS LOS OJOS, NO PODRÍAIS MOVEROS...
PATAM
¡SILENCIO, PLASTA!
¿¡CÓMO PUEDE SER?! ¿NO NOS AYUDASTE CON LAS FLORES?
EN ABSOLUTO.
ZAS
SÓLO ME LAS ARREGLÉ PARA QUE DIERA ESA IMPRESIÓN.
TAP
¡SÓLO LO HAGO POR DINERO!
¡¡NADA MÁS!!
¿SÓLO POR DINERO? ¡AHORA VERÁS!
ZAS
FASH
¡NO ME HAGAS REÍR!
¡ERES UN SIMPLE SOLDADO RASO!

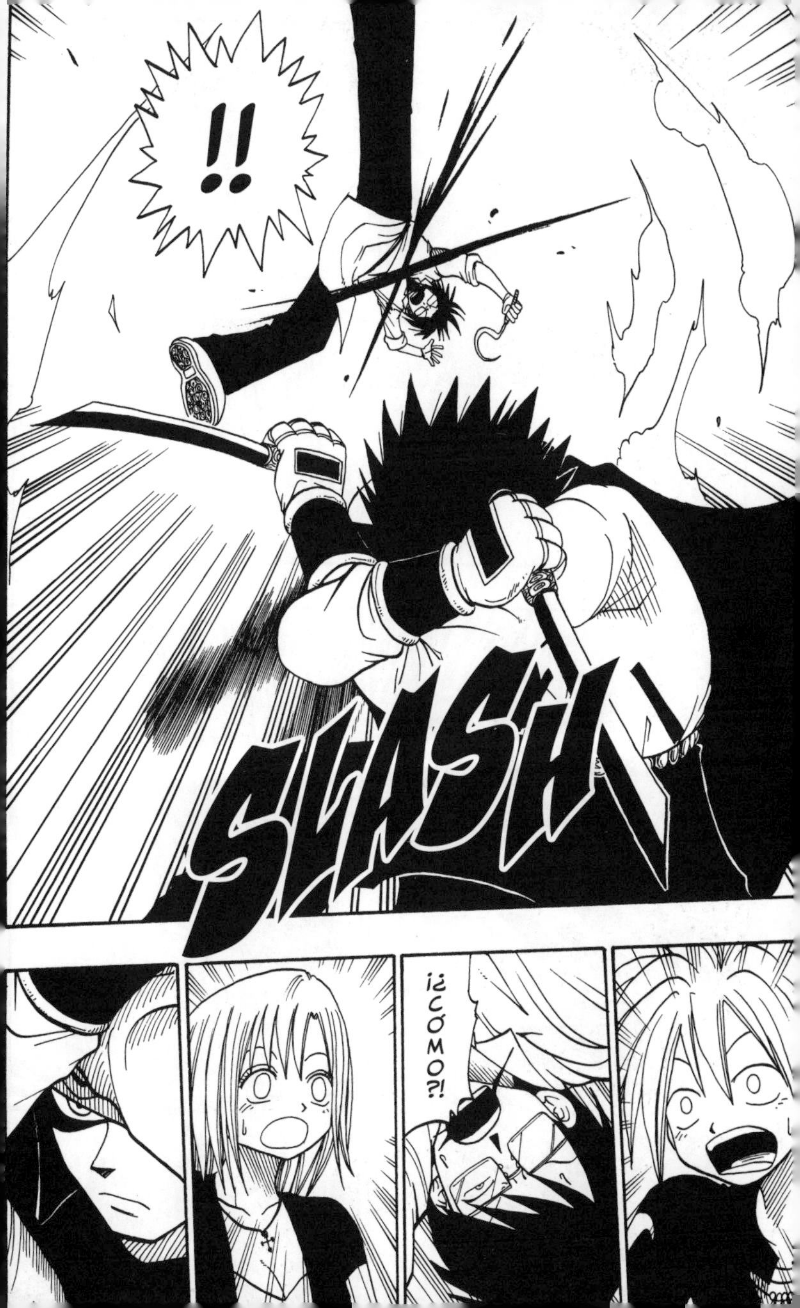
!!
SLASH
¡¿CÓMO?!

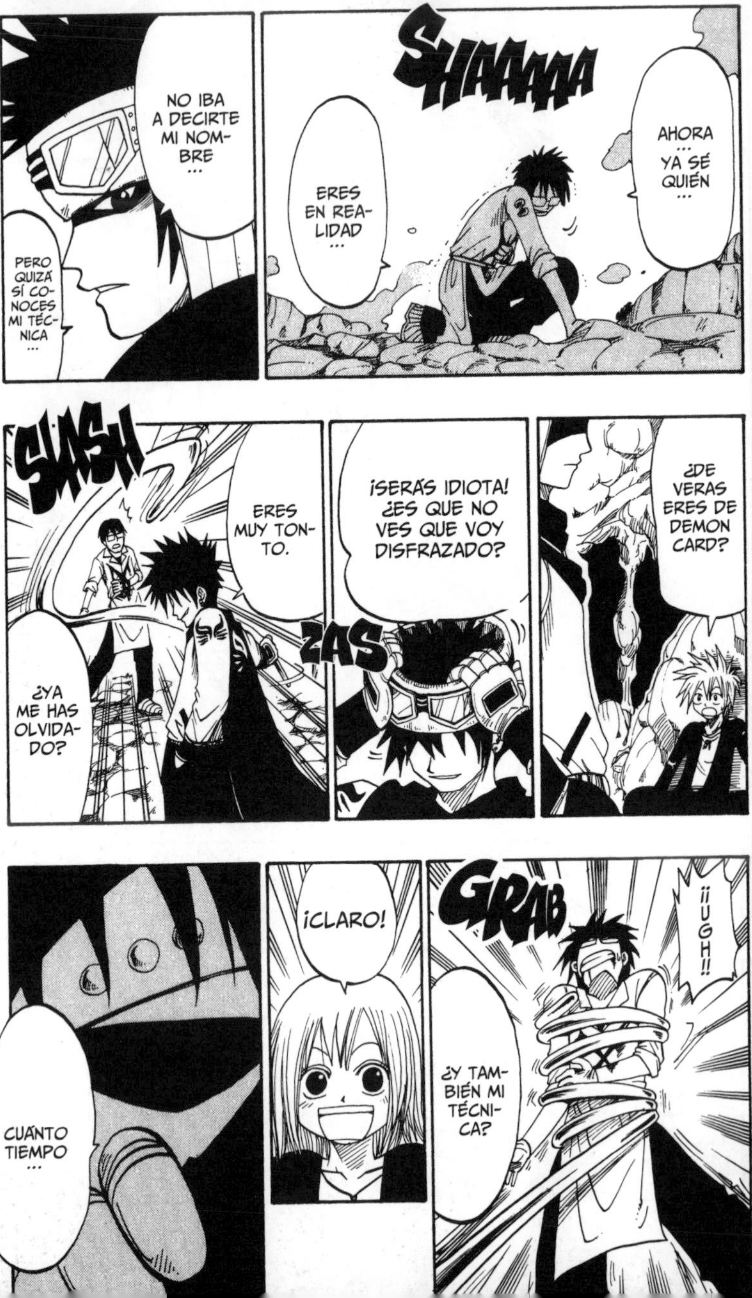
SHAAAAAA
AHORA... YA SÉ QUIÉN...
ERES EN REALIDAD...
NO IBA A DECIRTE MI NOMBRE...
PERO QUIZÁ SÍ CONOCES MI TÉCNICA...
¿DE VERAS ERES DE DEMON CARD?
¡SERÁS IDIOTA! ¿ES QUE NO VES QUE VOY DISFRAZADO?
ZAS
SLASH
ERES MUY TONTO.
¿YA ME HAS OLVIDADO?
GRAB
¡¡UGH!!
¿Y TAMBIÉN MI TÉCNICA?
¡CLARO!
CUÁNTO TIEMPO...

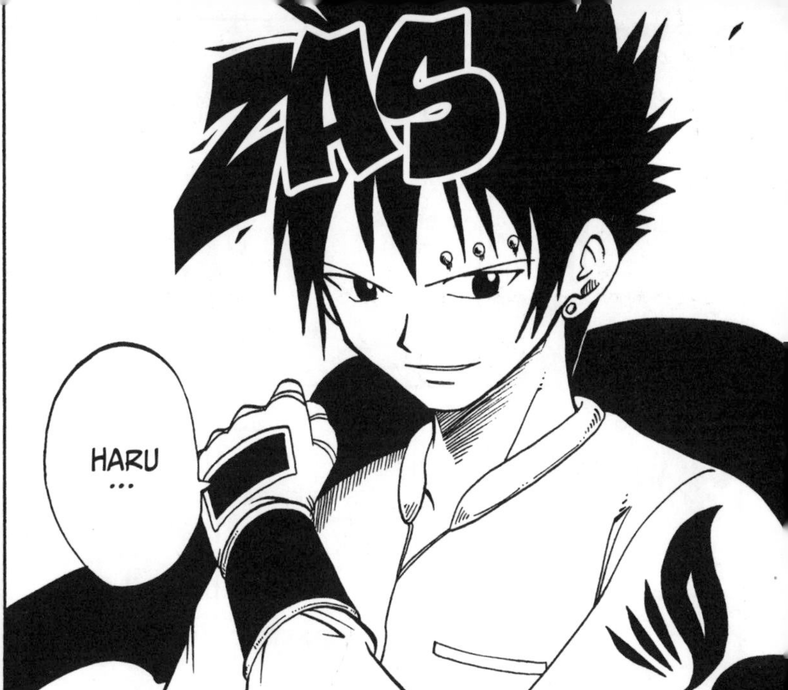
ZAS
HARU ...

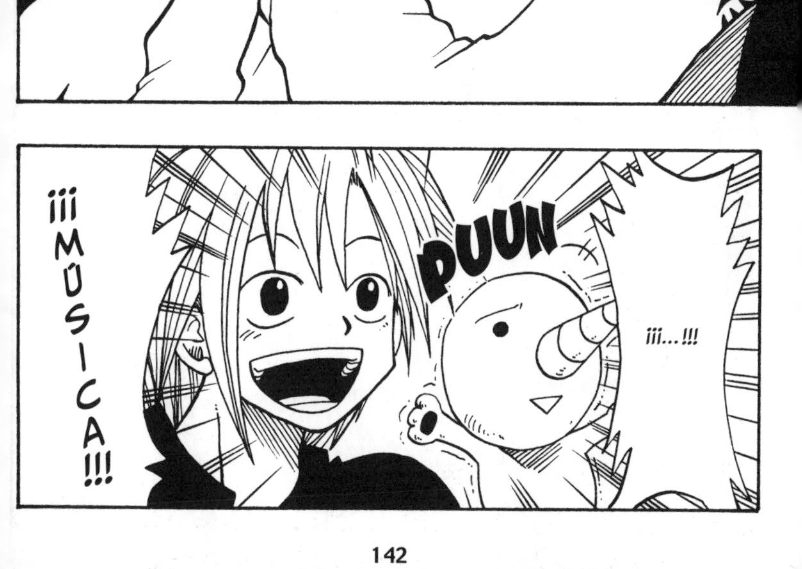
¡¡¡...!!!
PUUN
¡¡¡MÚSICA!!!

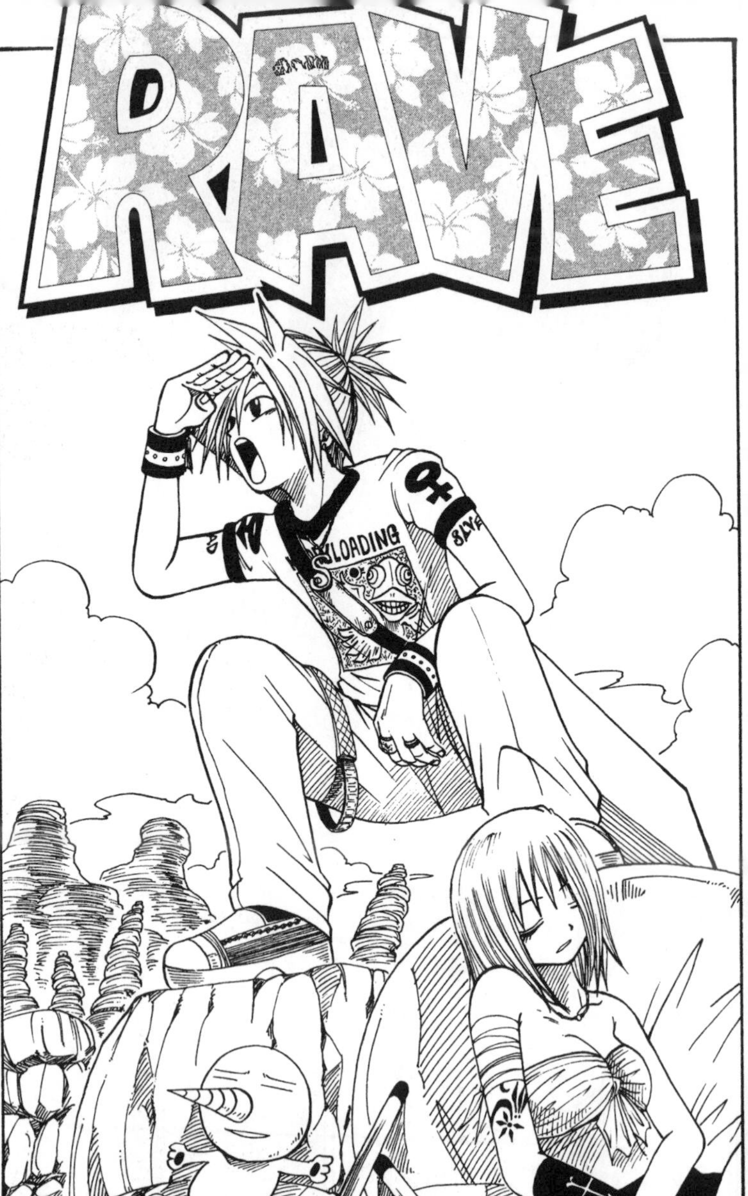
RAVE
LOADING

RAVE 29 ✚ LA PUERTA DE LOS SECRETOS

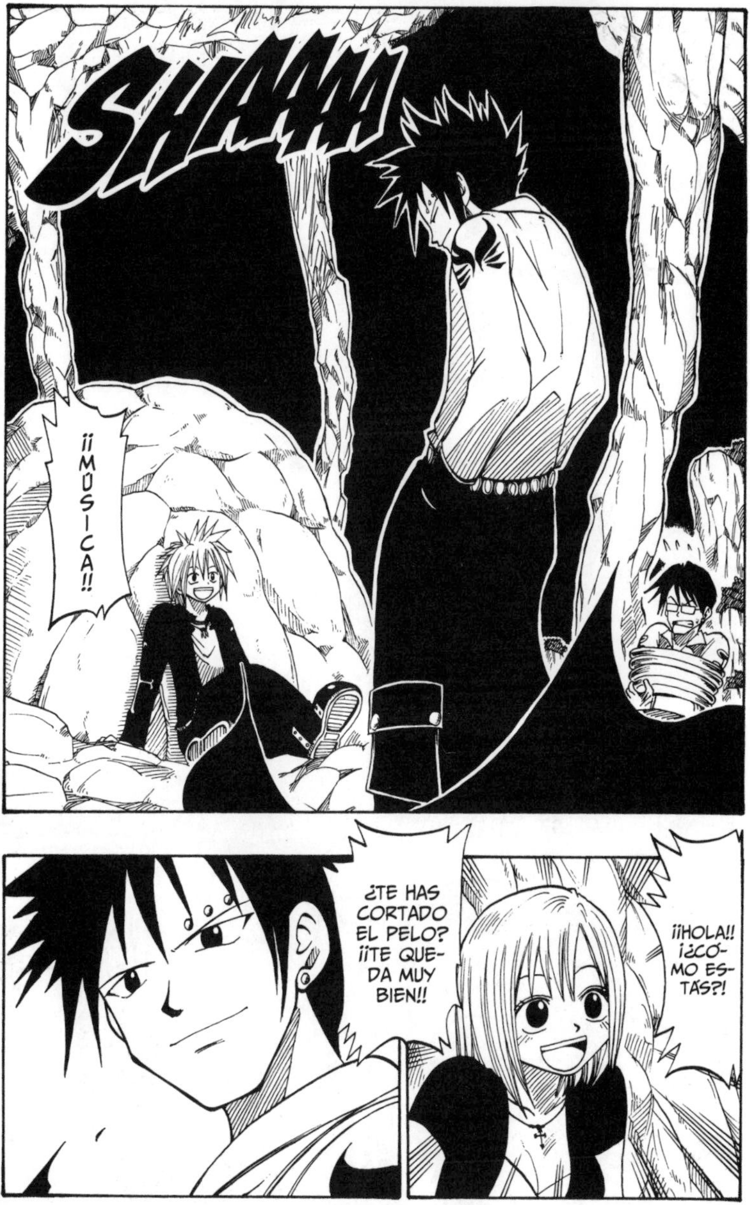
SHAAA
¡¡MÚSICA!!
¡¡HOLA!! ¡¿CÓMO ESTÁS?!
¿TE HAS CORTADO EL PELO? ¡¡TE QUEDA MUY BIEN!!

GRACIAS POR TU AYUDA.
BAH.
TENÍA QUE PILLAR A ESTE TIPO.
UGH.
ESTOS TIPOS DAN ASCO.
MÚSICA, EL LÍDER DE LOS SILVER RHYTHM ...
¿QUÉ HACE ALGUIEN COMO TÚ EN ESTE LUGAR ...?
¡ES CIERTO! ¡NO ME DIGAS QUE TAMBIÉN ESTÁS BUSCANDO ALGO!
SÍ... ES QUE... HEBI ENCONTRÓ ALGO EN LA RED.
ES BASTANTE CONFIDENCIAL.
PERO CADA VEZ HAY MÁS GENTE QUE BUSCA EL TESORO DEL POZO...

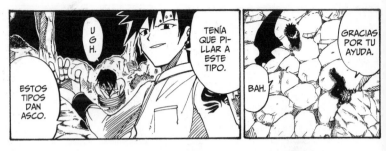

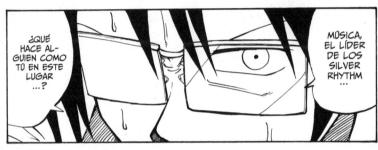

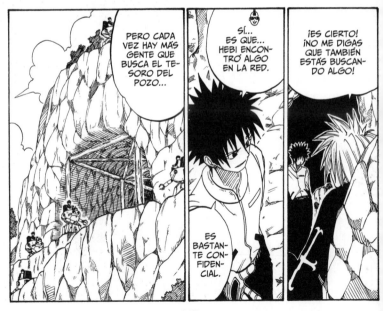

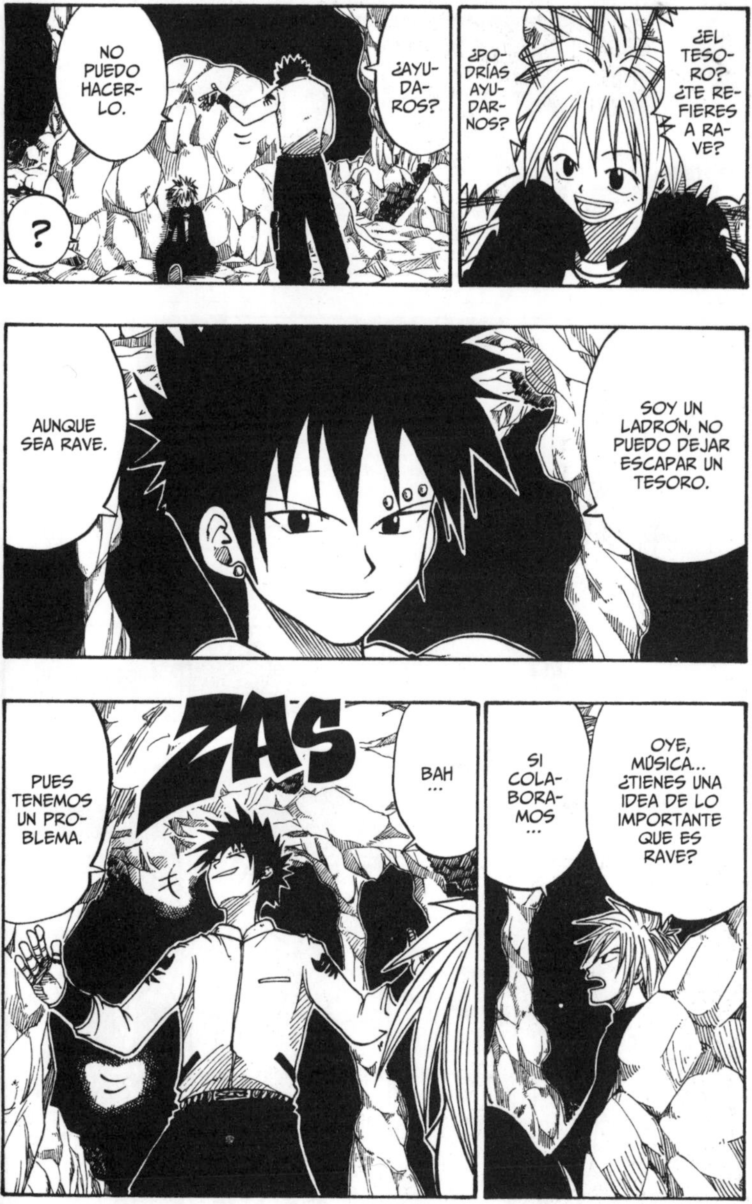
¿EL TESORO? ¿TE REFIERES A RAVE?
¿PODRÍAS AYUDARNOS?
¿AYUDAROS?
NO PUEDO HACERLO.
?
SOY UN LADRÓN, NO PUEDO DEJAR ESCAPAR UN TESORO.
AUNQUE SEA RAVE.
OYE, MÚSICA... ¿TIENES UNA IDEA DE LO IMPORTANTE QUE ES RAVE?
SI COLABORAMOS...
BAH...
ZAS
PUES TENEMOS UN PROBLEMA.

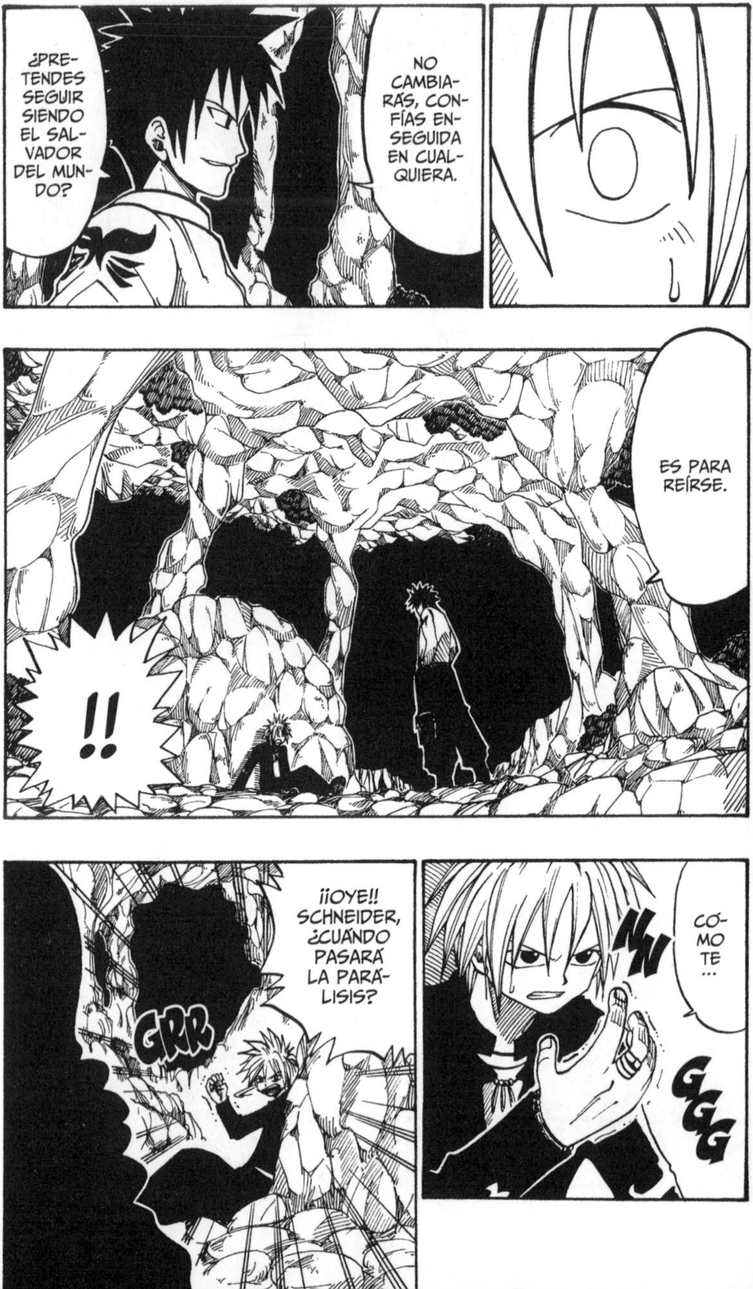
NO CAMBIARÁS, CONFÍAS ENSEGUIDA EN CUALQUIERA.
¿PRETENDES SEGUIR SIENDO EL SALVADOR DEL MUNDO?
ES PARA REÍRSE.
!!
CÓMO TE...
NN
GGG
¡¡OYE!! SCHNEIDER, ¿CUÁNDO PASARÁ LA PARÁLISIS?
GRR

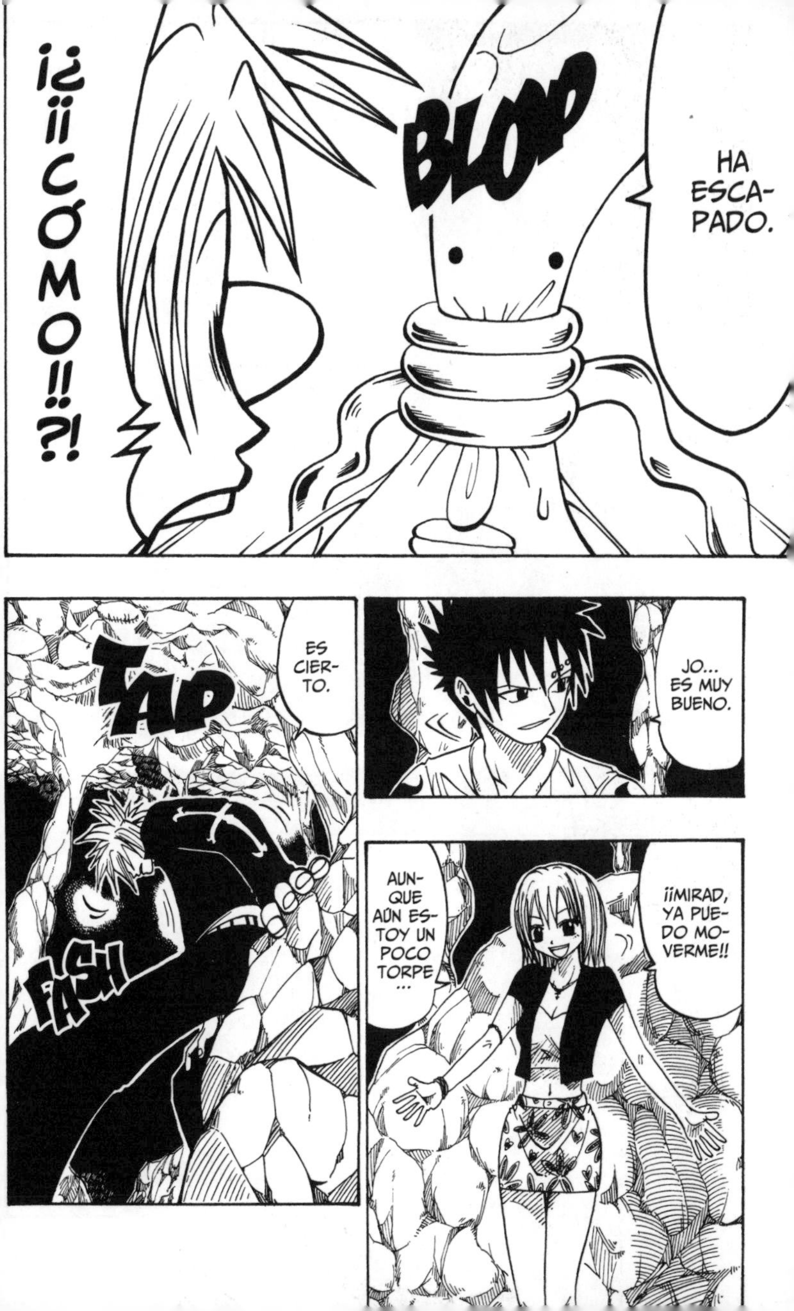
HA ESCAPADO.
BLOP
¡¿¡¡CÓMO!!?!
JO... ES MUY BUENO.
¡¡MIRAD, YA PUEDO MOVERME!!
AUNQUE AÚN ESTOY UN POCO TORPE...
ES CIERTO.
TAP
FASH

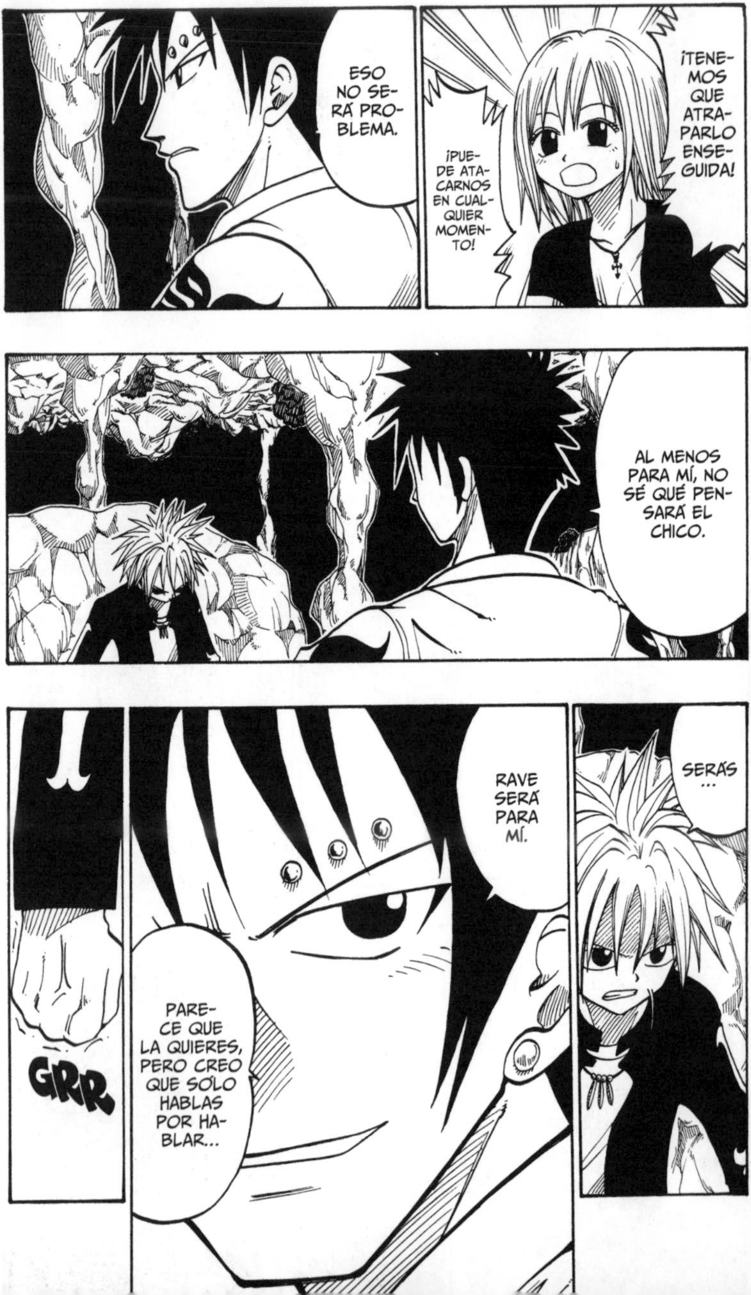
¡TENEMOS QUE ATRAPARLO ENSEGUIDA!
¡PUEDE ATACARNOS EN CUALQUIER MOMENTO!
ESO NO SERÁ PROBLEMA.
AL MENOS PARA MÍ, NO SÉ QUÉ PENSARÁ EL CHICO.
SERÁS ...
RAVE SERÁ PARA MÍ.
PARECE QUE LA QUIERES, PERO CREO QUE SÓLO HABLAS POR HABLAR...
GRR

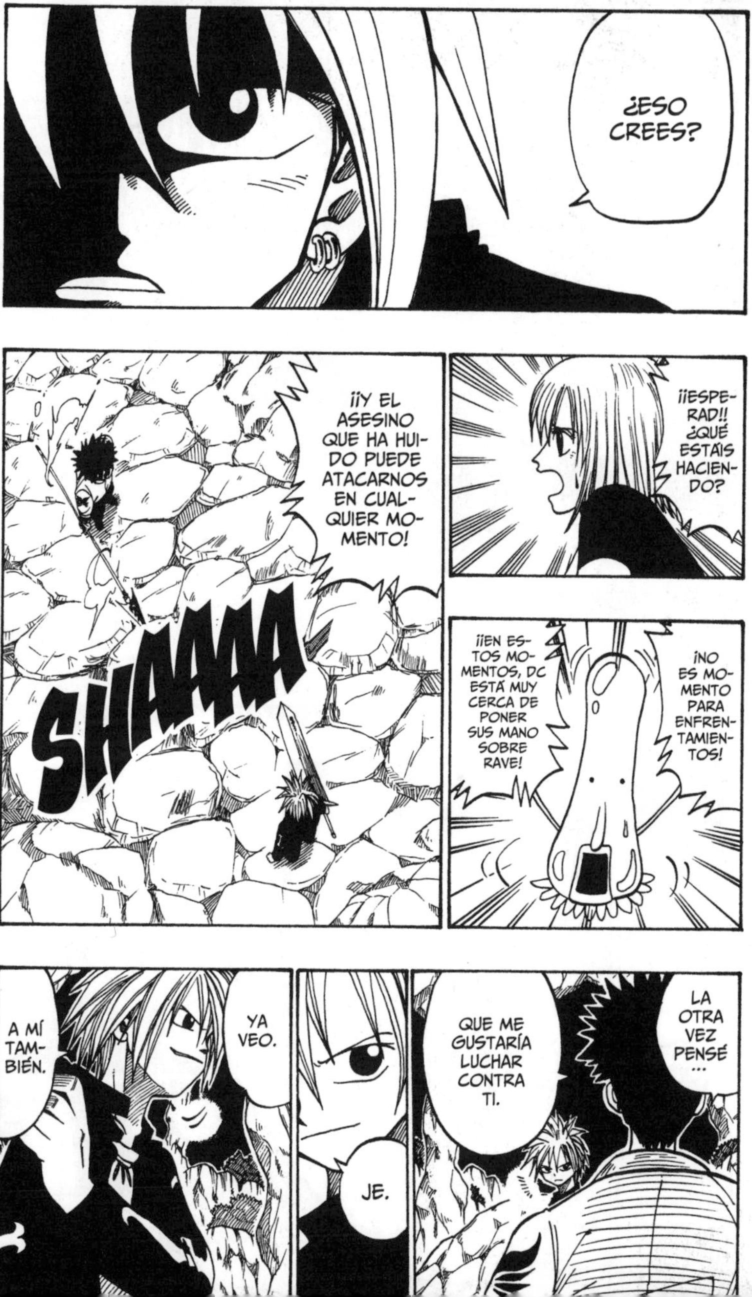
¿ESO CREES?
¡¡ESPERAD!! ¿QUÉ ESTÁIS HACIENDO?
¡NO ES MOMENTO PARA ENFRENTAMIENTOS!
¡¡EN ESTOS MOMENTOS, DC ESTÁ MUY CERCA DE PONER SUS MANO SOBRE RAVE!
¡¡Y EL ASESINO QUE HA HUIDO PUEDE ATACARNOS EN CUALQUIER MOMENTO!
SHAAAA
LA OTRA VEZ PENSÉ ...
QUE ME GUSTARÍA LUCHAR CONTRA TI.
JE.
YA VEO.
A MÍ TAMBIÉN.

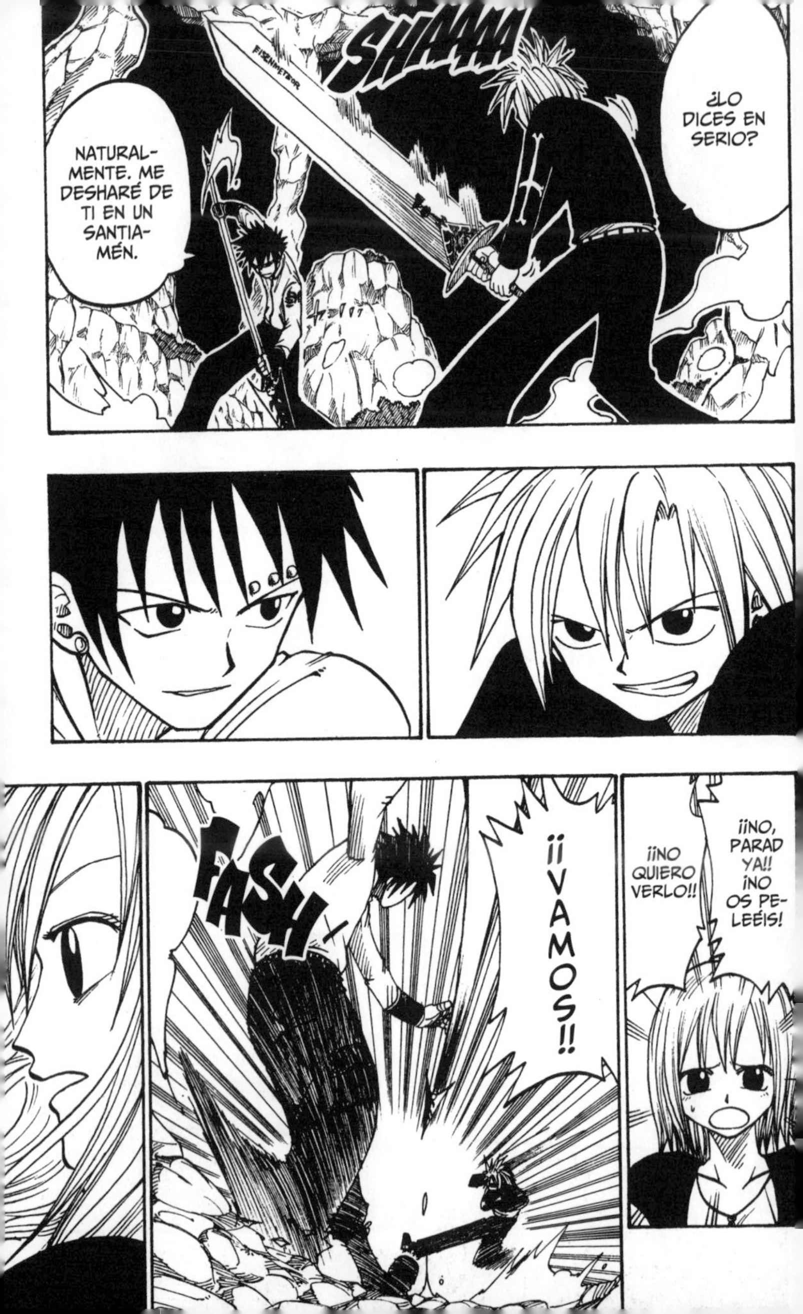
¿LO DICES EN SERIO?
SHAAAA
NATURALMENTE. ME DESHARÉ DE TI EN UN SANTIAMÉN.
¡¡NO, PARAD YA!! ¡NO OS PELEÉIS!
¡¡NO QUIERO VERLO!!
¡¡VAMOS!!
FASH

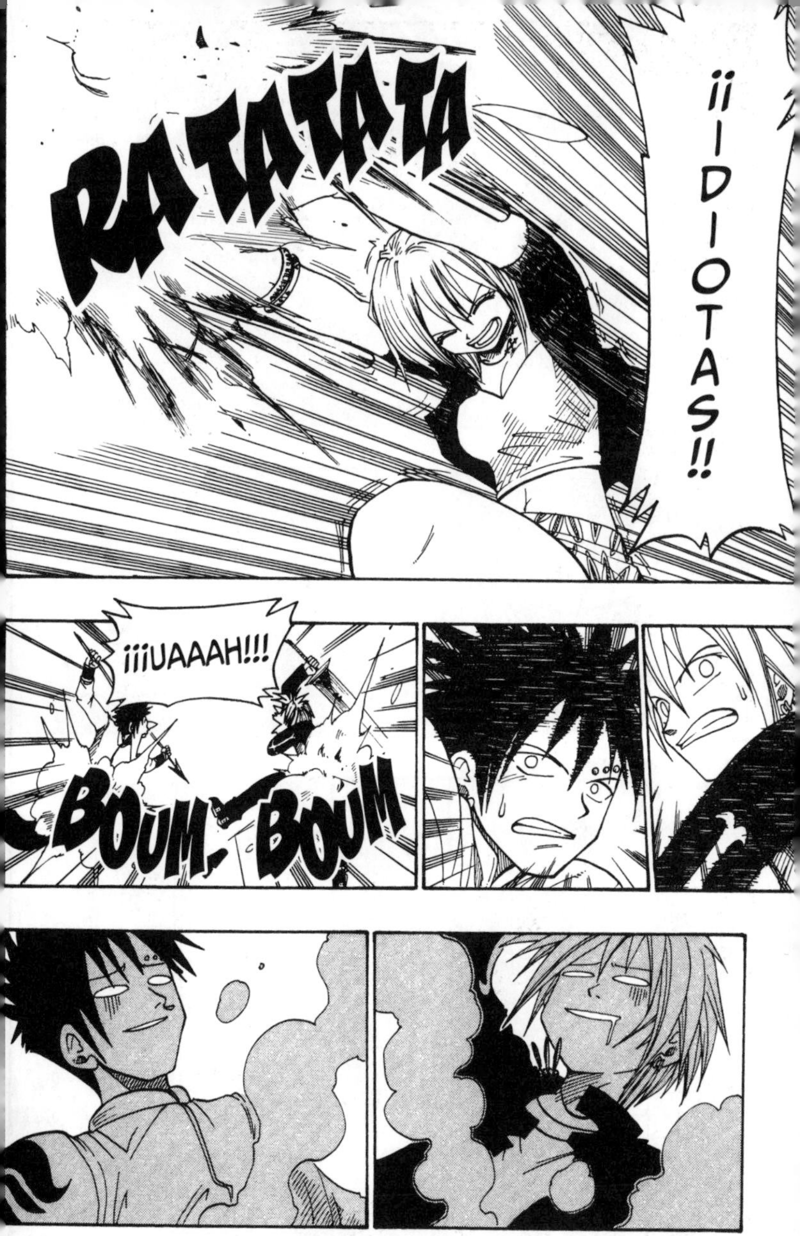
¡¡IDIOTAS!!
RATATATA
¡¡¡UAAAH!!!
BOUM
BOUM

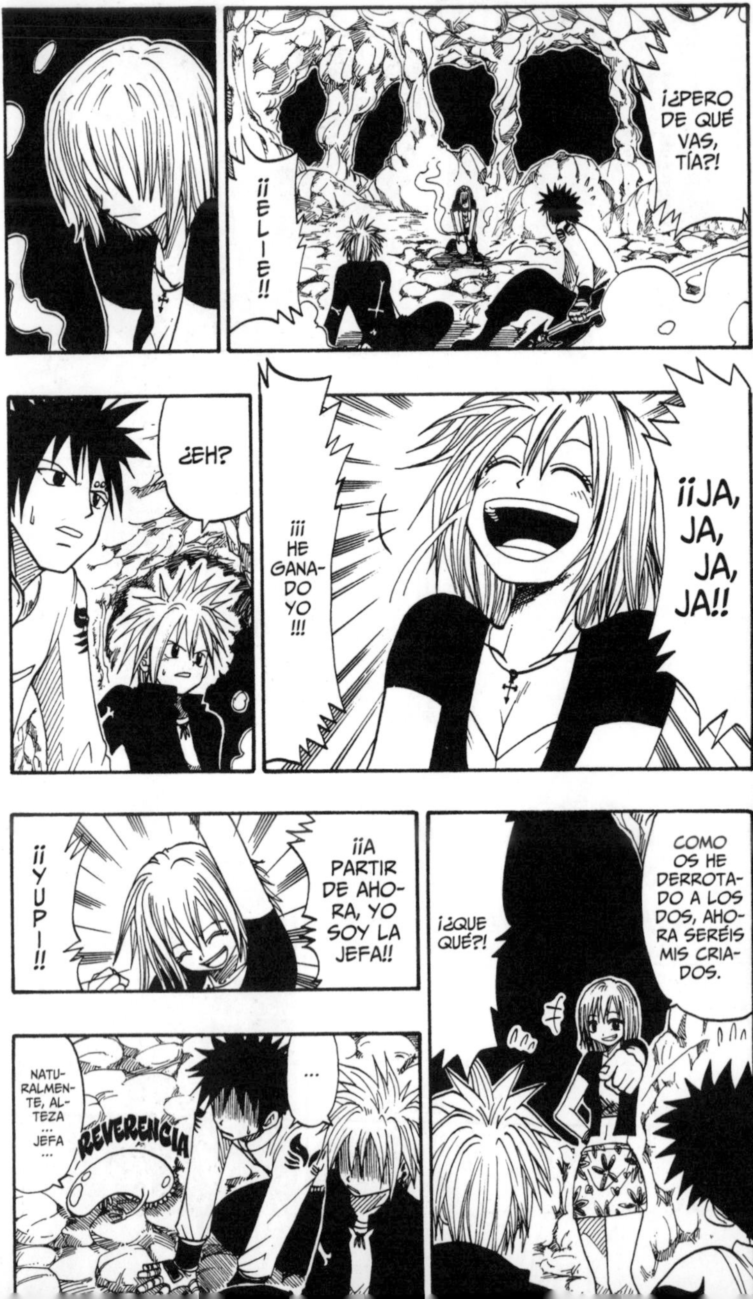
¡¿PERO DE QUÉ VAS, TÍA?!
¡¡ELIE!!
¡¡JA, JA, JA, JA!!
¡¡¡HE GANADO YO!!!
¿EH?
COMO OS HE DERROTADO A LOS DOS, AHORA SERÉIS MIS CRIADOS.
¡¿QUE QUÉ?!
¡¡A PARTIR DE AHORA, YO SOY LA JEFA!!
¡¡YUPI!!
...
NATURALMENTE, ALTEZA ... JEFA ...
REVERENCIA

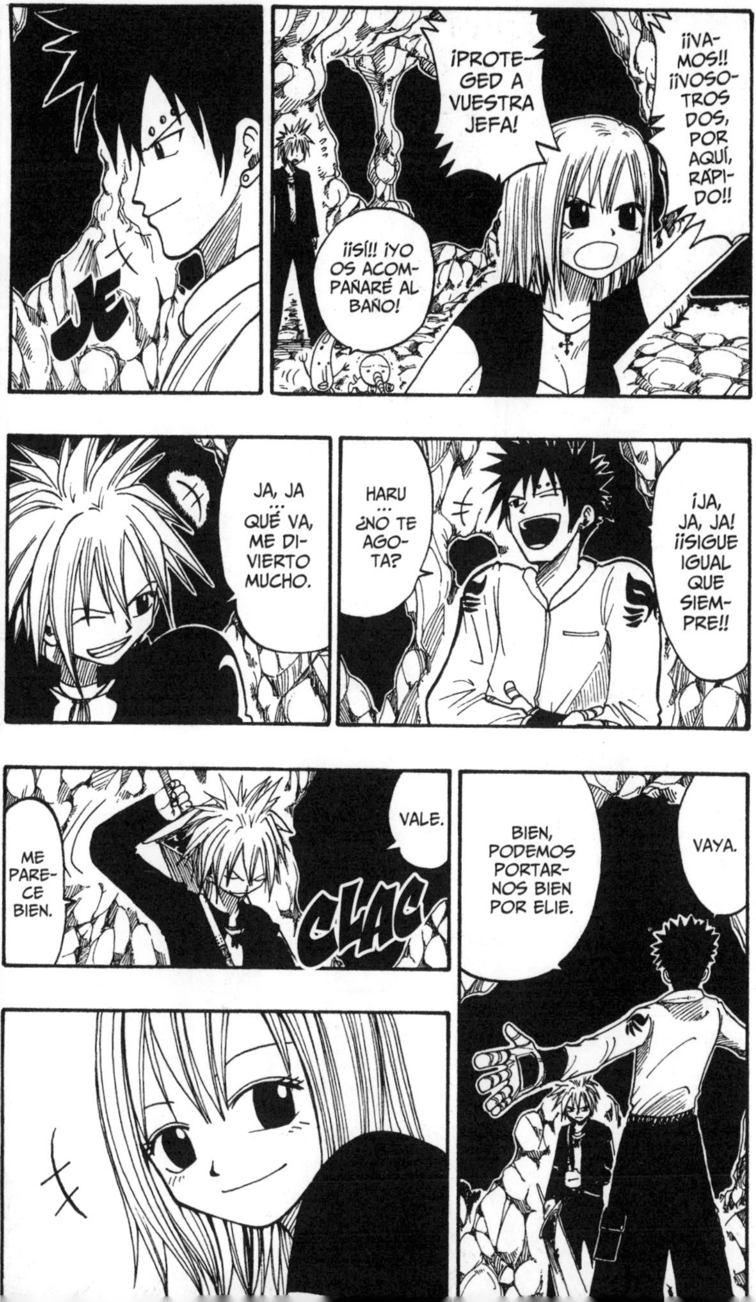
¡¡VAMOS!! ¡¡VOSOTROS DOS, POR AQUÍ, RÁPIDO!!
¡PROTEGED A VUESTRA JEFA!
¡¡SÍ!! ¡YO OS ACOMPAÑARÉ AL BAÑO!
JE
¡JA, JA, JA! ¡¡SIGUE IGUAL QUE SIEMPRE!!
HARU... ¿NO TE AGOTA?
JA, JA... QUÉ VA, ME DIVIERTO MUCHO.
VAYA.
BIEN, PODEMOS PORTARNOS BIEN POR ELIE.
VALE.
CLAC
ME PARECE BIEN.

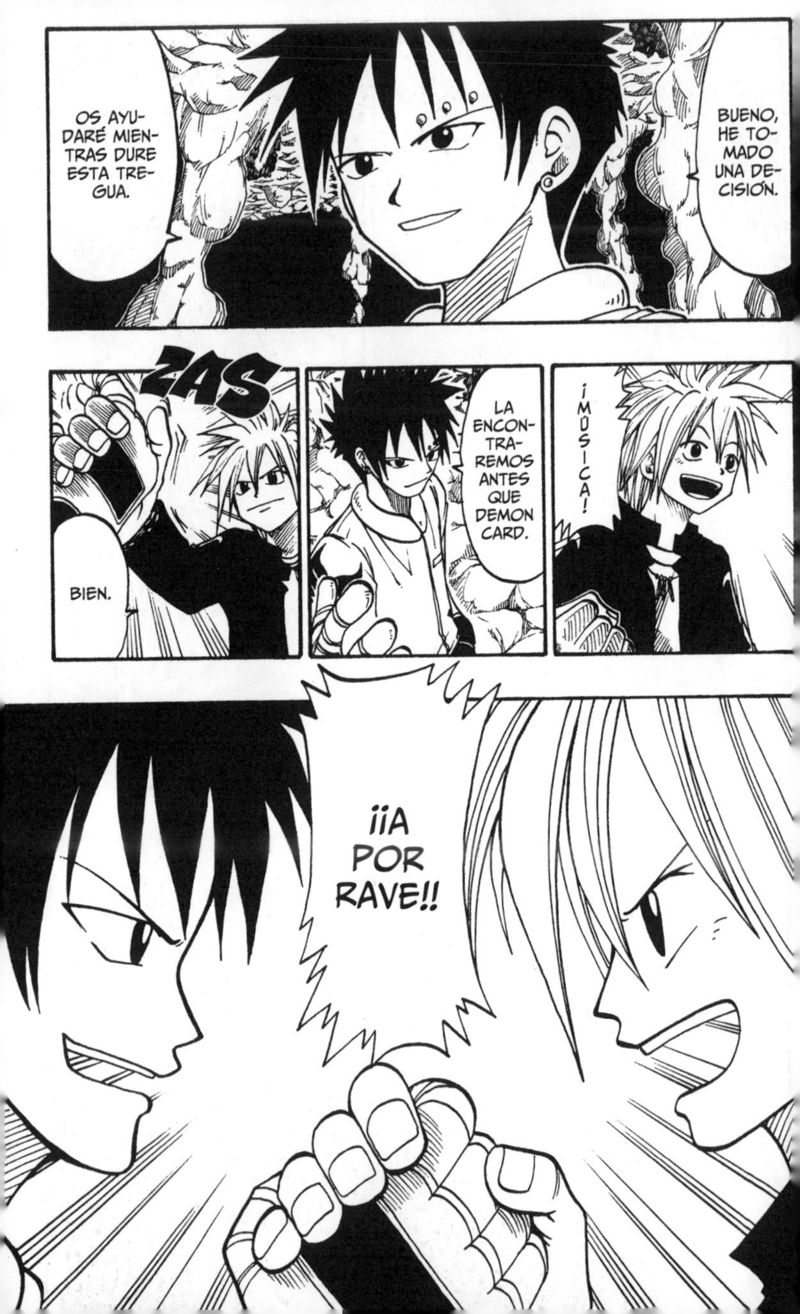
BUENO, HE TOMADO UNA DECISIÓN.
OS AYUDARÉ MIENTRAS DURE ESTA TREGUA.
¡MÚSICA!
LA ENCONTRAREMOS ANTES QUE DEMON CARD.
ZAS
BIEN.
¡¡A POR RAVE!!

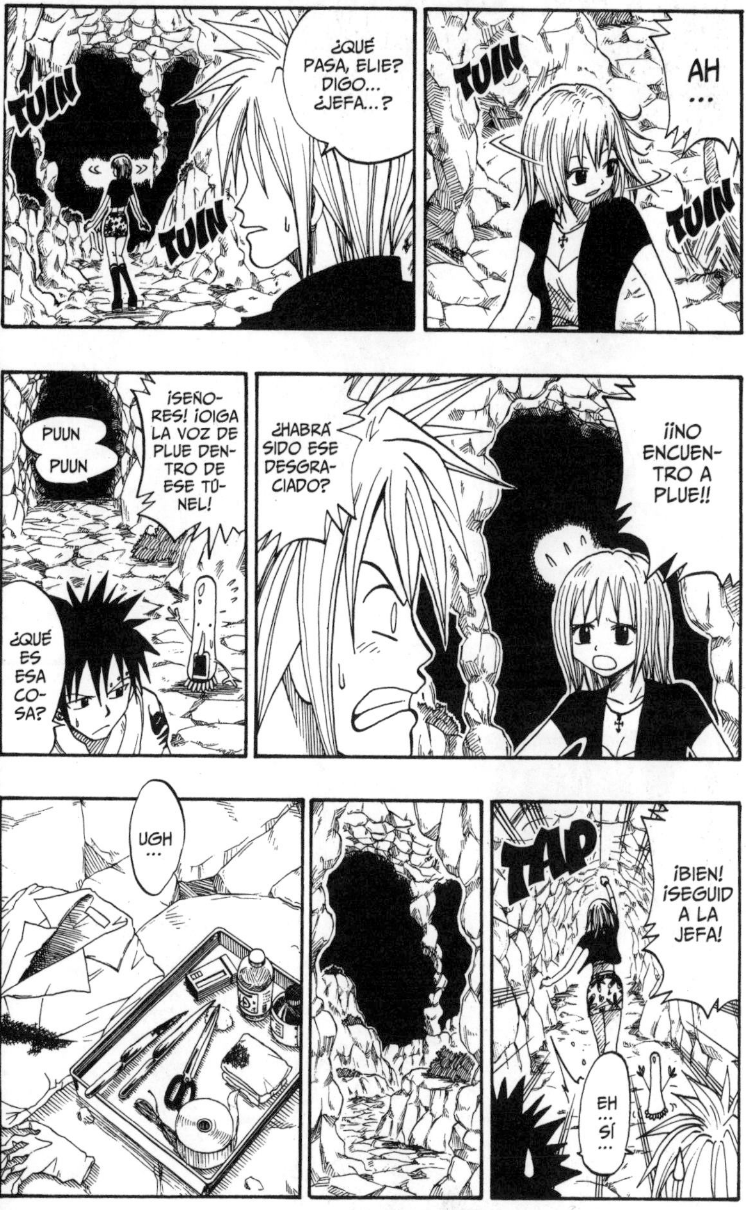
AH ...
TUIN
TUIN
¿QUÉ PASA, ELIE? DIGO... ¿JEFA...?
TUIN
TUIN
¡¡NO ENCUENTRO A PLUE!!
¿HABRÁ SIDO ESE DESGRACIADO?
¡SEÑORES! ¡OIGA LA VOZ DE PLUE DENTRO DE ESE TÚNEL!
PUUN PUUN
¿QUÉ ES ESA COSA?
¡BIEN! ¡SEGUID A LA JEFA!
TAP
EH... SÍ...
UGH ...

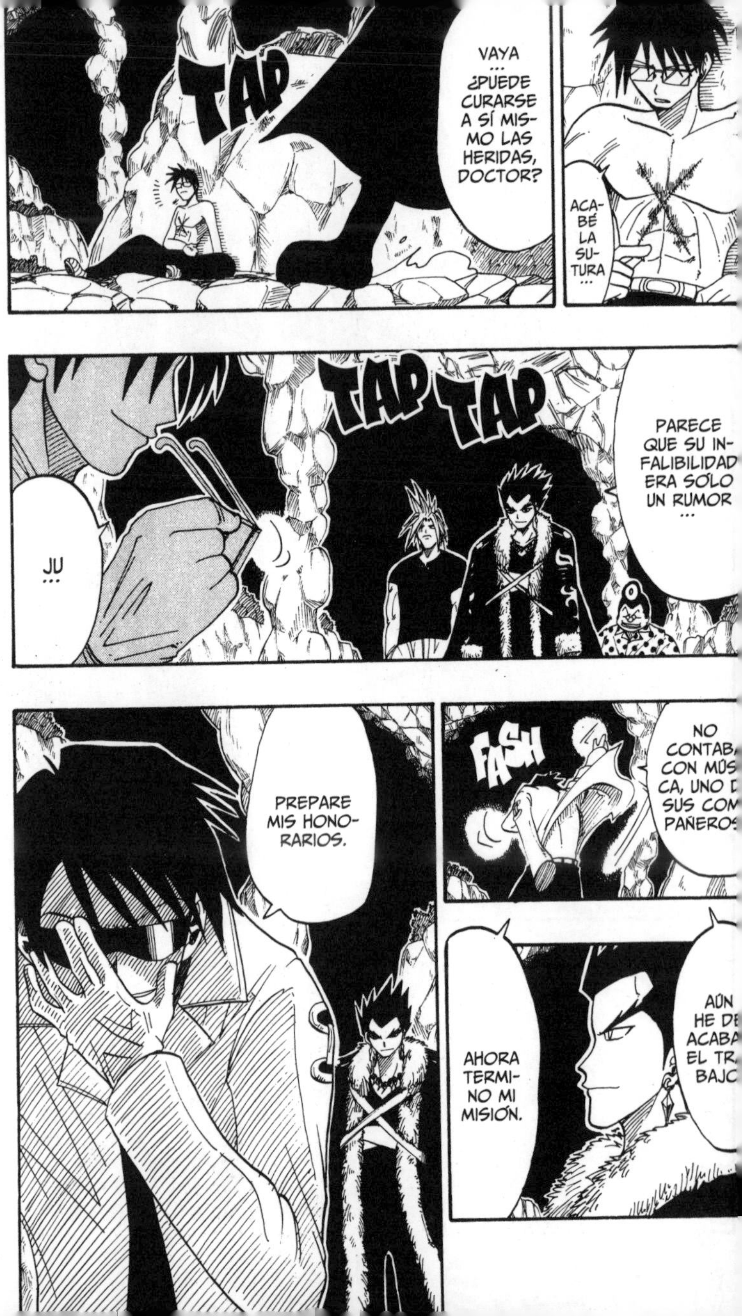
ACABÉ LA SUTURA ...
TAP
VAYA ... ¿PUEDE CURARSE A SÍ MISMO LAS HERIDAS, DOCTOR?
TAP TAP
PARECE QUE SU INFALIBILIDAD ERA SÓLO UN RUMOR ...
JU ...
FASH
NO CONTAB CON MÚS CA, UNO D SUS COM PAÑEROS
AÚN HE DE ACABA EL TR BAJO
AHORA TERMINO MI MISIÓN.
PREPARE MIS HONORARIOS.

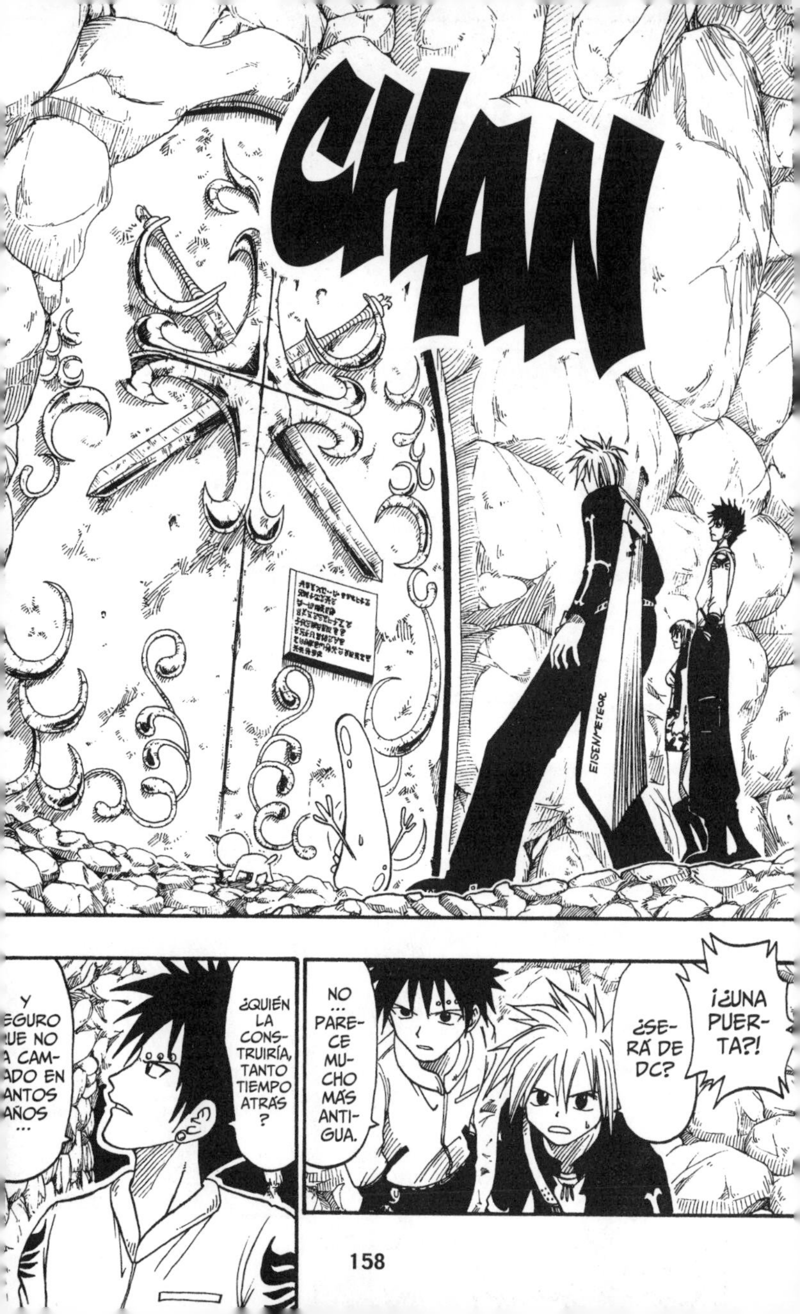
CHAN
EISENMETEOR
¡¿UNA PUERTA?!
¿SERÁ DE DC?
NO ... PARECE MUCHO MÁS ANTIGUA.
¿QUIÉN LA CONSTRUIRÍA, TANTO TIEMPO ATRÁS?
Y EGURO UE NO A CAM- ADO EN ANTOS AÑOS ...

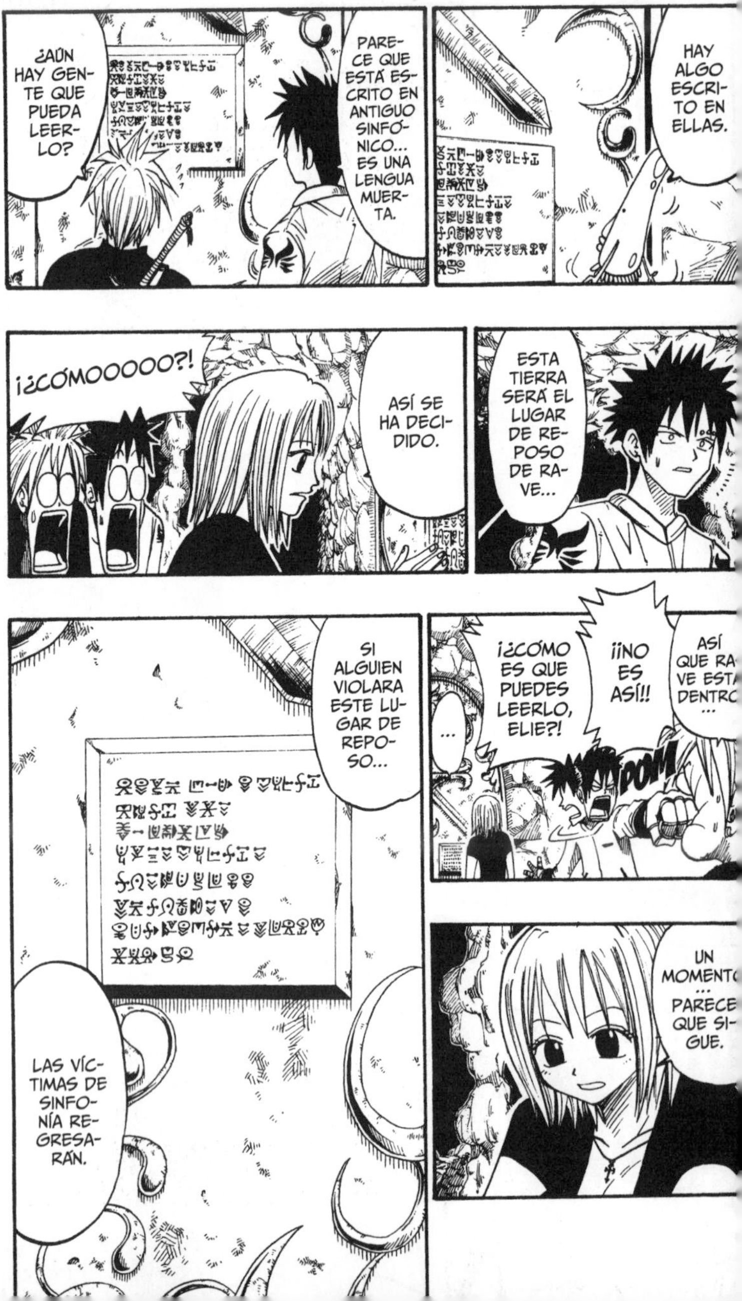
HAY ALGO ESCRITO EN ELLAS.
PARECE QUE ESTÁ ESCRITO EN ANTIGUO SINFÓNICO... ES UNA LENGUA MUERTA.
¿AÚN HAY GENTE QUE PUEDA LEERLO?
ESTA TIERRA SERÁ EL LUGAR DE REPOSO DE RAVE...
ASÍ SE HA DECIDIDO.
¡¿CÓMOOOOOO?!
ASÍ QUE RAVE ESTA DENTRO...
¡¡NO ES ASÍ!!
¡¿CÓMO ES QUE PUEDES LEERLO, ELIE?!
...
POM
UN MOMENTO... PARECE QUE SIGUE.
SI ALGUIEN VIOLARA ESTE LUGAR DE REPOSO...
LAS VÍCTIMAS DE SINFONÍA REGRESARÁN.

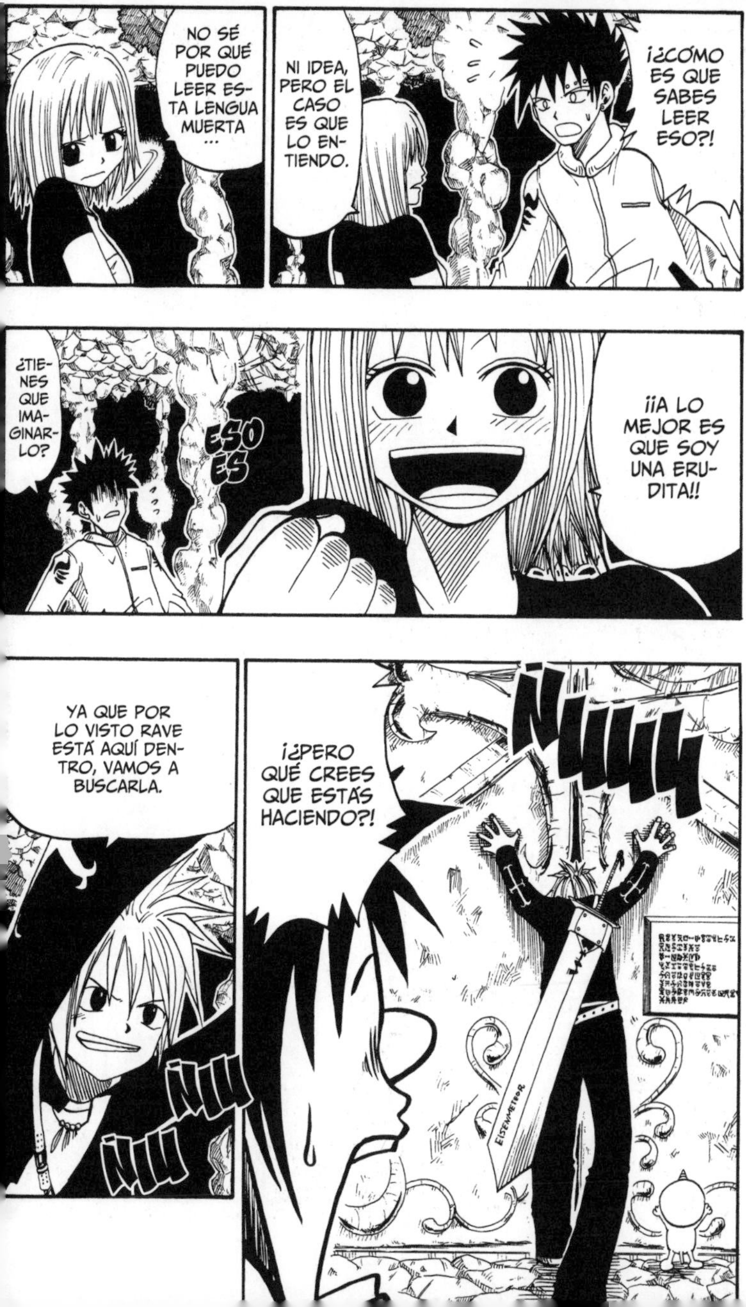
¡¿CÓMO ES QUE SABES LEER ESO?!
NI IDEA, PERO EL CASO ES QUE LO ENTIENDO.
NO SÉ POR QUÉ PUEDO LEER ESTA LENGUA MUERTA...
¡¡A LO MEJOR ES QUE SOY UNA ERUDITA!!
ESO ES
¿TIENES QUE IMAGINARLO?
¡¿PERO QUÉ CREES QUE ESTÁS HACIENDO?!
YA QUE POR LO VISTO RAVE ESTÁ AQUÍ DENTRO, VAMOS A BUSCARLA.

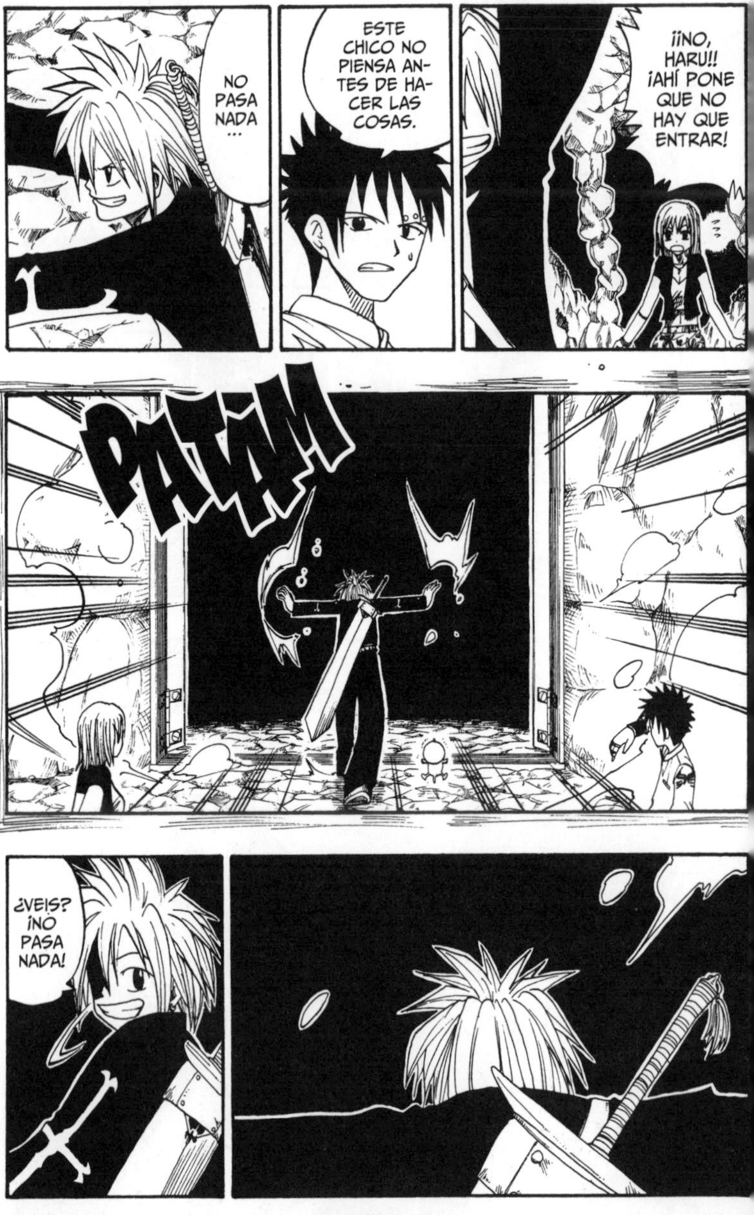
¡¡NO, HARU!! ¡AHÍ PONE QUE NO HAY QUE ENTRAR!
ESTE CHICO NO PIENSA ANTES DE HACER LAS COSAS.
NO PASA NADA ...
PATAM
¿VEIS? ¡NO PASA NADA!

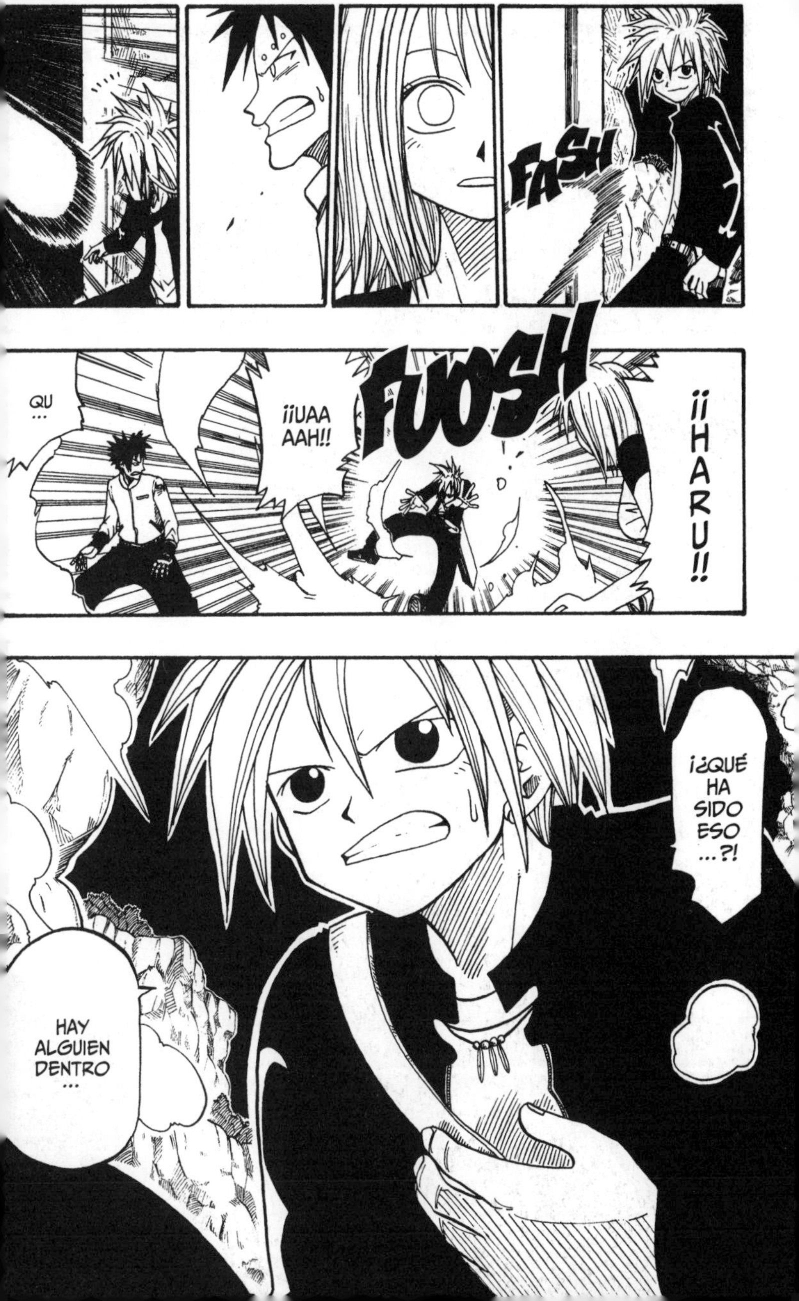
FASH
¡¡HARU!!
FUOSH
¡¡UAA AAH!!
QU ...
¡¿QUÉ HA SIDO ESO ...?!
HAY ALGUIEN DENTRO ...

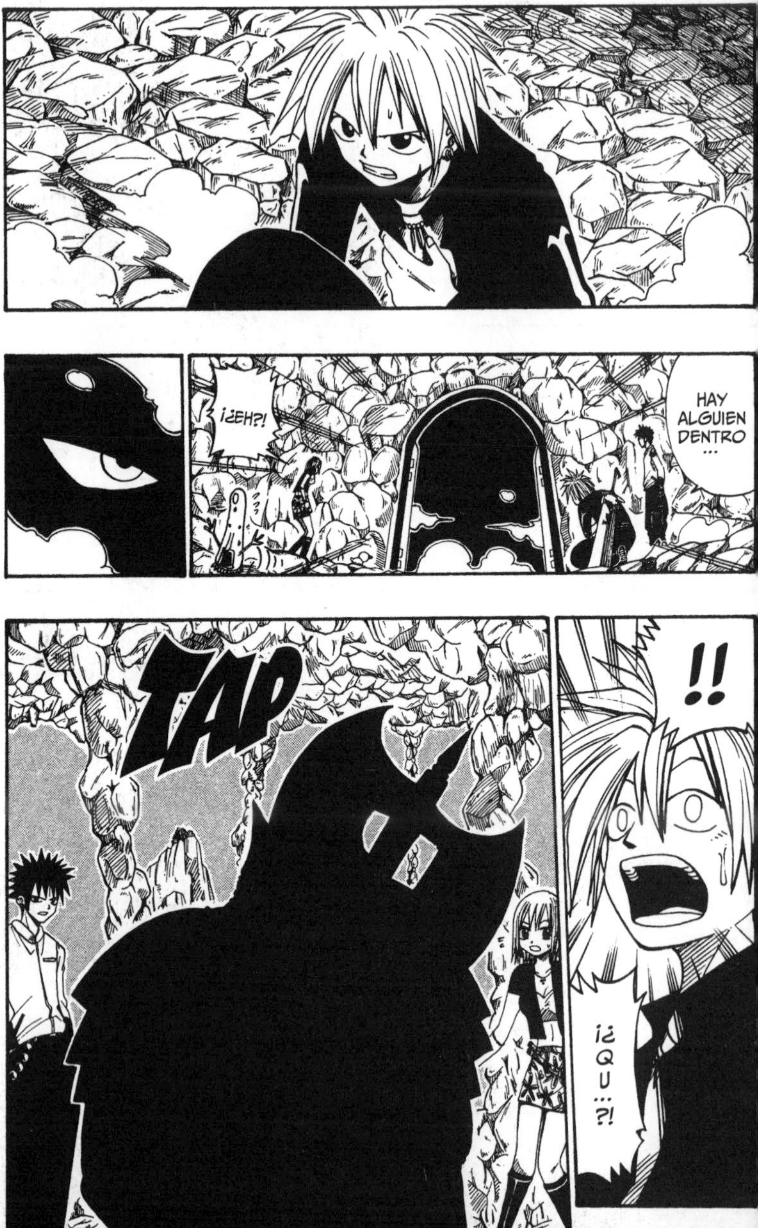
HAY ALGUIEN DENTRO ...
¡¿EH?!
!!
¡¿QU...?!
TAP

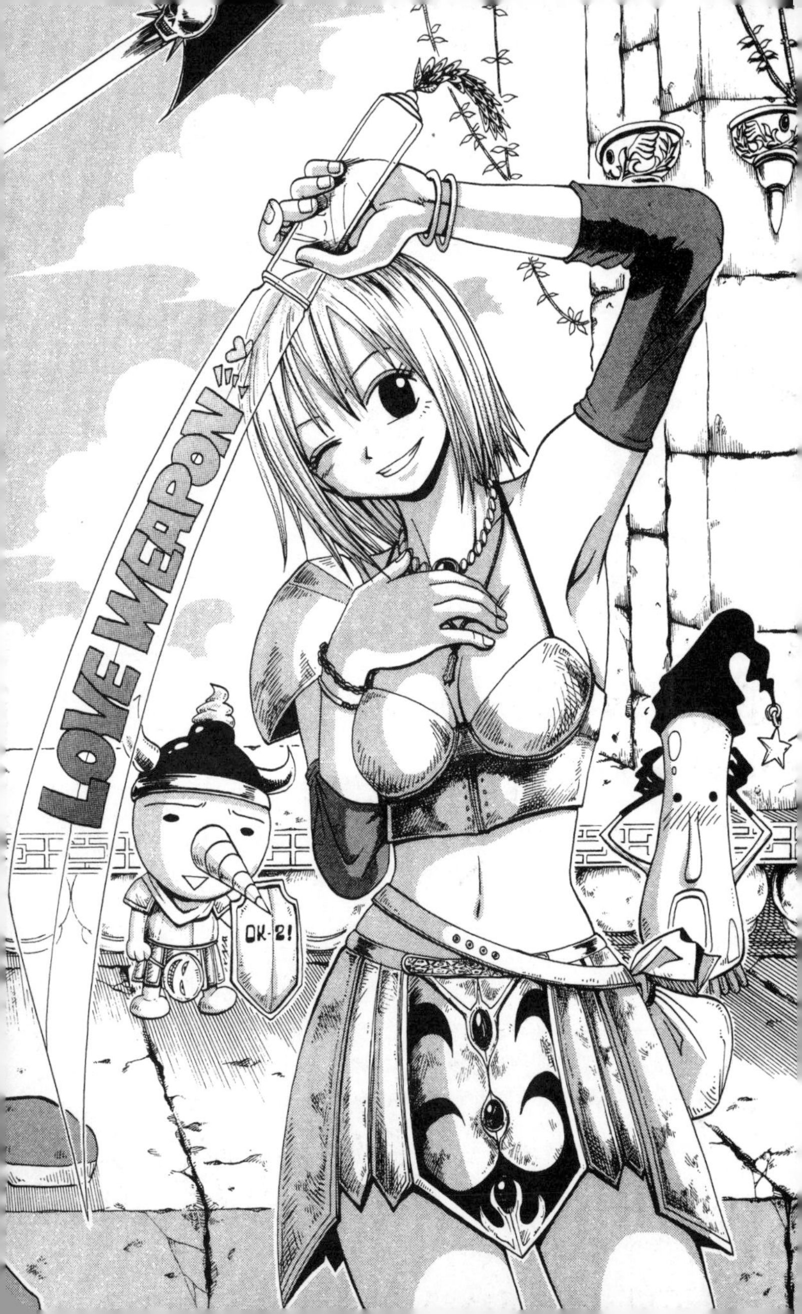
LOVE WEAPON
OK-Z!

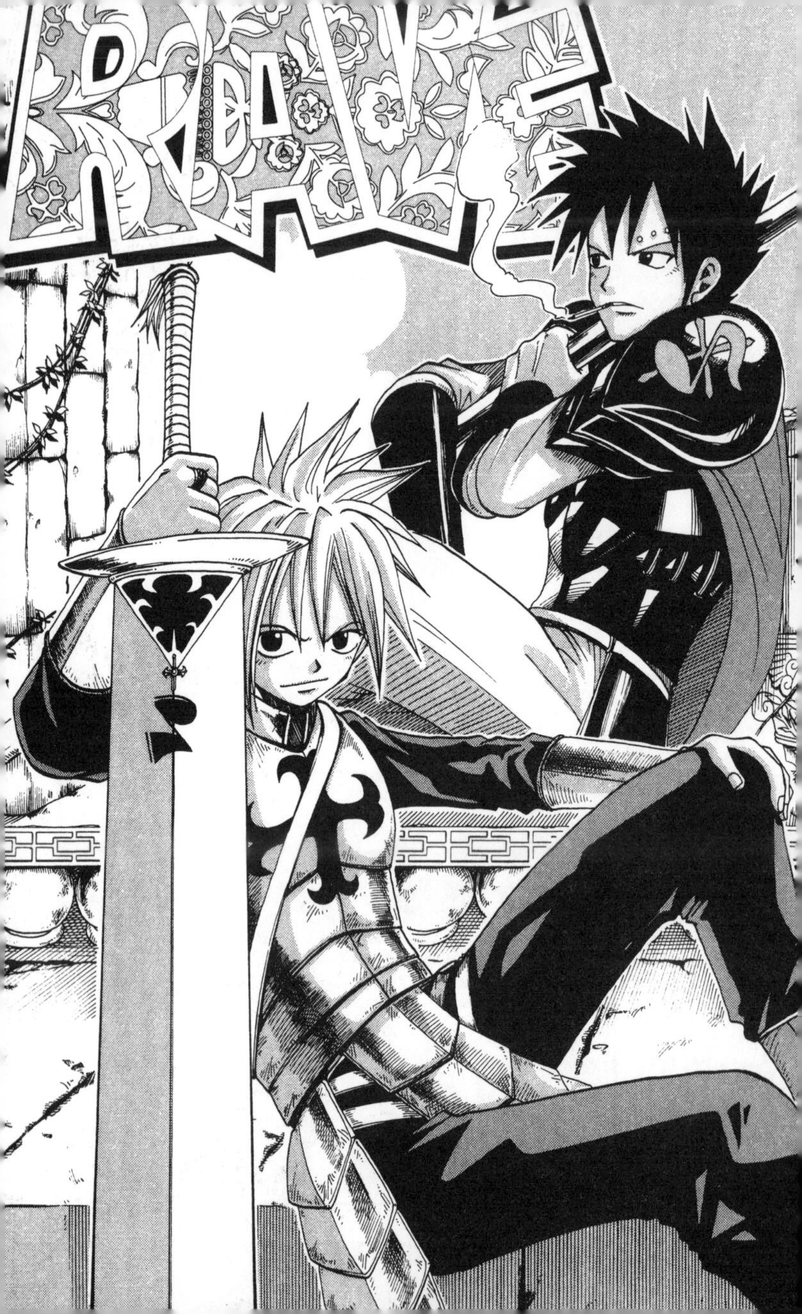

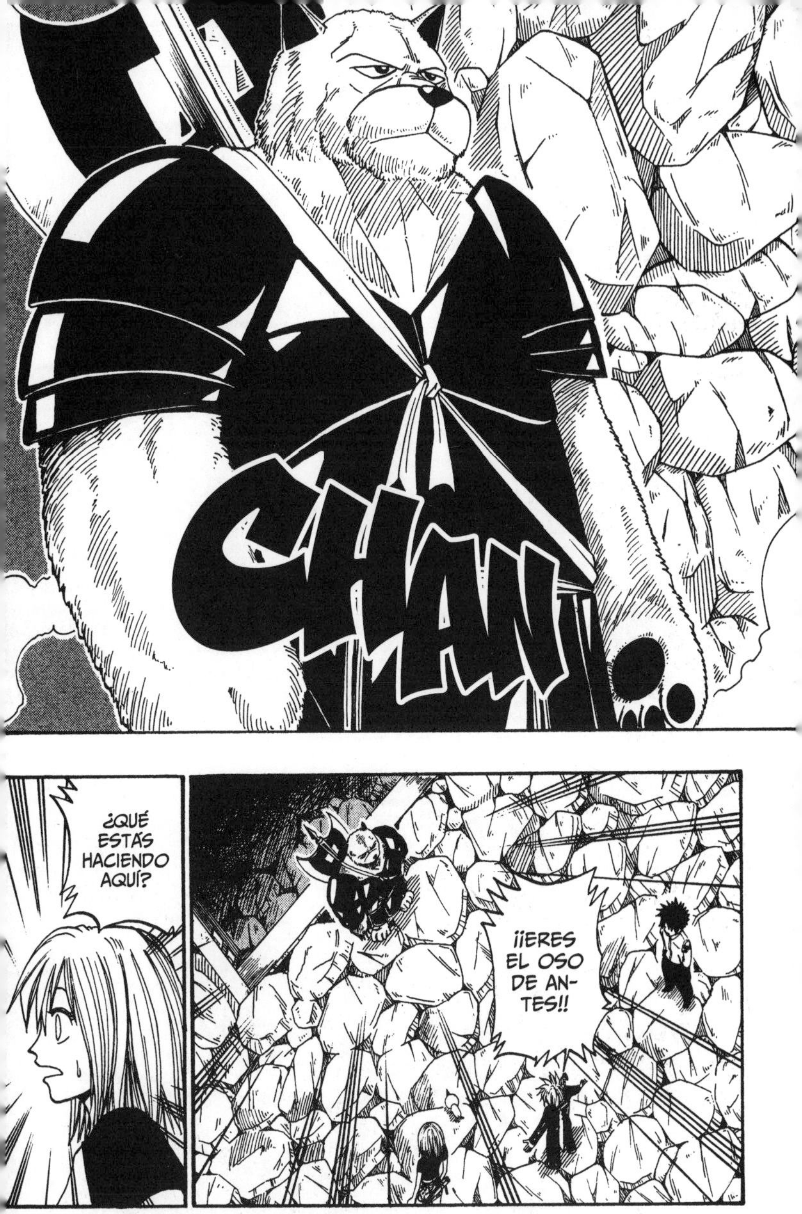
CHAN...
¡¡ERES EL OSO DE ANTES!!
¿QUÉ ESTÁS HACIENDO AQUÍ?

RAVE 30 ✠ LA VERDAD SOBRE RAVE

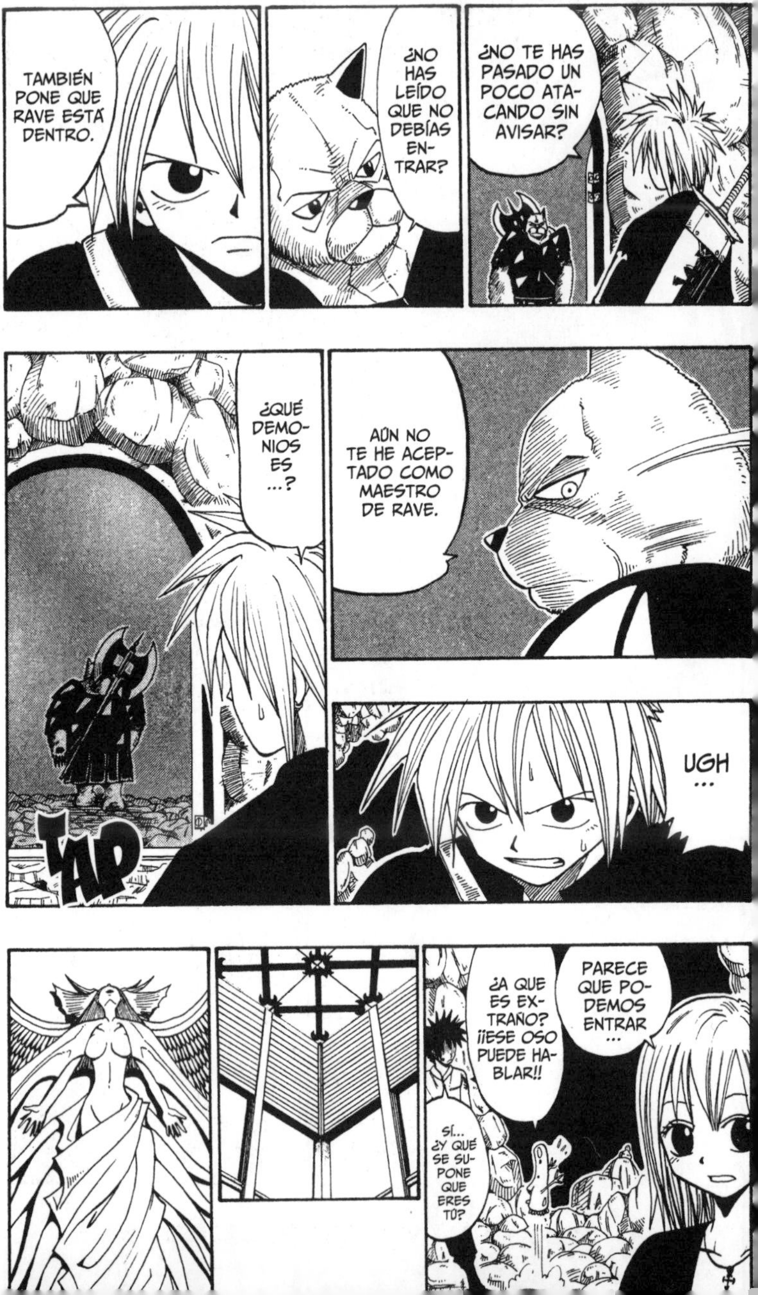
¿NO TE HAS PASADO UN POCO ATACANDO SIN AVISAR?
¿NO HAS LEÍDO QUE NO DEBÍAS ENTRAR?
TAMBIÉN PONE QUE RAVE ESTÁ DENTRO.
AÚN NO TE HE ACEPTADO COMO MAESTRO DE RAVE.
UGH ...
¿QUÉ DEMONIOS ES ...?
TAP
PARECE QUE PODEMOS ENTRAR ...
¿A QUE ES EXTRAÑO? ¡¡ESE OSO PUEDE HABLAR!!
SÍ... ¿Y QUÉ SE SUPONE QUE ERES TÚ?

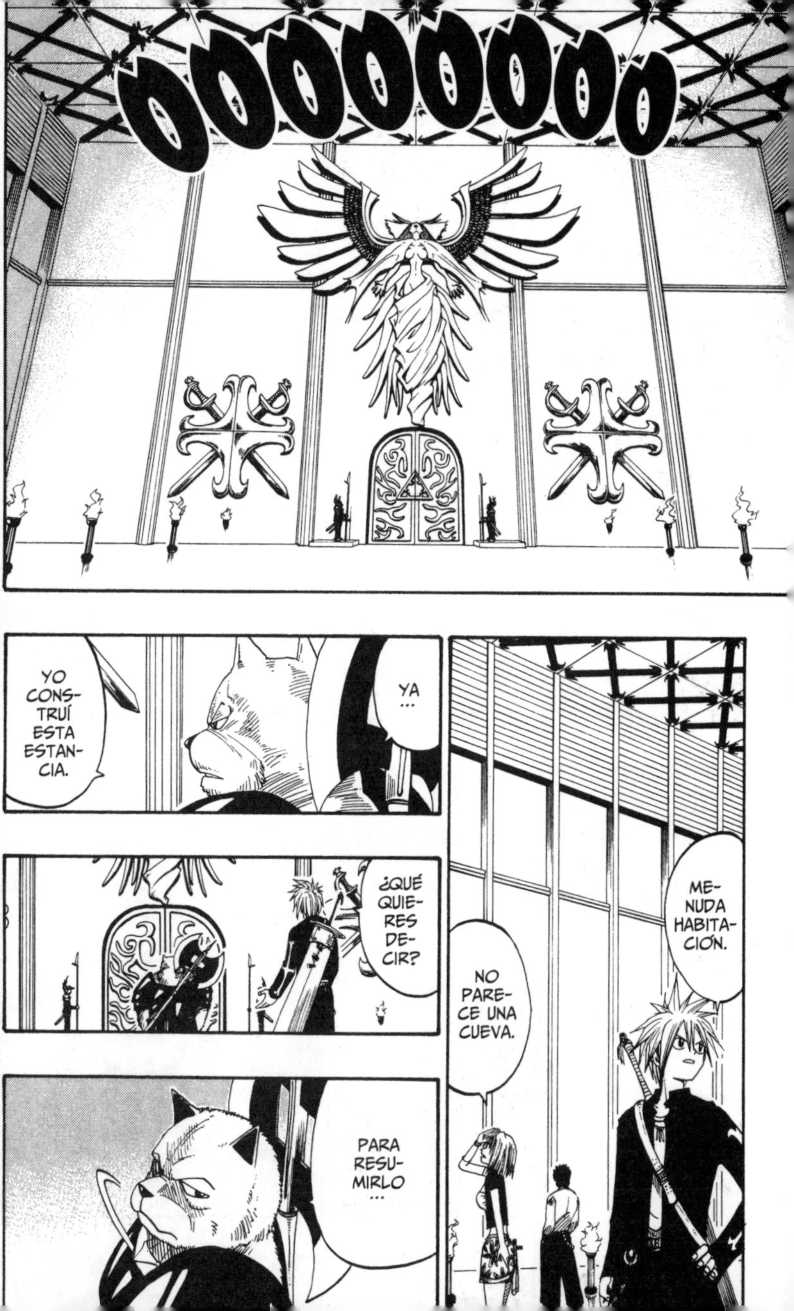
OOOOOOOO
MENUDA HABITACIÓN.
NO PARECE UNA CUEVA.
YA...
YO CONSTRUÍ ESTA ESTANCIA.
¿QUÉ QUIERES DECIR?
PARA RESUMIRLO...

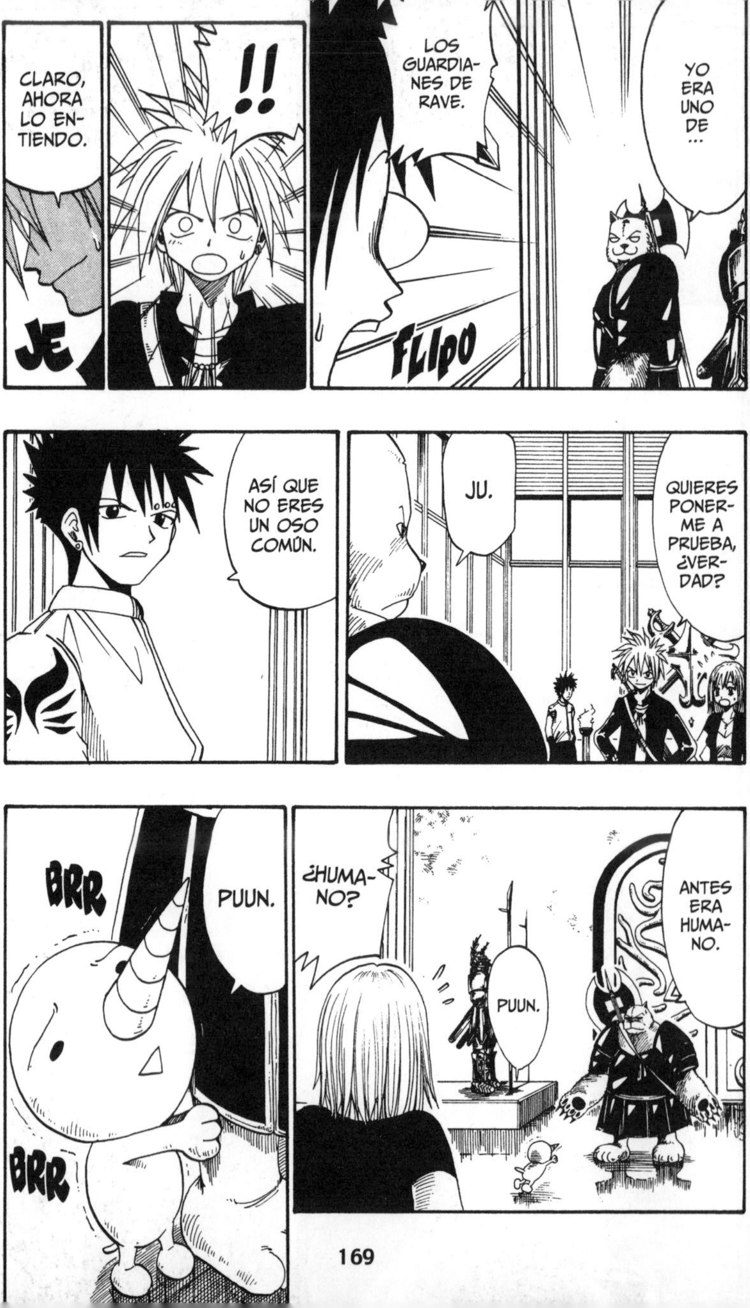
YO ERA UNO DE...
LOS GUARDIANES DE RAVE.
FLIPO
!!
CLARO, AHORA LO ENTIENDO.
JE
QUIERES PONERME A PRUEBA, ¿VERDAD?
JU.
ASÍ QUE NO ERES UN OSO COMÚN.
ANTES ERA HUMANO.
¿HUMANO?
PUUN.
PUUN.
BRR
BRR

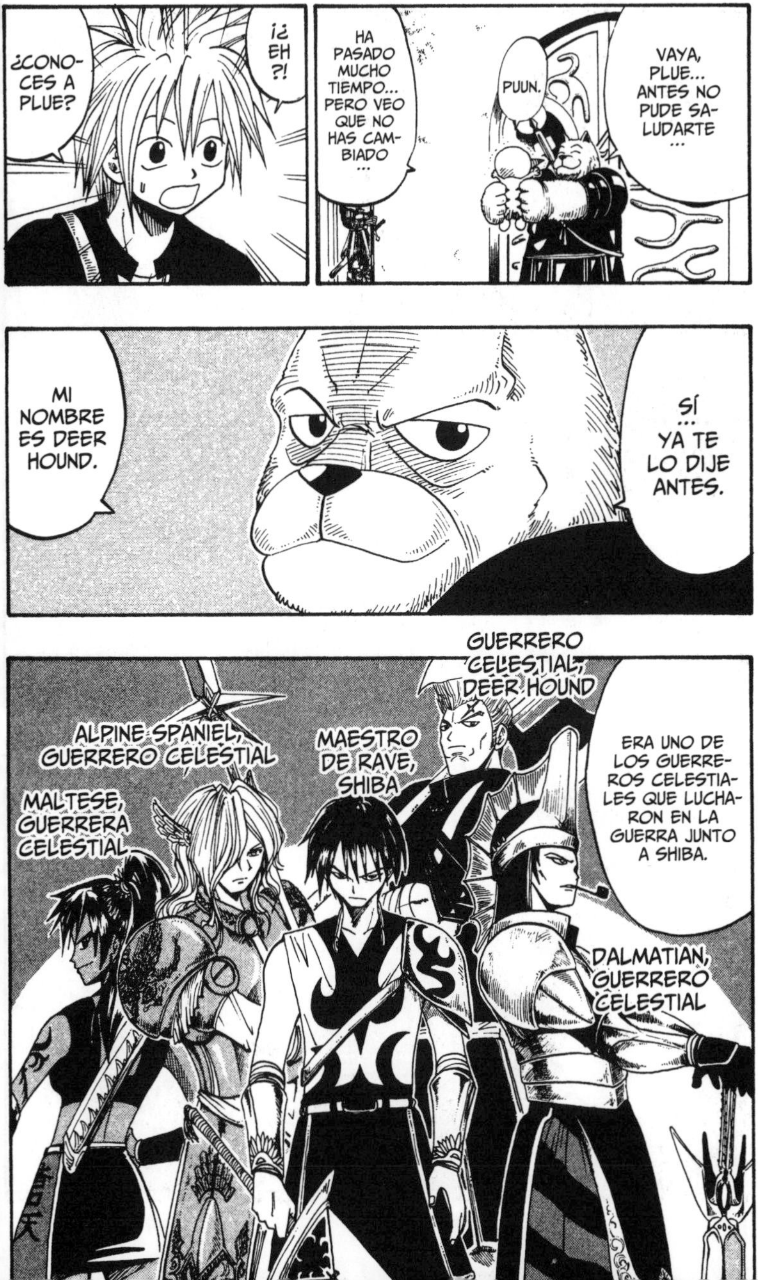
VAYA, PLUE... ANTES NO PUDE SALUDARTE...
PUUN.
HA PASADO MUCHO TIEMPO... PERO VEO QUE NO HAS CAMBIADO...
¡¿EH?!
¿CONOCES A PLUE?
SÍ... YA TE LO DIJE ANTES.
MI NOMBRE ES DEER HOUND.
ERA UNO DE LOS GUERREROS CELESTIALES QUE LUCHARON EN LA GUERRA JUNTO A SHIBA.
GUERRERO CELESTIAL, DEER HOUND
DALMATIAN, GUERRERO CELESTIAL
MAESTRO DE RAVE, SHIBA
ALPINE SPANIEL, GUERRERO CELESTIAL
MALTESE, GUERRERA CELESTIAL

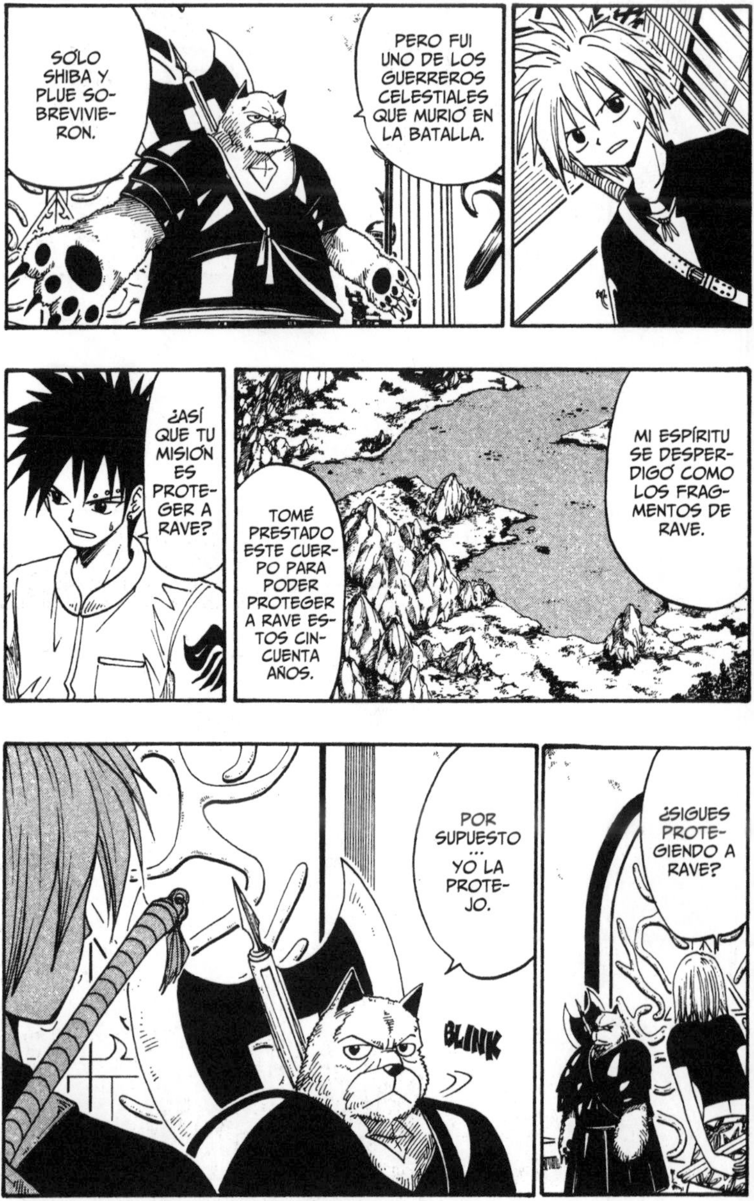
PERO FUI UNO DE LOS GUERREROS CELESTIALES QUE MURIÓ EN LA BATALLA.
SÓLO SHIBA Y PLUE SOBREVIVIERON.
MI ESPÍRITU SE DESPERDIGÓ COMO LOS FRAGMENTOS DE RAVE.
TOMÉ PRESTADO ESTE CUERPO PARA PODER PROTEGER A RAVE ESTOS CINCUENTA AÑOS.
¿ASÍ QUE TU MISIÓN ES PROTEGER A RAVE?
¿SIGUES PROTEGIENDO A RAVE?
POR SUPUESTO... YO LA PROTEJO.
BLINK

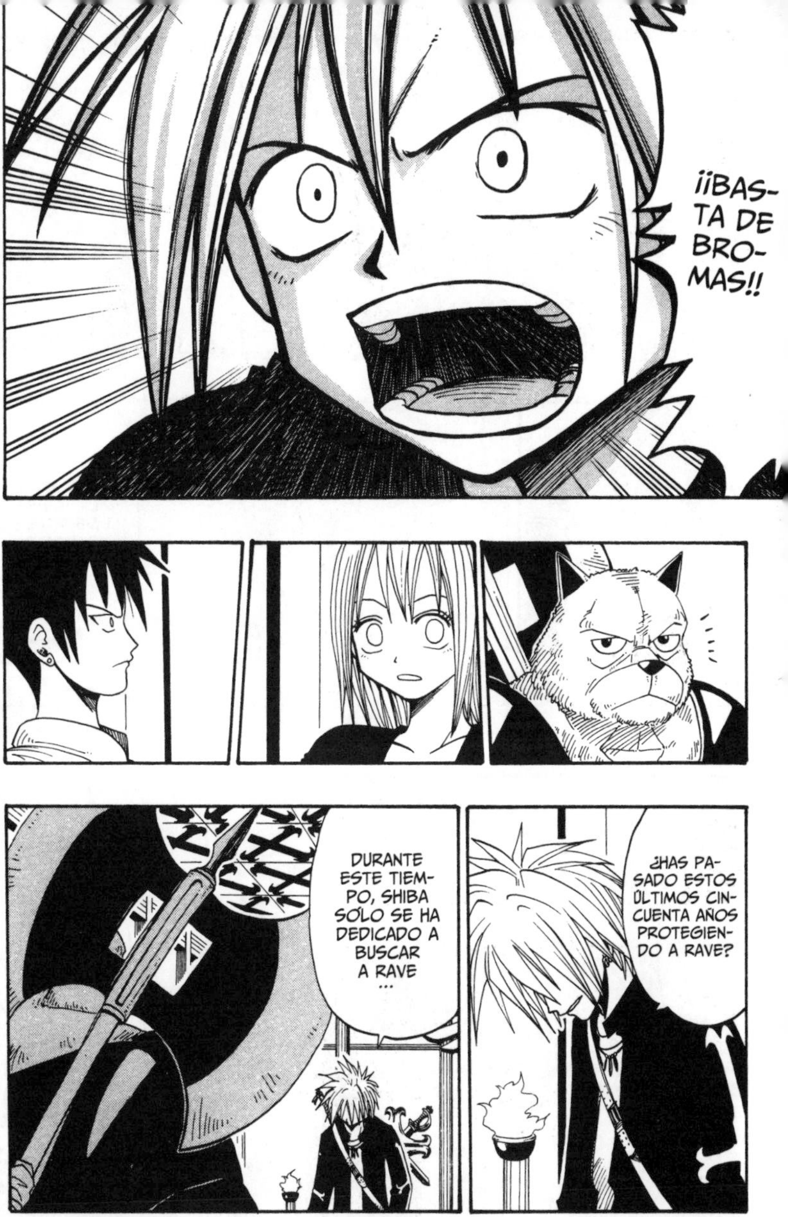
¡¡BASTA DE BROMAS!!
¿HAS PASADO ESTOS ÚLTIMOS CINCUENTA AÑOS PROTEGIENDO A RAVE?
DURANTE ESTE TIEMPO, SHIBA SÓLO SE HA DEDICADO A BUSCAR A RAVE ...

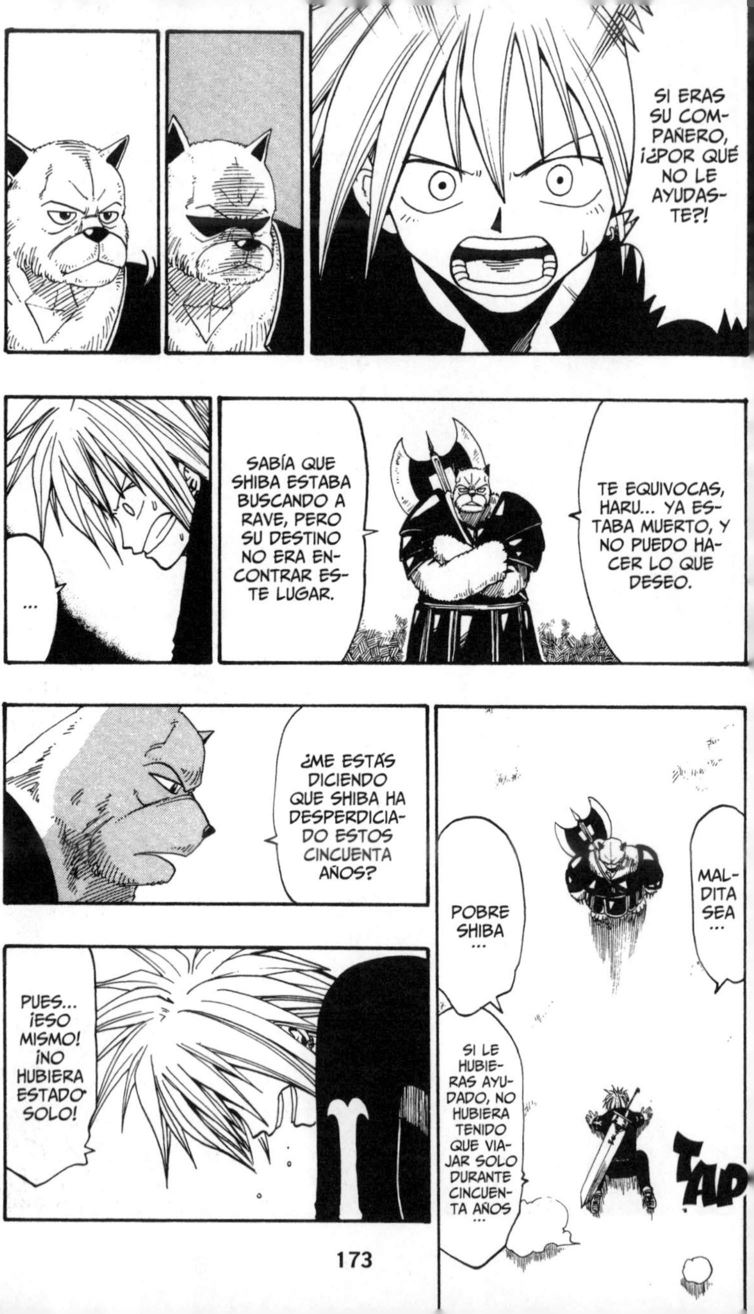
SI ERAS SU COMPAÑERO, ¡¿POR QUÉ NO LE AYUDASTE?!
TE EQUIVOCAS, HARU... YA ESTABA MUERTO, Y NO PUEDO HACER LO QUE DESEO.
SABÍA QUE SHIBA ESTABA BUSCANDO A RAVE, PERO SU DESTINO NO ERA ENCONTRAR ESTE LUGAR.
...
MALDITA SEA...
POBRE SHIBA...
SI LE HUBIERAS AYUDADO, NO HUBIERA TENIDO QUE VIAJAR SOLO DURANTE CINCUENTA AÑOS...
TAP
¿ME ESTÁS DICIENDO QUE SHIBA HA DESPERDICIADO ESTOS CINCUENTA AÑOS?
PUES... ¡ESO MISMO! ¡NO HUBIERA ESTADO SOLO!

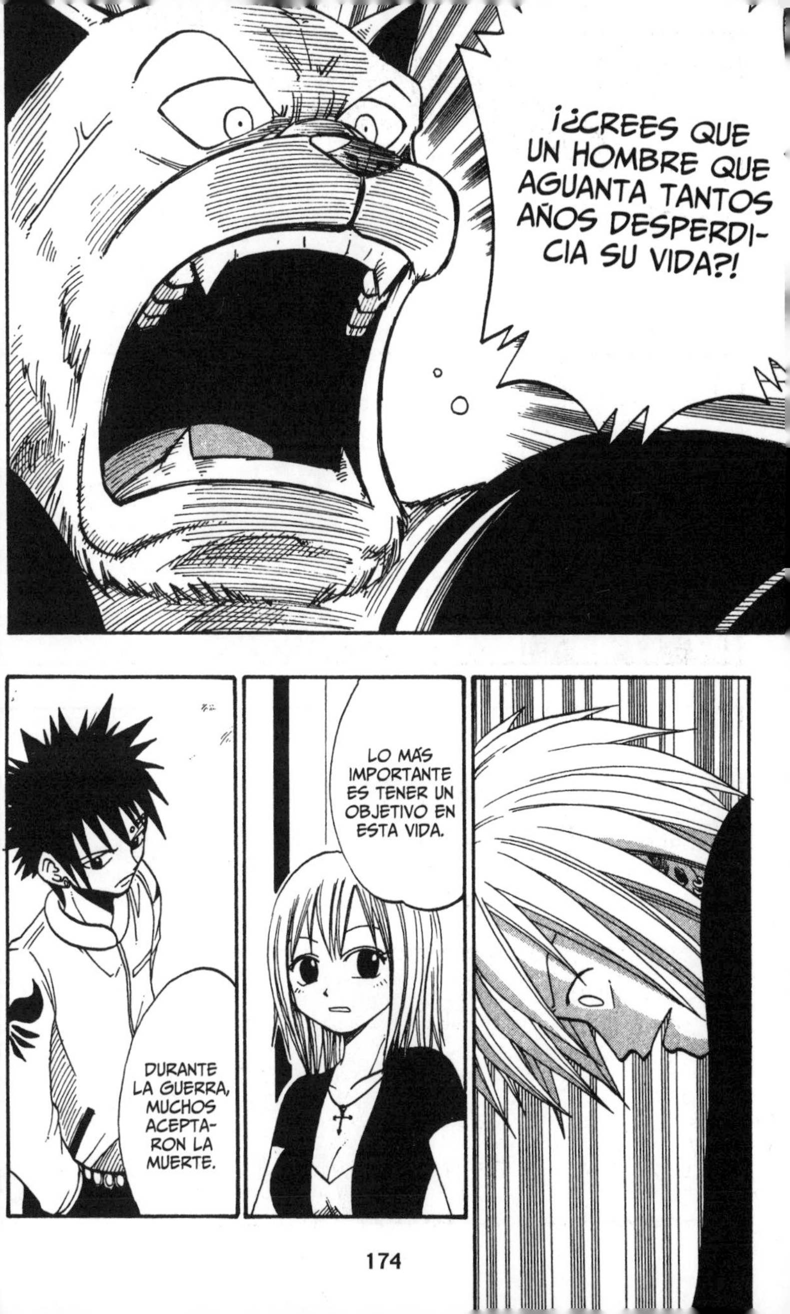
¡¿CREES QUE UN HOMBRE QUE AGUANTA TANTOS AÑOS DESPERDICIA SU VIDA?!
LO MÁS IMPORTANTE ES TENER UN OBJETIVO EN ESTA VIDA.
DURANTE LA GUERRA, MUCHOS ACEPTARON LA MUERTE.

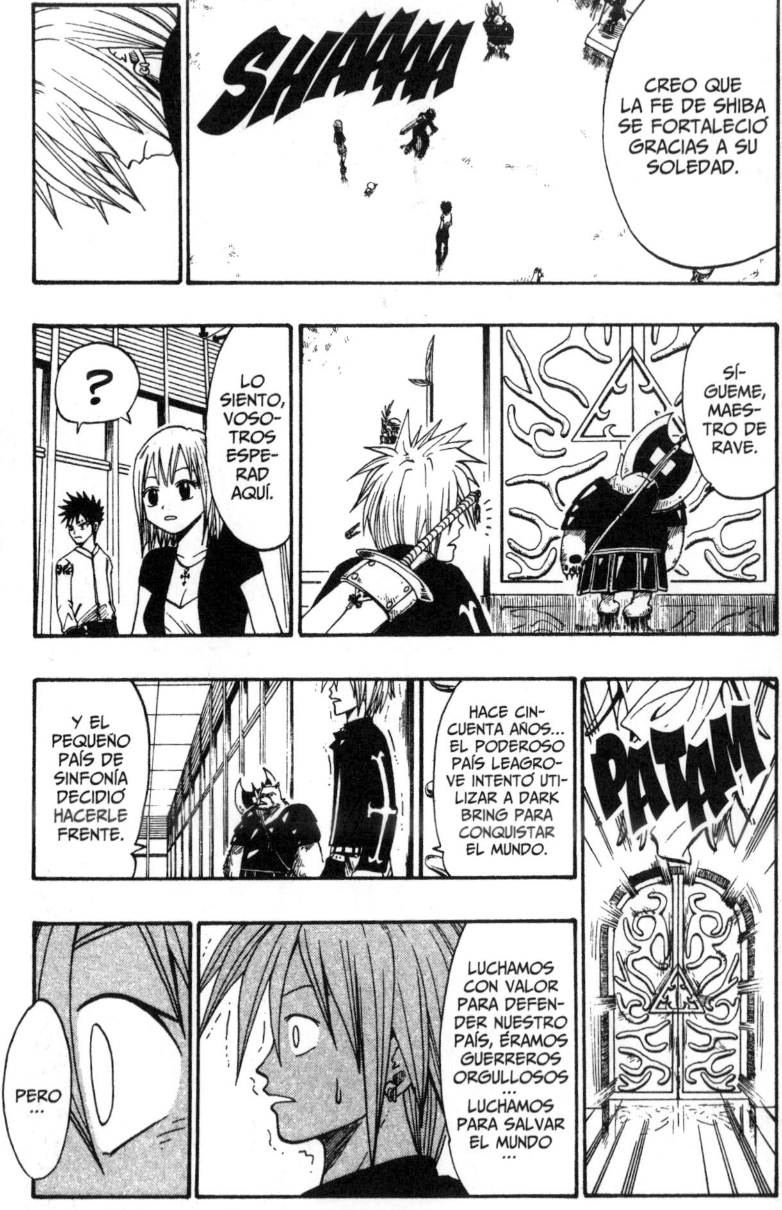
CREO QUE LA FE DE SHIBA SE FORTALECIÓ GRACIAS A SU SOLEDAD.
SHIAAAA
SÍ- GUEME, MAES- TRO DE RAVE.
LO SIENTO, VOSO- TROS ESPE- RAD AQUÍ.
?
PATAM
HACE CIN- CUENTA AÑOS... EL PODEROSO PAÍS LEAGRO- VE INTENTÓ UTI- LIZAR A DARK BRING PARA CONQUISTAR EL MUNDO.
Y EL PEQUEÑO PAÍS DE SINFONÍA DECIDIÓ HACERLE FRENTE.
LUCHAMOS CON VALOR PARA DEFEN- DER NUESTRO PAÍS, ÉRAMOS GUERREROS ORGULLOSOS ... LUCHAMOS PARA SALVAR EL MUNDO ...
PERO ...

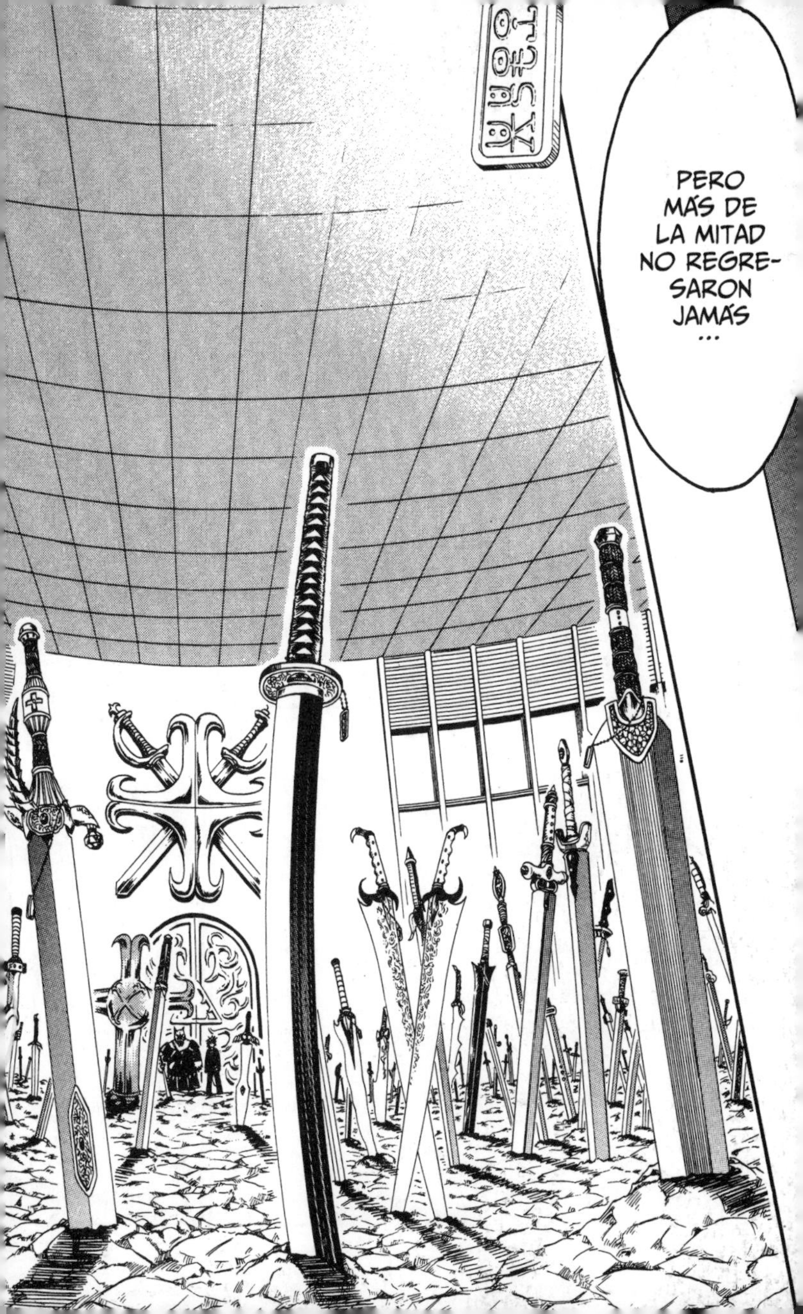
PERO MÁS DE LA MITAD NO REGRE- SARON JAMÁS ...

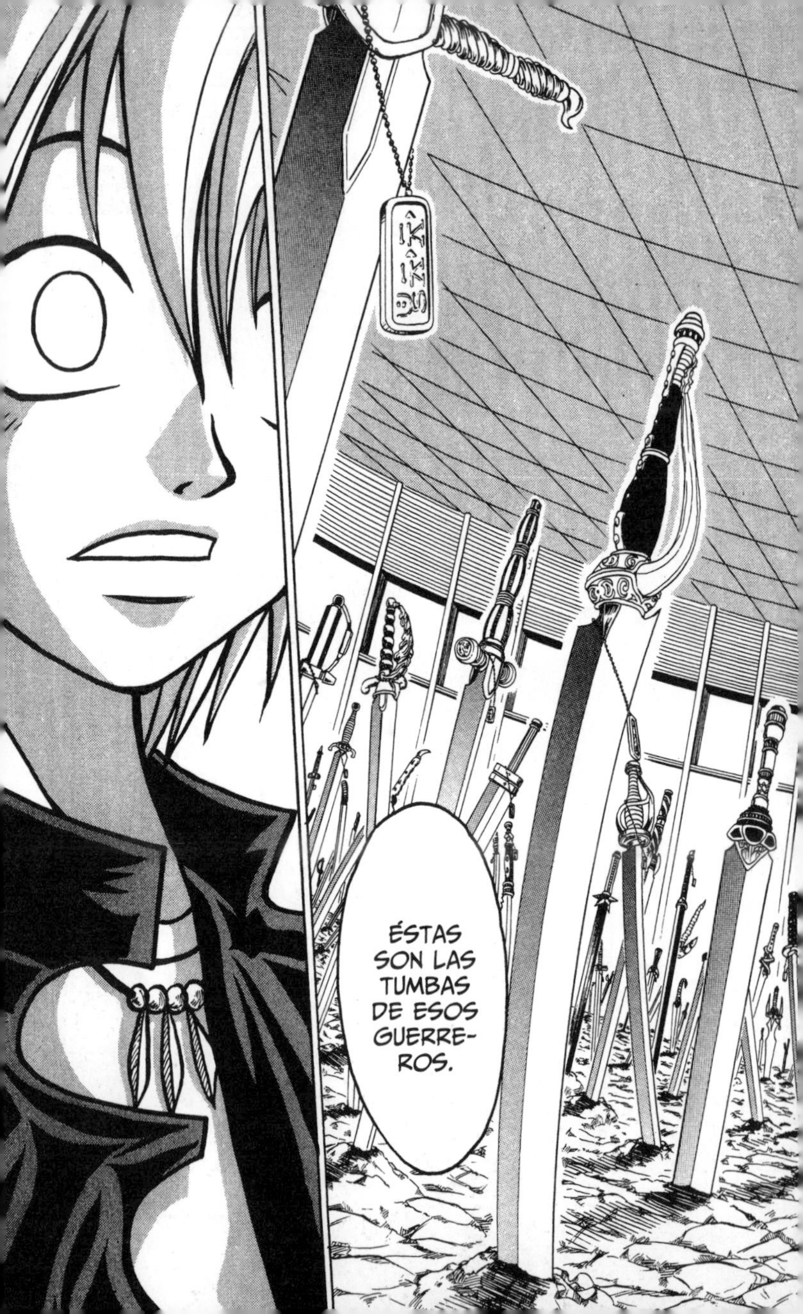
ÉSTAS SON LAS TUMBAS DE ESOS GUERRE-ROS.

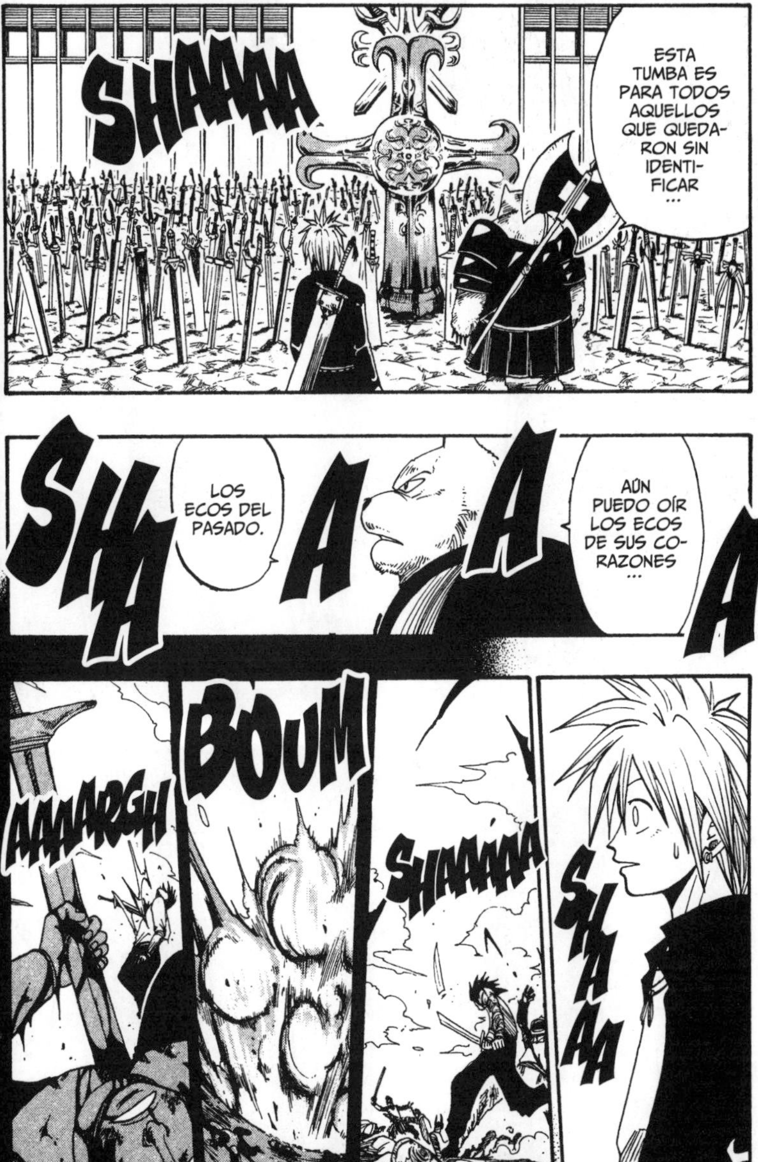
ESTA TUMBA ES PARA TODOS AQUELLOS QUE QUEDARON SIN IDENTIFICAR ...
SHAAAAA
AÚN PUEDO OÍR LOS ECOS DE SUS CORAZONES ...
LOS ECOS DEL PASADO.
SHA A A A A
SHAAAAA
SHAAAAA
BOUM
AAAARGH

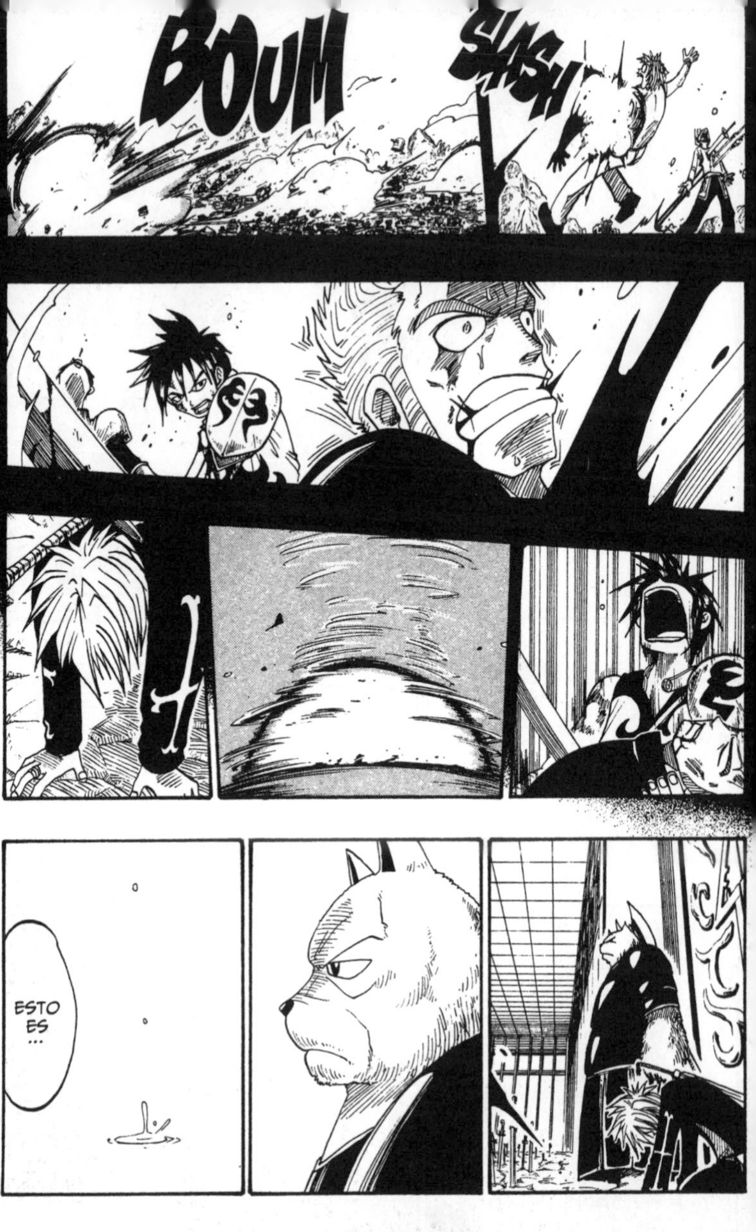
SLASH
BOUM
ESTO ES ...

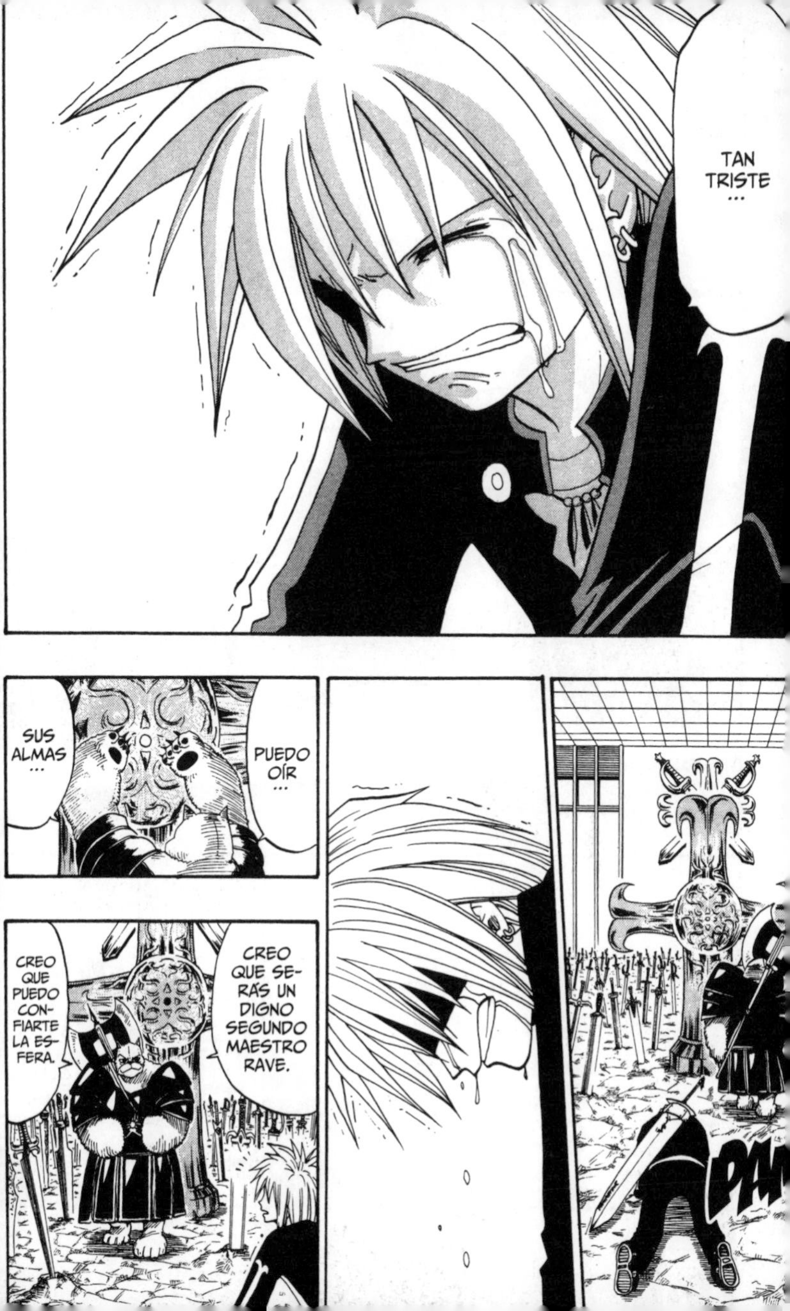
TAN TRISTE ...
PAM
PUEDO OÍR ...
SUS ALMAS ...
CREO QUE SERÁS UN DIGNO SEGUNDO MAESTRO RAVE.
CREO QUE PUEDO CONFIARTE LA ESFERA.

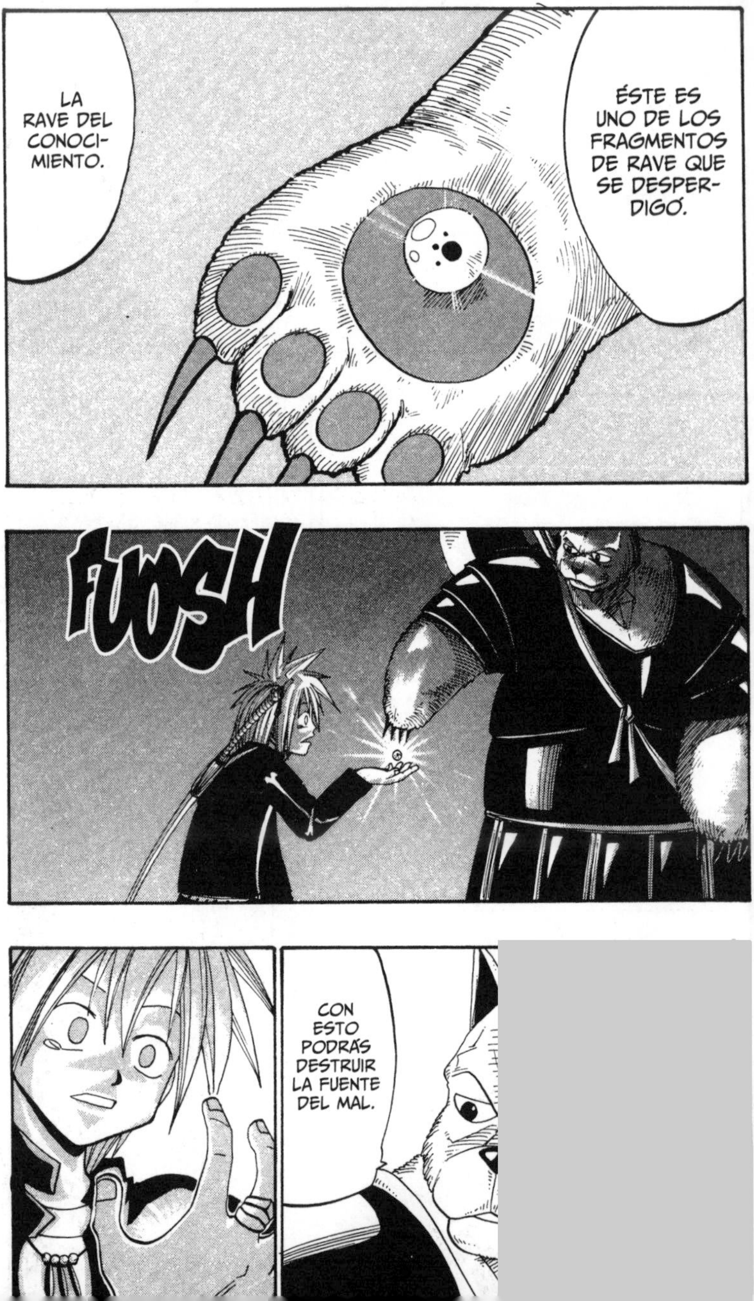
ÉSTE ES UNO DE LOS FRAGMENTOS DE RAVE QUE SE DESPERDIGÓ.
LA RAVE DEL CONOCIMIENTO.
FUOSH
CON ESTO PODRÁS DESTRUIR LA FUENTE DEL MAL.

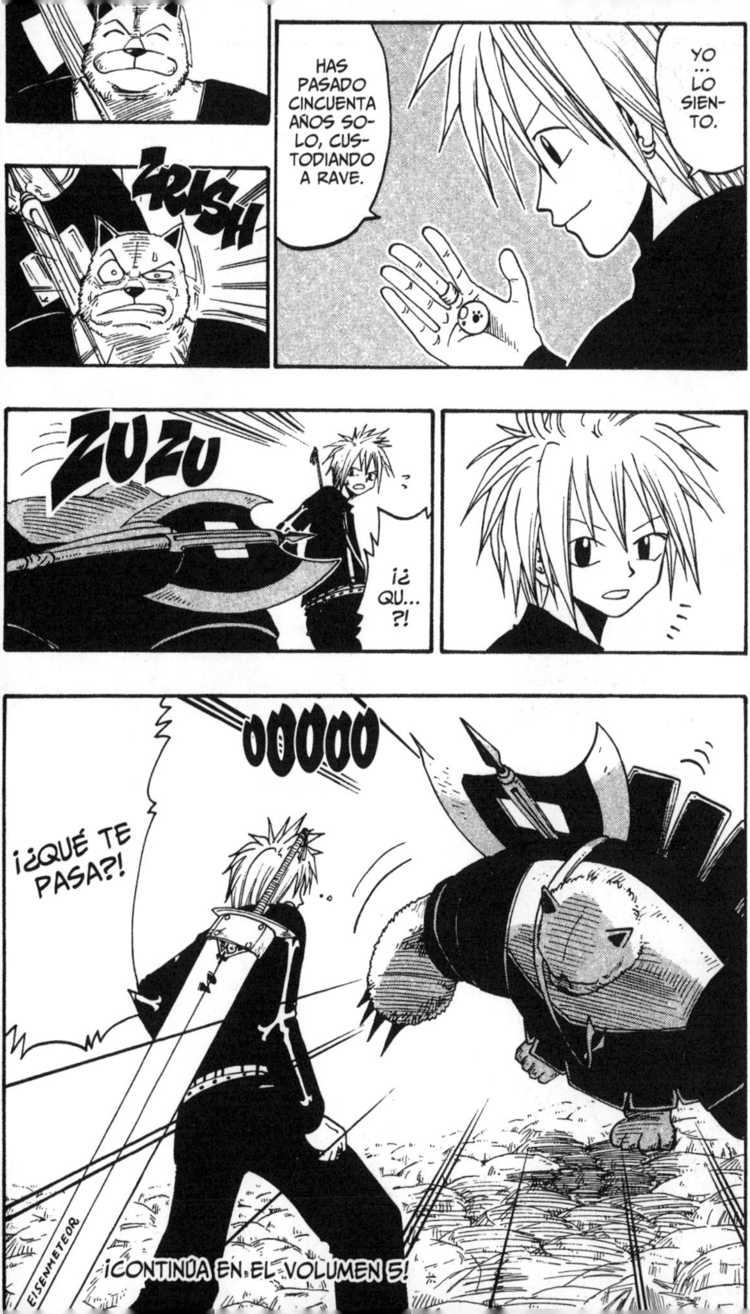
YO... LO SIEN-TO.
HAS PASADO CINCUENTA AÑOS SO-LO, CUS-TODIANDO A RAVE.
ZRISH
ZUZU
¡¿QU...?!
OOOOO
¡¿QUÉ TE PASA?!
EISENMETEOR
¡CONTINÚA EN EL VOLUMEN 5!

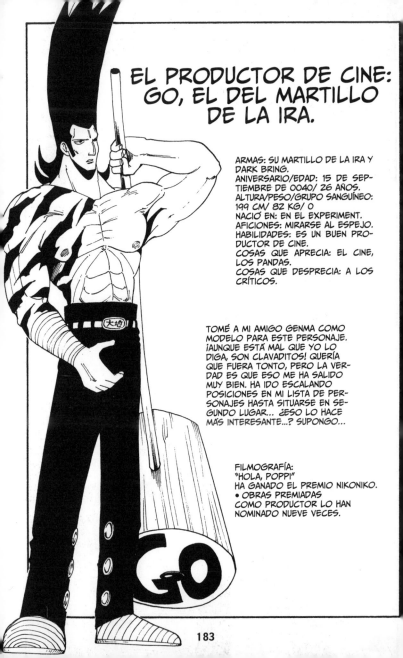

EL PRODUCTOR DE CINE: GO, EL DEL MARTILLO DE LA IRA.

ARMAS: SU MARTILLO DE LA IRA Y DARK BRING.
ANIVERSARIO/EDAD: 15 DE SEP-TIEMBRE DE 0040/ 26 AÑOS.
ALTURA/PESO/GRUPO SANGUÍNEO: 199 CM/ 82 KG/ O
NACIÓ EN: EN EL EXPERIMENT.
AFICIONES: MIRARSE AL ESPEJO.
HABILIDADES: ES UN BUEN PRO-DUCTOR DE CINE.
COSAS QUE APRECIA: EL CINE, LOS PANDAS.
COSAS QUE DESPRECIA: A LOS CRÍTICOS.

TOMÉ A MI AMIGO GENMA COMO MODELO PARA ESTE PERSONAJE. ¡AUNQUE ESTÁ MAL QUE YO LO DIGA, SON CLAVADITOS! QUERÍA QUE FUERA TONTO, PERO LA VER-DAD ES QUE ESO ME HA SALIDO MUY BIEN. HA IDO ESCALANDO POSICIONES EN MI LISTA DE PER-SONAJES HASTA SITUARSE EN SE-GUNDO LUGAR... ¿ESO LO HACE MÁS INTERESANTE...? SUPONGO...

FILMOGRAFÍA:
"HOLA, POPPI"
HA GANADO EL PREMIO NIKONIKO.
• OBRAS PREMIADAS
COMO PRODUCTOR LO HAN NOMINADO NUEVE VECES.

LA NOVIA DE GO:
ROSA, ACTRIZ

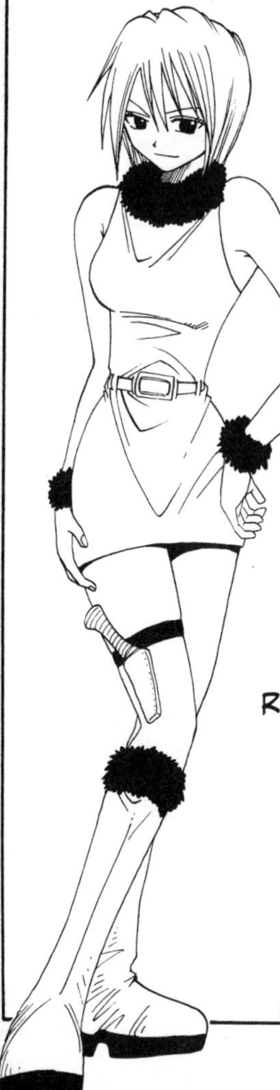

ARMAS: EL LOBO DANZARÍN.
ANIVERSARIO/EDAD: 10 DE JULIO DE 0047/ 19 AÑOS.
ALTURA/PESO/GRUPO SANGUÍNEO: 167 CM/ 48 KG/ B
NACIÓ EN: EXPERIMENT.
AFICIONES: LA LUCHA LIBRE.
HABILIDADES: BAILAR.
COSAS QUE APRECIA: LOS MÚSCULOS.
COSAS QUE DESPRECIA: LAS CUCARACHAS.

LA CREÉ PARA QUE PUDIERA LUCHAR CONTRA ELIE. (RISAS) ME GUSTABA LA IDEA DE HARU Y ELIE CONTRA GO Y ROSA, PERO LA VERDAD ES QUE UNA BATALLA DONDE LOS CHICOS Y LAS CHICAS ESTÉN MEZCLADOS... NO ME GUSTABA MUCHO ESA IDEA. ¿NO CREÉIS QUE GO Y ROSA HACEN MUY BUENA PAREJA?

HE DIBUJADO UNA ESCENA ROMÁNTICA ENTRE GO Y ROSA...

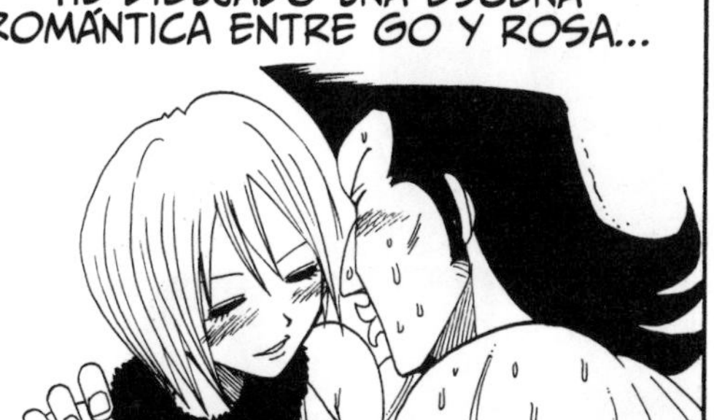

UNO DE LOS GUARDIANES DE RAVE:
EL OSO (UNO DE LOS GUERREROS CELESTIALES: DEER HOUND)

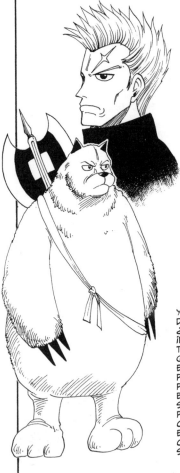

DEER HOUND

(9988-0016/MURIÓ
A LOS 28 AÑOS)
ARMAS: TODAS
(HOLLY LEG)
ALTURA/PESO/GRUPO
SANGUÍNEO: 206 CM/
94 KG/ A
AFICIONES: LEER
NOVELAS
ROMÁNTICAS
HABILIDADES:
LAS ARMAS.

COSAS QUE
APRECIA:
LA GUERRA.
COSAS QUE
DESPRECIA:
LA PAZ.

OSO

(?)

ARMAS: TODAS
(HOLLY LEG)

ALTURA/PESO/
GRUPO SANGUÍ-
NEO: 200 CM/
215 KG/ ?
AFICIONES: LEER
NOVELAS
ROMÁNTICAS
HABILIDADES:
PESCAR EN
EL RÍO.

COSAS QUE
APRECIA:
LA PAZ.
COSAS QUE
DESPRECIA:
LA GUERRA.

YA HACÍA TIEMPO QUE TENÍA GANAS DE
DIBUJAR UN OSO. Y OS PREGUNTARÉIS,
¿POR QUÉ UN OSO QUE PUEDE HABLAR?
¡PUES PORQUE PENSÉ QUE SERÍA DIVER-
TIDO! TAMBIÉN LO ESCOGÍ PORQUE CREÍ
QUE SERÍA SENCILLO... AUNQUE TAMBIÉN
ESTUVE DUDANDO SOBRE UNA JIRAFA
PARLANCHINA...
POR CIERTO, QUE SEPÁIS QUE LOS NOM-
BRES DE LOS GUERREROS CELESTIALES
SON RAZAS DE PERROS. ¿Y POR QUÉ DE
PERRO? MEJOR QUE LAS JIRAFAS...
CREO QUE DEBERÍA DEJAR DE PENSAR
EN LAS JIRAFAS... ES QUE CREO QUE,
CON ESE CUELLO TAN LARGO, SON
SUPERGUAYS...

EL LÍDER DE LOS SILVER RHYTHM. SILVER CRAYM MÚSICA (SEGUNDA PARTE)

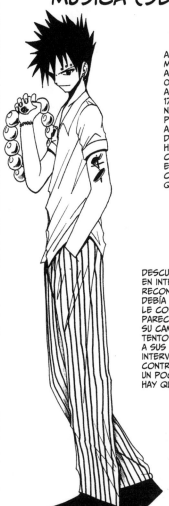

ARMAS: LA PLATA (EN GENERAL EL METAL SÓLIDO)
ANIVERSARIO/EDAD: 20 DE MAYO DE 0048/ 18 AÑOS.
ALTURA/PESO/GRUPO SANGUÍNEO: 174 CM/ 61 KG/ 0
NACIÓ EN: PUNK STREET, PERO CRECIÓ EN BLUES CITY.
AFICIONES: HACER ACCESORIOS DE PLATA.
HABILIDADES: INTERCEPTAR CHICAS.
COSAS QUE APRECIA: LAS CHICAS, EL SALÓN DE JUEGOS.
COSAS QUE DESPRECIA: LOS TIPOS QUE MOLESTAN A LAS CHICAS.

DESCUBRE QUE SCHNEIDER ES UN ASESINO EN INTERNET. (RISAS) PERO PARA QUE NO LO RECONOCIERAN A LAS PRIMERAS DE CAMBIO DEBÍA DISFRAZARLO DE ALGÚN MODO, ¡ASÍ QUE LE CORTÉ EL PELO! ¿A QUE SOY UN GENIO? PARECE QUE A LOS FANS DE MÚSICA LES GUSTA SU CAMBIO DE LOOK... JU, JU,JU... ESTOY CONTENTO DE QUE HAYA GUSTADO A SUS FANS. EN LA LUCHA CONTRA LANCE NO INTERVINO DEMASIADO, PERO ESTA VEZ, CONTRA SHUDA, VA A TENER QUE SUDAR UN POCO MÁS.
HAY QUE VER CUÁNTOS FANS TIENE EL CHICO...

SOBRE PLUE 1

¿ERES COMO PLUE?
LO HEMOS RESUMIDO EN "SOBRE PLUE".

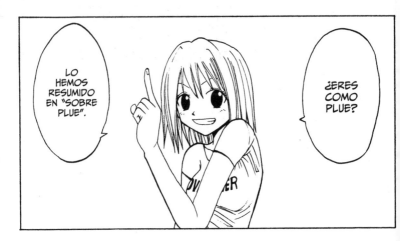

ESTIMADOS LECTORES, ¿CREÉIS QUE TENÉIS COSAS EN COMÚN CON PLUE? ¿TENÉIS ESA IMPRESIÓN? ¿O NO HAY NADA QUE OS ASEMEJE A ÉL? POR ESO HOY HEMOS PREPARADO ESTAS PÁGINAS. ES UNA TONTERÍA QUE SE NOS HA OCURRIDO, PERO SEGURO QUE OS DIVERTÍS. ES MUY SENCILLO DE HACER, SÓLO TENÉIS QUE APUNTAR EL NÚMERO. AHORA VERÉIS UN EJEMPLO, CON EL AMIGO MATSUKI

NO RI A KI MA TSU KI

↓ ↓ ↓ ↓ ↓ ↓ ↓

5 + 2 + 1 + 2 1 + 3 + 2

16

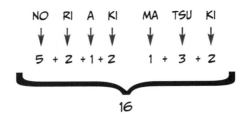

AHORA TIENES QUE ASIGNAR UN NÚMERO A LAS SÍLABAS DE TU NOMBRE, SIGUIENDO UNO DE LOS SILABARIOS JAPONESES, EL HIRAGANA. LAS QUE TENGAN UNA "A" VALEN UN PUNTO, LAS "I" DOS, LAS "U" TRES, LAS "E" CUATRO, LAS "O" CINCO, LAS "N" CERO PUNTOS, O SEA, PUNTUACIONES DE UNO A CINCO. Y PARA FINALIZAR SUMAS TODOS LOS PUNTOS Y MIRAS EN LA PÁGINA SIGUIENTE QUÉ TIPO DE PLUE ERES.

¡¡VAMOS!! ¡HACEDLO SI NO TENÉIS NADA MEJOR QUE HACER!

SOBRE PLUE 2

¡AQUÍ PUEDES USAR EL NÚMERO QUE HAS OBTENIDO EN LA PÁGINA ANTERIOR!

1. PLUE NORMAL.

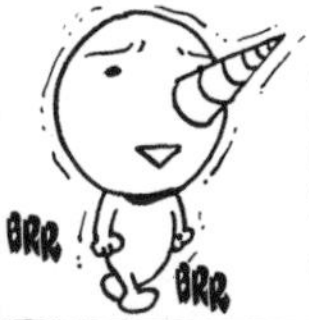
BRR
BRR

ERES EL PLUE NORMAL. ERES UN PERRO PERO CAMINAS SOBRE LAS PATAS TRASERAS. PERO ERES NORMAL.

2. PLUE COMEDOR.

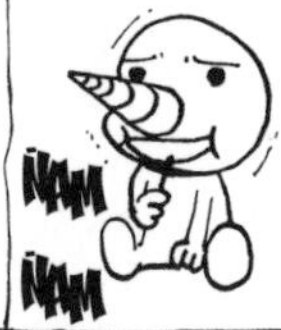
ÑAM
ÑAM

TE ENCANTA COMER. TU MOMENTO MÁS FELIZ DEL DÍA ES CUANDO COMES. TEN CUIDADO CON NO ENGORDAR.

3. PLUE DORMILÓN.

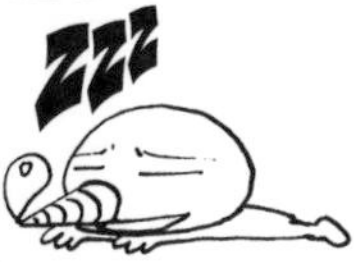
ZZZ

¿TE ENCUENTRAS BIEN ÚLTIMAMENTE? PLUE DUERME TANTO CUANDO NO ESTÁ BIEN...

4. PLUE AHOGÁNDOSE

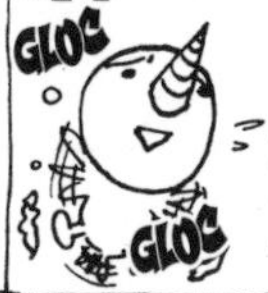
GLOC
GLOC

INTENTASTE CRUZAR EL MAR AUNQUE NO SABÍAS NADAR, ESO QUIERE DECIR QUE ERES ALGUIEN DECIDIDO E INSISTENTE. ¡ÁNIMO!

5. PLUE INTRIGADO.

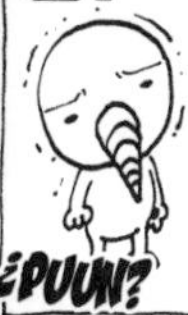
¿PUUN?

TEN CUIDADO, PORQUE CUANDO VES ALGO INTERESANTE TE CENTRAS EN ESO Y PIERDES EL MUNDO DE VISTA.

6. PLUE TRISTE.

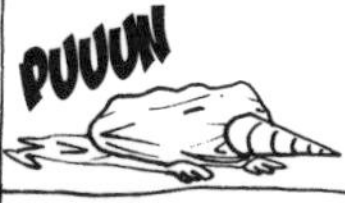
PUUUN

¿ESTÁS TRISTE? ÁNIMO, SEGURO QUE PASA. PRONTO PASARÁS AL PUNTO TRES Y TE CONVERTIRÁS EN UN PLUE FABULOSO.

7. PLUE HAMBRIENTO.

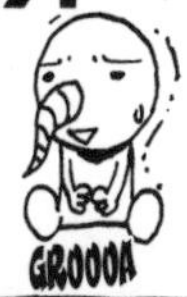
GROOOA

DEBERÍAS COMER ALGO. ES PELIGROSO QUE NO COMAS. SE TE DEBILITA LA NARIZ. DEBERÍAS HACER COMO EL NÚMERO 2.

8. PLUE LLORANDO.

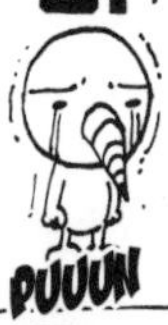
PUUUN

ANÍMATE, VAMOS. SI ESTÁS LLORANDO, LAS COSAS DIVERTIDAS PASARÁN DE LARGO. ¿NO TE GUSTA MÁS SONREÍR?

9. DISFRAZADO.

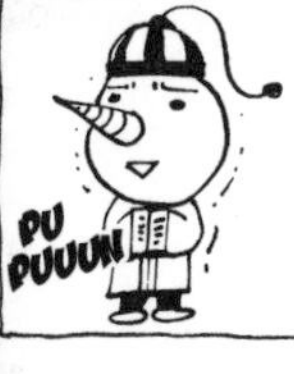
PU
PUUUN

ERES EL PLUE QUE SIEMPRE SE COMPRA ESTE MANGA. SE TE DA BIEN HACER BUENAS PREGUNTAS.

0. ¿GRIFF?

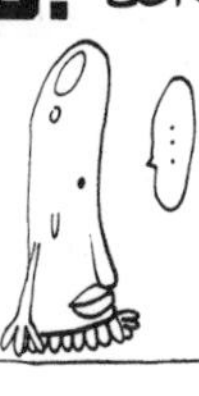

ES UNA LÁSTIMA, PERO NO ERES PLUE. ESO SÍ, ERES ÚNICO. DEBERÍAS ESTAR ORGULLOSO DE ESO.

BOCETOS RAVE

MAQUINARIA DE DEMON CARD

A -> HAY UNA SEGUNDA PARTE DE PLANOS Y BOCETOS SOBRE MAQUINARIA

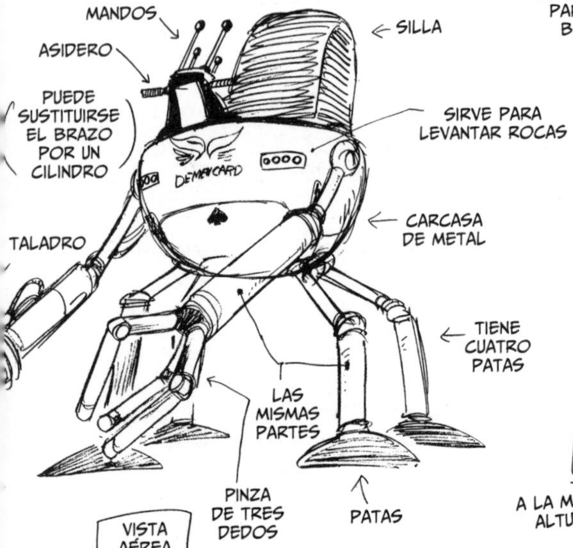
MANDOS
SILLA
ASIDERO
PUEDE SUSTITUIRSE EL BRAZO POR UN CILINDRO
SIRVE PARA LEVANTAR ROCAS
DEMONCARD
TALADRO
CARCASA DE METAL
TIENE CUATRO PATAS
LAS MISMAS PARTES
PINZA DE TRES DEDOS
PATAS

MEMO

MEMO LLEVA EL TALADRO EN EL BRAZO DERECHO, AL IZQUIERDO PUEDEN ACOPLAR OTRAS HERRAMIENTAS.

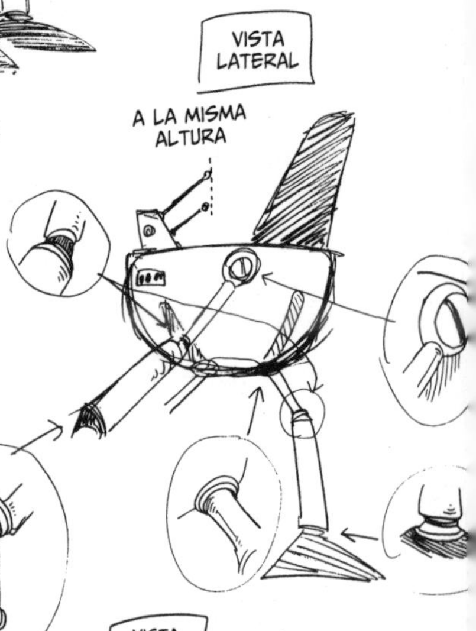
VISTA LATERAL
A LA MISMA ALTURA

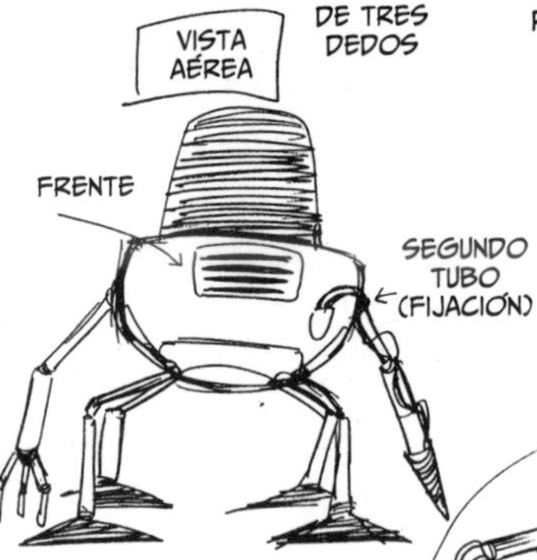
VISTA AÉREA
FRENTE
SEGUNDO TUBO (FIJACIÓN)

DEMON CARD HA TRAÍDO DE SU IMPERIO EN RAPSODIA LA ROPA ESCOLAR, AL CIVIL (COMO LA QUE VISTE EL HOMBRE DEL TRUENO) Y HA HECHO MUCHAS OTRAS APORTACIONES. SUPUSE QUE HABÍA MUCHOS INTERESADOS EN VERLAS.

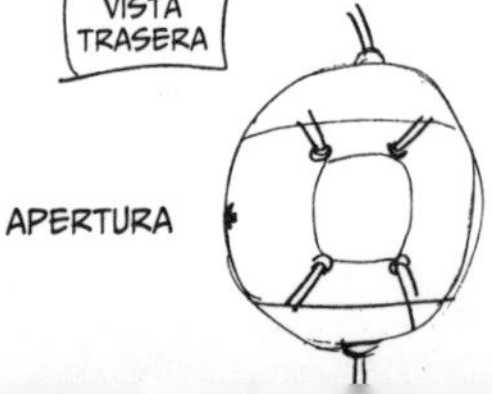
VISTA TRASERA
APERTURA

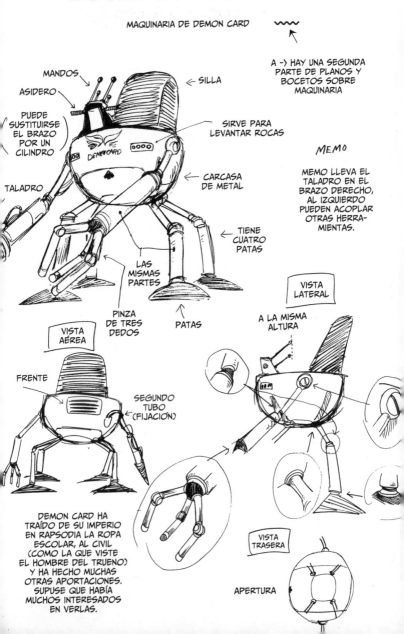

MIS DISCULPAS

EN ESTE NÚMERO NO HAY UNA
NUEVA ENTREGA DE RAVE 007. ¡LO SIENTO!
ESPERO QUE LO ESTÉIS DISFRUTANDO.
LA VERDAD ES QUE NO HE TENIDO TIEMPO
PARA HACERLO, AUNQUE ES CIERTO QUE NO
TARDO DEMASIADO EN DIBUJARLO, TAMBIÉN
TENGO QUE PENSAR EL TEMA Y DEMÁS...
YA SÉ QUE NO ES EXCUSA, PERO...
¡¡LO SIENTO, DE VERDAD!!
LO CIERTO ES QUE, COMO EN ESTE
NÚMERO HE TENIDO HA QUE HACER MÁS
PÁGINAS EXTRAS, NO HE PODIDO DEDICARME
A HACER EL RAVE 007. LAMENTO MUCHO
HABER ESTADO TAN OCUPADO ESTAS
ÚLTIMAS SEMANAS.
LO SIENTO, DE VERAS.
ES LA SEGUNDA VEZ QUE TENGO QUE
ESCRIBIR TANTO, Y ME HA COSTADO UN POCO.
HA SIDO DURO, ¡PERO MUY DIVERTIDO!
ESTO ES LO MEJOR.

EN EL PRÓXIMO NÚMERO HABRÁ UNA
NUEVA ENTREGA DE RAVE 007.
¡MUCHAS GRACIAS Y PERDONAD
LAS MOLESTIAS!!

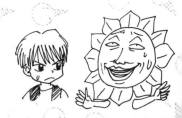

POSTSCRIPT

¡¡QUÉ LARGO ES ESTA VEZ! SOY EL AUTOR DE ESTE MANGA, MASHIMA. ¿QUÉ OS HA PARECIDO ESTE CUARTO VOLUMEN DE RAVE? ESTA VEZ HE TENIDO QUE CORRER MUCHO PARA LLEGAR A TIEMPO A LAS FECHAS DE ENTREGA. (RISAS)
YA LLEVO MÁS DE TREINTA CAPÍTULOS, **¡¡Y CADA VEZ DIBUJO MÁS RÁPIDO Y MEJOR!!** O AL MENOS, ESO CREO. TOMO COMO REFERENCIA UN MANGA QUE SE TITULA GET BACKERS, QUE HA HECHO UN GRAN ESFUERZO Y CUYO DIBUJO HA MEJORADO MUCHÍSIMO. CON EL PASO DEL TIEMPO EL DIBUJO VA VARIANDO Y MEJORANDO, PERO REQUIERE UN GRAN ESFUERZO.
CADA VEZ SOY MÁS CONSTANTE, Y ESO ES IMPRESCINDIBLE PARA MEJORAR.
POR CIERTO, AHORA HE CORREGIDO UN ERROR, AL PRINCIPIO HABÍA BAUTIZADO LA ESPADA DE HARU COMO "EXPROSION", PERO ME HE DADO CUENTA DEL ERROR Y HE CAMBIADO LA R POR UNA L. COMO EN EL MUNDO DE RAVE SE USA MUCHO INGLÉS, INTENTO IR CON CUIDADO, PERO A VECES COMETO ERRORES, Y TENGO QUE PONER CUIDADO EXTRA EN NO COMETER MÁS ERRORES DE ESTE TIPO...¡¡ESTUDIAD INGLÉS Y ASÍ PODREMOS APRENDER JUNTOS!!
(RISAS)
Y AHORA VOY A HABLAR DEL MANGA QUE COMENTABA ANTES, GET BACKERS. ME ENGANCHÉ POCO ANTES DE CONVERTIRME EN PROFESIONAL, ¡¡DEBO FELICITAR A AYAMINE!! ¡¡ES MI INSPIRACIÓN!! Y GRACIAS POR TODO. ¡¡POR FAVOR, LLÁMEME HERMANO!! AL MENOS YA LLEVO CUATRO TOMOS DE LO MÍO...

AGRADECIMIENTOS
¡GRACIAS A KATAKE POR ECHARME UNA MANO EN EL CAPÍTULO 25!
GRACIAS A DOKE POR AYUDARME EN EL CAPÍTULO 28.
¡¡GRACIAS A TODOS POR LEER ESTE MANGA!!

¡ATENCIÓN!

¡Este manga está publicado en el mismo sentido de lectura que la edición japonesa!

Tienes que empezar a leer por la que sería la última página de un libro occidental y seguir las viñetas de derecha a izquierda.

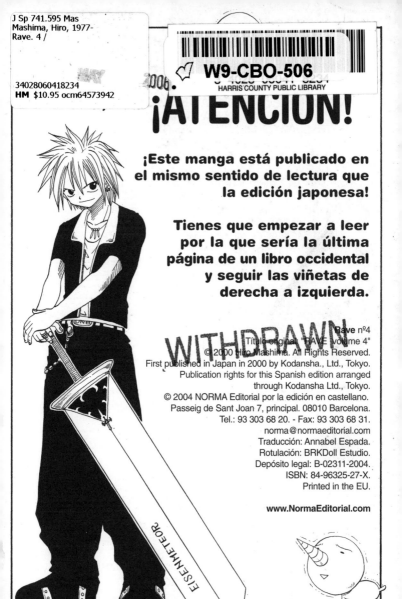

Rave nº4
Título original "RAVE volume 4"
© 2000 Hiro Mashima. All Rights Reserved.
First published in Japan in 2000 by Kodansha., Ltd., Tokyo.
Publication rights for this Spanish edition arranged through Kodansha Ltd., Tokyo.
© 2004 NORMA Editorial por la edición en castellano.
Passeig de Sant Joan 7, principal. 08010 Barcelona.
Tel.: 93 303 68 20. - Fax: 93 303 68 31.
norma@normaeditorial.com
Traducción: Annabel Espada.
Rotulación: BRKDoll Estudio.
Depósito legal: B-02311-2004.
ISBN: 84-96325-27-X.
Printed in the EU.

www.NormaEditorial.com